最恰当的情感应对，最温馨的心理呵护。

最深层的情感揭秘，最有效的心理指导。

婚恋

要懂心理学

姚会民◎编著

天津科学技术出版社

图书在版编目(CIP)数据

婚恋要懂心理学/姚会民编著.—天津：天津科学技术
出版社，2008.11
  ISBN 978-7-5308-4916-3

  Ⅰ．婚… Ⅱ．姚… Ⅲ．①婚姻-社会心理学-通俗读物
②恋爱心理学-通俗读物 Ⅳ．C913.1-49

中国版本图书馆CIP数据核字（2008）第171269号

责任编辑：杨庆华
责任印制：白彦生

天津科学技术出版社出版
出版人：胡振泰
天津市西康路35号　邮编 300051
电话（022）23332398（编辑室）　23332393（发行部）
网址：www.tjkjcbs.com.cn
新华书店经销
北京市密东印刷有限公司印刷

开本 710×1000　1/16　印张18.5　字数260 000
2009年2月第1版第1次印刷
定价：33.80元

前 言
preface

　　法国著名作家罗曼·罗兰曾经说过："人类的一切生活，其实都是心理生活。"生活离不开心理，而心理学则是一门与人类的生活和幸福密切相关的科学。它是如此的贴近生活，大到社交中的心理特征，婚恋中的心理变化，工作中的心理反应，小到生活中经常被忽视的细节，即使是一句挂在嘴边的口头禅，一个不经意的习惯性动作，都与心理学有着十分密切的关系。

　　人类的心理世界是十分复杂奇妙的，而心理的变化莫测，使我们的生活变得波谲云诡，色彩缤纷。一直以来，人类都致力于揭开广大而幽妙的心理世界的面纱，探求人类心灵的秘密，让心理学更好地服务于人类生活。这是几千年来，人类一直都在为之努力的一个理想和追求。

　　人性恶？人性善？思想来自何方？人类拥有自由意识吗？

　　何谓美？何谓丑？幸福来自何方？我们能够主宰自己的生活吗？

　　什么是强大？什么是弱小？力量来自哪里？平凡的人可以改变自己的命运吗？

　　工作如何才能更出色？婚恋如何才能更幸福？社交如何才能更顺畅？管理如何才能更有效？我们是否能够拥有梦寐以求的轻松生活？

　　很多疑问，困扰着现实中的人们。然而，这一切都可以在自己的内心找到答案。无论生活多么波涛汹涌，无论你内心多么迷茫惆怅，只要你紧握住心理学这只罗盘，终归还是可以帮你找回正确的航向，让你在生活的这条大河上顺利前行。

　　现代生活中的方方面面都会涉及心理学，也是人们最关注的主题，毕竟，人的生活首先并且主要是由人的心理与行为支撑的。无论生活中的衣食住行，还是工作中的为人处世，都离不开心理学，都需要心理学的知识和帮助。懂得心理学，对我们会有很大的帮助。

心理学是一种武器，是一剂良药，是一缕春风，它可以帮助我们对自己进行全方位的改进，无论是生活习惯，还是品质、情绪、记忆、健康等个性特征，心理学都会对其产生重大的影响，对我们的社交、婚恋、学习、工作、管理、成功等社会活动，也会起着举足轻重的作用。

本书通过对各种心理现象的阐述和分析，对各种心理问题的列举和解析，对各种心理状态的评估和调试，对各种心理误区的解释和指导，使我们的心理达到最健康、最积极、最稳定的状态。并通过改变心理来改变我们的情绪、意志、能力，从而达到改变和改善生活现状的目的。

本丛书从心理学的角度出发，围绕现实生活中与心理学密切相关的各个方面加以阐述，包括《健康要懂心理学》《婚恋要懂心理学》《社交要懂心理学》《工作要懂心理学》《学习要懂心理学》《销售要懂心理学》《管理要懂心理学》《成功要懂心理学》等，笔者运用通俗流畅、简练生动的语言，结合大量的故事、案例，多角度地介绍了心理学的知识，指出常见的生活困惑并提供了实用有效的心理建议，同时还阐述现代人常见的不良心理、心理障碍及其防治策略，相信能够给读者带来积极的影响。

目　录
contents

序篇　婚恋与心理学
恋爱篇——"心"会跟爱一起走

第一章　走进恋爱季节

爱是人类的一种美好情感，它能使我们的生活在某个阶段焕然一新；它能领我们向上、向善、向美，挖掘人性中最美好的东西；能带给我们一种深沉而持久的喜悦。或许在某天，你也就会悄然走进恋爱的季节，开始领略这个季节独特的风景。

第二章　当爱情遭遇挫折

　　爱情道路上，突然遭受到了爱情带来的挫折，这对于恋爱中的男女来说是一杯最苦涩、最浓烈的酒，还会在内心的最深处烙上最深刻的伤痕。但如果能够在挫折来临时迎头赶上，不惧不怕，调适好自己的心理，就会收获另外一份唯美的幸福。

第三章　另类爱情的苦恼

　　提起另类爱情，并不为大家所认可，事实也正是如此。另类爱情非但不为多数人所认可，还会给陷入其中的人带来严重的伤害。如果不能够及时进行正确的心理调适，很可能会成为永远不能愈合的伤口，是一个人一辈子的痛。

第四章　恋爱，婚姻前奏曲

恋爱是男女建立爱情的主要途径，是一种特殊的男女之间的关系，是幸福婚姻关系的前奏曲。恋爱成功，男女双方的恋爱关系会通过结婚发展为夫妻关系，所以，对于婚姻来说，恋爱是必不可少的一步。

婚姻篇——用"心"做你一生的爱人

第一章　轻轻牵起你的手——新婚

当从朦朦胧胧的恋爱跨入婚姻的殿堂，当轻轻地牵起对方的手，迈上婚姻的红地毯，从此也就意味着走进了婚姻的围城。几多痛苦，几多欢乐，几多坎坷，几多曲折，开始有了自己的品味。

第二章　相爱简单相处难

步入婚姻的殿堂，双方就应该具备和培养一定的心理韧性，学会忍耐种种缺憾和忍受种种挫折，要讲伦理，负责任，要学会真诚和宽容。因为婚姻是"柴米油盐酱醋茶"的开始，同时会体会到"相爱简单相处难"这一真理。

第三章　都市生活的变奏曲——婚外恋

如果说，阳光下的恋爱是三月的春天，让身处其中的人如沐春风，那么角落里的婚外恋就是火柴划过的一瞬微焰，剩下的就只是一点炭黑。面对婚外恋，面对爱人，面对家庭，你做过什么，你又尽了多少责任？

第四章　不要和陌生人说话——家庭暴力

很多人本以为步入婚姻的殿堂就可以过上王子、公主般的生活。但千年修得共枕眠的那个人一夜之间就变成一个青面獠牙的陌生人。昔日的温存顷刻之间化为乌有，拳打脚踢代替了贴心呵护，冷嘲热讽代替了甜言蜜语……面对家庭暴力，你会怎么做？

第五章　怎一个"离"字了得

当婚姻走到尽头，当爱情到了什么也不留的时候，"把这份感触，写一份情书，送给我自己，感动得要哭……"的确，离婚是一块伤疤，是让人永远也无法消除的痛。但我们不应该因为这块痛，就放弃了追求幸福的机会。

第六章　另类婚姻的苦恼

生活中，闪婚、试婚等另类婚姻已不鲜见。其实，另类婚姻是一场残酷的赌博，尤其是女性，她们是拿自己的青春做赌注，拿自己的肉体做筹码，拿自己的感情去冒险，稍有不慎就输掉了自己的一生。

性爱篇——让"性"福从心开始

第一章　常见性心理特征

性心理是指人类关于"性"的心理活动，它随着一个人生理发育的成熟而发展，随着人类性观念的演变而不断完善。但是，因为性别的不同，男性和女性的性心理特征存在着一定的差异。

第二章　跨越不良性心理的阴霾

　　有人说："新婚之夜是一个使人激动、兴奋而又难忘的时刻。"因为在这一刻，一切关于男性和女性的最后一帷神秘的轻纱将被褪去，一切关于男性女性的神秘传说将被证实。然而，当性爱变得不再神秘，各种各样的不良性心理也随之而来，以致影响夫妻之间云雨之欢的愉悦，严重者甚至会导致婚姻的破裂。

第三章　常见性变态心理

　　"变态"是我们经常听到的一个词，它涉及很多方面，性变态也包含其中。所谓性变态（sexual deviation），指性冲动障碍和性对象的歪曲，即寻求性欲满足的对象与性行为的方式与常人不同，违反社会习俗而获得性欲满足的行为。

婚恋压力篇——别让爱你的"心"不堪重负

第一章　常见男性压力

当你还是个小男孩的时候，家长就告诉"要坚强"，"要顶得住压力"。长大后，面对接踵而至的压力，才知道，男人的"心"就应该与女人的不同，不管多大的压力，该扛的时候你就得扛。可是，重压之下，你的"心"还能坚持多久？

第二章　常见女性压力

现代社会生活节奏越来越快，工作负担越来越重，而家庭、情感等问题也在困扰着越来越多的女性。因为很多女性面对压力都是欲罢不能，休息和解脱是一种奢望，为工作、为加薪、为升职、为家庭、为孩子、为面子……可是，面对压力，还能承受多久？

婚恋与心理学

婚恋心理学是心理学的一门应用分支学科。

恋爱结婚是每一位成年人，尤其是青年男女关心的大事。而婚恋问题不仅与社会、经济、意识形态等问题有关，还与一个人的生理、心理等问题有关。婚恋心理学涉及恋爱、结婚、性行为、夫妻关系、与父母子女的关系、家庭幸福的条件以及离婚等心理、生理问题。研究与正确处理这些问题，不仅与社会的安定和发展有密切关系，而且对每一位成年人（尤其是青年男女）身心的健康，是否能够具有良好的人际关系以及家庭幸福，都具有极其重要的现实意义。

不能否认的是，在现实生活中，我们每天都在演绎着爱情和婚姻的故事，从很大程度上来说，这些故事几乎就是我们全部的人生。但是，我们又不能否认这么一个事实，很多时候我们往往经营不好自己的爱情和婚姻，不是摔倒在起跑线上就是中途遭遇了一些想象不到的坎坷和挫折。究其原因无外乎我们往往搞不懂自己的心里在想些什么？自己到底需要些什么？光怪陆离的世界带给了我们太多的诱惑，而我们的心理也在这些灯红酒绿中失去了它应有的健康。于是，经营不好自己的婚姻与爱情似乎成了一件很平常的事情，但却不可避免地给我们带来了很多苦恼，使我们迷失在爱情和婚姻的旅途中，不知道方向，找不到出路。

德国的汉斯·凯尔森说过："心理健康是人们一种良好的心理状态，处于这种状态，人们不仅自己拥有安全感，而且与社会契合、和谐，对现实有着敏锐的洞察力。面对五彩缤纷的人生，心理健康者能够找到自己的人生坐标。"在爱情和婚姻中也是如此，只有拥有了健康的心理，才能够找到自己在其中的坐标。

每个人到了十七八岁花一般的年龄时，总会在心中产生一种朦朦胧胧的情愫，开始渴望一份美丽的爱情。

佳丽是一个比较内向的女孩儿。大学时候的一次老乡聚会，在佳丽的斜对面坐的是一个有着稍稍卷发的男孩子。当佳丽不经意间注视他的时候，却发现他向自己这边瞟了一眼。就是这一个眼神，把佳丽给惊呆了，她不知道该怎样来形容这样一个眼神，里面充满了睿智和深邃。那顿饭，佳丽吃得魂不守舍。后来，佳丽了解到那个男孩是学校有名的"劣等生"，几乎没有上过课，天天泡网吧，整天喝酒，惹是生非，身边没有几个朋友。但是佳丽什么都不在乎，随即向男孩求爱，男孩没有明确地表示同意，但是却明显地对她体贴了起来。

可这时来自老师和同学的反对意见排山倒海般压过来。她的家人听说了这件事，表示如果再与这个男孩交往，就与她断绝关系，免得让家人丢脸。但是，不管是谁劝说，对佳丽来说都没有一点儿作用，她依旧坚持着自己的想法。然而这时，前一阵子对她体贴的男孩突然间对她冷漠了起来，以后的很多日子里，也对她不予理睬。

为了解除烦恼，佳丽求助了心理医生。心理医生发现，佳丽对那个男孩的好感完全是出于他那睿智而深邃的目光。经过进一步了解，医生知道了佳丽的初恋男友也有着这么一双眼睛，所以再看到那种眼神，佳丽就忍不住被他吸引。

其实，这是一种典型的恋爱错觉。一般来讲，恋爱中的男女，在很大程度上会因为对方的某一外在原因，把对方视为自己心目中的完美恋人。"情人眼里出西施"讲的就是这么一种感觉，通常都把它称为"审美错觉"。那么，这种心理带给你的是一种正确的感觉，还是会让你看不到对方的真实面目？这就需要一种正确的婚恋心理来给我们作指导。

同样，爱情中还会出现各种各样的心理问题。例如择偶心理、男女爱情中的心理差异，以及发生一些不被社会认可的另类爱情心理等，都需要我们认真地对待，否则心理问题将会导致你在爱情的港湾搁浅。

当然，婚姻更是如此，它比爱情更为复杂。爱情和婚姻有着诸多不同，有人说"爱情是婚姻的坟墓"，这就足以说明这一点。但是从很大程度上来说，经营一份婚姻要比经营一份爱情更要用心。因为爱情是两个人的事，而婚姻不是，它要关系到很多人，甚至是几个家庭，而且要关系到很多社会关系，如夫妻关系、婆媳关系、翁婿关系、母子关系、父子关系等。这些都会给我们带来一定的心理压力。可是，你能够经营好自己的婚姻吗？你能够坦然面对爱人的"出轨"吗？你能够从容应对"第三者"吗？你做好离婚的心理准备了吗？你能够接受再婚？

这些心理问题都亟待解决，因为只有拥有一颗健康的"爱"心，你才能够与心爱的人白头到老。但是如果中途出现问题，则更需要进行各种心理调适。不要"一朝被蛇咬，十年怕井绳"，要勇敢去尝试婚姻带给你的种种乐趣。

今年44岁的严女士曾经娓娓道来她所经历的婚姻故事：

"到这个年纪了，还说再婚，自己都觉得没有一点信心。谁不希望自己的生活美满幸福呢？而我过去的婚姻却像是一场噩梦，尤其是第二次婚姻，丈夫是个十足的虐待狂，让我感觉自己掉进了一个恶魔设置的陷阱里。幸亏有个聪明的儿子支持着我走到现在。现在，儿子上大学了，我也平静了很多。

儿子上初中的时候，我的第一个丈夫升了职，并认识了一个小他16岁的女人，从此家都不回了，像中了邪一样，非要离婚。我开始还原谅他，极力挽救，但无效。儿子很难受，给他打电话要他回家，他好像没有发生过这件事一样。儿子很失望，竟然学着电视里的情节割腕自杀。送到医院抢救时，我和儿子都想着他一定会过来，然而事实还是出乎我们的意料，他连面都没有露。我对他也就不再抱任何希望了。结果儿子还没出院，我们的婚姻就宣告了死亡。

而我的第二段婚姻仅仅维持了不到一年。那时儿子刚上高中，他开始住校。在别人的介绍下我再婚了。可是没有想到，他是一个虐待狂，那段日子我生不如死。

如今，母亲和儿子劝我再找个合适的人，但我不想。我把所有的心思都倾注在儿子身上，日子过得倒也安静。有时候感觉生活很冷清，可是总比受伤好。我对再婚实在没有信心，因为没有人能保证再婚就会很幸福。

我很佩服那些人'离婚，再婚，再离，又再婚'的勇气，但我现在已经习惯了独来独往。婚姻也许是人生的重要内容，但毕竟不是生活的全部，所以，为了避免再受到伤害，我宁愿选择独自走完剩下的人生。"

的确，经历了一次噩梦的侵袭，很多人都对再婚产生了一种畏惧心理。与此类似的问题如婚外恋、离婚、试婚等，也需要进行正确的心理调适，切莫忽视，否则追悔莫及。

性爱在今天这个社会是越来越受到人们的关注和重视，但伴随着人们种种心理问题的出现，很多人在感受到它带来甜蜜和愉悦的同时，也品味到了其中的种种苦恼。甚至有一些人出现了种种变态的性心理，这不仅给自己也给他人带来了很大程度的伤害。

另外，伴随着这个社会出现了一个我们不能避免的话题，那就是压力。不管你是谁，不管你在哪儿，不管是工作还是生活，压力如影随形，压得你喘不过气，压得你感受到生命是如此之重。而婚恋也给你带来了不可避免的压力，所以要学会心理调适，使你能轻松生活，坦然面对婚恋生活中的种种问题。

"心"会跟爱一起走

　　张爱玲在《爱》中有这么一句话:"于千万人之中遇见你所要遇见的人,于千万年之中,时间的无涯的荒野里,没有早一步,也没有晚一步,刚巧赶上了,没有别的话可说,唯有轻轻地问一声:'噢,你也在这里?'"一句简单的话描述了爱情的开始。爱情,是酸?是甜?是苦?是辣?其中的点点滴滴需要你用心去感受和品味。

第一章 走进恋爱季节

爱是人类的一种美好情感，它能使我们的生活在某个阶段焕然一新；它能领我们向上、向善、向美，挖掘人性中最美好的东西；能带给我们一种深沉而持久的喜悦。或许在某天，你也就会悄然走进恋爱的季节，开始领略这个季节独特的风景。

一、爱情的选择——择偶心理

所谓择偶心理指的是男女双方在选择自己的恋爱对象时的心理现象和心理活动规律。一般来讲，人们建立恋爱以及婚姻关系的原因，是为了满足某种需要。因此，择偶成为每个人成年之后必须面临的问题。而择偶的标准因人而异，主要决定于本人的恋爱观、婚姻观和家庭观。一般来讲，主要遵从以下原则：①要求配偶的身材、容貌、谈吐、举止、风度适当；②要求配偶的智力、才能、品德、性格优良；③要求配偶的年龄、学历、职业、经济状况、生活习惯、宗教信仰、兴趣与本人相近；④要求配偶在性格、生活和工作等方面能互相补充、互相支持而不冲突；⑤要求配偶的身体健康，家族没有病史等。但在择偶过程中会受到社会文化的影响，也常受到家庭的干预。此外，从众心理、求全心理、传统观念和偏见，以及晕轮效应等都可对择偶产生影响。

1. 常见择偶心理类型

每个人的择偶心理都是不同的，并且每个人的择偶心理都是由多种心理相互交织而成，但不可否认的是每个人的择偶心理在一定程度上也存在着共同性。因为我们不可排除的是芸芸众生中，有很多人的恋爱观、婚姻观和家庭观是非常相似的。

一般来讲，常见的择偶心理类型主要有以下几种。

事业至上心理

《花季雨季》中有这么一句话："我相信当事业成功之日，美丽的爱情也会悄悄地降临。"其实，每个人的择偶标准都不能排除这一点，不管是男性还是女性，他们都希望自己的对象能够成为栋梁之材；在工作、事业上出人头地；在单位里面能够独当一面；成为社会上的精英人物，或是社会上的白领一族。

金钱至上心理

现代社会，是一个物欲横流、金钱至上的社会，没有什么能比过上富足的生活更为重要。于是很多人都把对方的经济状况放在首位，他们的婚姻是为了得到一个能满足他们吃、穿、住、玩的"安乐窝"，或者借以生存的依靠。

精神满足心理

浪漫，是很多人都追求的一种境界。尤其是现在，随着社会文明的进步，人们的文化素质也得到了很大的提高，他们往往不满足于物质的富足，进而开始追求一种精神满足的理想状态，具有这种择偶心理的人越来越多，他们往往注重对方的思想感情、道德品质、性格爱好等，追求彼此心灵上的沟通和感情上的融洽。

政治联姻心理

政治联姻这种择偶心理，在封建社会是相当普遍的，他们通过婚姻打通自己的仕途之路，或者巩固官场上的裙带关系。当今社会，我们不能排除这种择偶心理的存在性，而且借此机会想青云直上的大有人在，在他们的眼中，所谓的感情只不过是一种借以攀升的工具，而隐藏在爱情和婚姻背后的动机，才是不可告人的秘密，才是这场感情交易的真正目的。

追求美貌心理

"爱美之心，人皆有之"。很多时候，这种择偶心理不能算是一种过错，尤其是在青年人的心中，这种心理占有很重要的位置。我们不可否认的是，所有人都希望自己的对象更漂亮点，更英俊些，这是人之常情，但如果一味地追求这种外表美，常常会带领我们走上歧途。正如歌德所说："外貌美丽只能取悦一时，内心美方能经久不衰。"

要求完美心理

现实生活中，有很多人在选择对象时，事先制订一系列标准，条条框框很多。凡不符合其中一两点的，哪怕其他方面都很优秀，也不在考虑范围。具有这种择偶心理的人，以年轻的初恋者为多，常常会因此使他们成为大龄青年。"金无足赤，人无完人"，所以，对待任何人，包括恋人，我们的要求都不应太苛刻。

投缘心理

有很大一部分人，他们不看重对方的容貌，也不在乎对方的经济地位，而最为看重的是自己能否和对方进行很好的沟通，有无共同话题和一致的兴趣爱好，是否投缘。这样的爱情，建立在双方有共同语言的基础上，一般来讲也比较持久。

游戏爱情心理

有一部分年轻人，他们或许是经受过恋爱的打击，或许本身就不具有健康的人生观、价值观和恋爱观，因此，他们往往以恋爱为名，玩弄他人感情，朝三暮四，寻花问柳。结果，浑噩一生也无法享受真正的爱情，而且给一些无辜者带来了很大程度上的伤害。

温馨小贴士

择偶心理多种多样，但不管是哪一类型，你都要遵循一句格言：以利交者，利尽则散；以色交者，色衰则疏；以心交者，方能永恒。所以，在选择自己的恋人时，一定要以心换心，经营一段真正属于自己的爱情。

2. 常见男性择偶心理

有这样一种说法：每天晚上十二点钟，如果在钟敲十二下之前，你能站在镜子前，用刀完整地削好一只苹果，你就能从镜子里看到你生活中的另一半。自从上帝从亚当的身体里抽出一根肋骨，造出夏娃来的时候，这世界上就出现了爱情的故事。有一首歌叫做《牵手》，"因为爱着你的爱，因为苦着你的苦，所以悲伤着你的悲伤，幸福着你的幸福……"。在人生的道路上，每一个人都渴望找到能够与自己白头偕老的另一半，只是因为性别的不同，择偶心理、择偶标准也具有不同程度的差异。

不可否认的是，男性与男性之间因为所处环境，所处地位，以及所受教育程度和个性差异的原因，在择偶心理方面存在着很大的差异。例如，有的希望自己的另一半知书达理，善解人意；有的希望自己的另一半个性十足，时尚另类；而有的则希望遇到安静贤淑，体贴温柔的女子。但是，因为同是男性，那么也就存在这么一个事实，即他们在择偶心理方面也有着一些相同的部分。

通常，男性择偶主要考虑两个原因：一为社会原因，如家庭的经济条件，职业等；二为个人原因，女方的外形（容貌、身材、肤色），素质（受教育程度，兴趣，修养），品行（道德品质、为人处世），性情（性格、脾气）等。社会方面是一个易变的因素，例如封建时代，以及"文革"时人们择偶时的社会取向与今天的社会取向就大相径庭；而从个人方面来说，这一点是较为稳定的，如首先看容貌这一点是古今中外概莫能外的。

一般来讲，男性的择偶心理主要有以下几种。

外表美
很多男性都把对方的外表看做是自己择偶的重要条件，他们往往把美丽的外表看做是爱情的支柱。一般来讲，他们判断一个女性美不美往往从三方面着手，一是容貌神韵，二是身材体态，三是肤色。若不满意，往往就不愿意与对方进行进一步的交流。

温柔贤淑

所谓温柔贤淑，具体来说，就是在恋人、夫妻关系上，温柔体贴；在待人接物上，温文尔雅，知书达理；在教育子女时，循循善诱；在对待老人时，善良孝顺；同时下得了厨房，进得了厅堂。在许多人看来这是女性的天性，但是由于社会及其他方面的原因，很多女性可能做不好这些，因此男性在择偶时，往往把这一点看得很重要。

性欲强烈

相对女性而言，男性的性欲往往比较强烈，因此他们也往往把性欲强烈作为自己的择偶标准。很多时候，由于性冲动使然，男性往往在闭上眼睛的时候，眼前晃动的全部是女性的动作、眼神、服饰、表情等，以及随之而来的大胆而美好的幻想。所以，性欲强烈的女性往往是男性追求的对象。

年龄较自己小

一般来讲，女性都希望有一种被保护的感觉，而男性则希望自己能够给女性这种感觉。一般说来，女性对男性的爱往往有较强的依恋性，而相对来说成熟的男性又最易被年龄较自己小的女性所吸引和征服，两者可谓相辅相成，相得益彰。因此，男性存有这种择偶心理也就不足为奇了。

有学识，且含蓄

男子喜欢配偶有学识。因为聪明的女性会懂得巧妙隐藏自己的聪明和智慧，从不炫耀，懂得世故而且安守本分，并且时时处处给自己的男人留有面子。这样的女子，男人虽然缄口不说，但是会从心底喜欢，而且这种喜欢往往会持续很久，以及由此而产生的爱往往是永恒的。

会体谅人

聪明的女性知道何时何处应怎样顺从男子，而且懂得安抚的手段；何时何处又能适时地显出自己的智慧，使男子佩服自己，懂得适时恭听男子的故事，常常表现出一种适宜的尊敬态度。而且在男性失意时，能够给他以安慰；在男性彷徨时，能够使其坚定自己的信心；在他乐不思蜀时，往往会适时而含蓄地提醒他小心乐极生悲。时时处处会感觉到她的体谅，她的温柔，她的贤淑！

良好的家庭背景

很多男性都希望自己的恋人或者妻子有一个良好的家庭背景，这样的女性所受的教育，所接触到的礼节等对自己的事业会有一定的帮助。而且这类家庭出身的女性往往是"上得厅堂，下得厨房"，能够给自己营造一个温馨的港湾。

比自己弱

一般来讲，由于社会环境的原因，男性往往不能忍受比自己强的女性，尤其是经济基础比自己好，社会地位比自己高。这样，他们往往会丧失自信心，甚至会带来严重的自卑感。所以，我们往往可以听到这么一个词"女强人"，但是因为这一择偶心理，很多"女强人"在婚恋这一问题上往往会受挫。

温馨小贴士

很少有男性像女性一样对对方的条件要求十分苛刻，他们的择偶标准比较宽松和自由。但男性多属于比较理性的高级动物，所以他们的择偶标准往往比较现实，而且非常容易发生变化。

3. 常见女性择偶心理

古希腊哲学大师苏格拉底的三个弟子曾向老师求教，怎样才能找到理想的伴侣。苏格拉底没有直接回答，却让他们走麦田，只许前进，而且只给一次机会，让他们挑选一只最大的麦穗。

第一个弟子走几步看见一只又大又漂亮的麦穗，高兴地摘下来。但他继续前进时，发现前面有许多比他摘的那只大，只得遗憾地走完了全程。

第二个弟子吸取了教训，每当他要摘时，总是提醒自己，后面还有更好的。当他快到终点时才发现，机会全错过了。

第三个弟子吸取了前两个的教训，当他走到三分之一时，即分出大、中、小三类，再走三分之一时，他选择了大类中的一只美丽的麦穗。虽说这不一定是最大最美的，但他满意地走完了全程。

在日常生活中，几乎每个人的择偶心理都不相同，且不是单一的，往往由多种心理状态交织而成，只不过有的时候比较倾向于某种心理状态。对于现代的女性来说，也都有自己的择偶标准。她们往往希望自己心目中的另一半是完美的，是能够给自己带来安全感的。也有的女性追求物质，但是有很多追求的是真正的感情。

据心理专家研究发现，一般来说，女性的择偶标准主要有以下几点。

跟着感觉走

这种择偶心理一般发生在浪漫的女孩阶段。这时的女孩们，由于受各种书籍、影视作品等的影响，都在心底刻画自己心目中的白马王子。同时，她们大都在找一种感觉，这种感觉一般取决于对方的形象、气质、言谈举止等个人素质，与经济条件、家庭背景等其他条件无关。但这仅仅是一种"感觉"，女孩拒绝的唯一理由也很可能就是"没有感觉"。

金钱至上

在现代这个物欲横流的社会，尤其是在经济落后的地区，金钱至上是一类比较普遍的择偶心理。女性往往把对方的经济状况作为首选条件，他们的婚姻就是为了得到一个能满足吃、穿、住、玩的安乐窝，或者生存的依靠。这种建立在物质、金钱基础上的婚姻，是不牢固的，因为经济状况是随时可以改变的，它常常因对方丧失了优厚的经济基础，而失去凝聚两人心灵的吸引力，最后只能分道扬镳。

追求完美

很多女性总是生活在一种想象的世界里，在她们的心目中，理想的白马王子应该是完美的。身高比她高10厘米以上，身材匀称，体格健壮，五官端正。良好的外形能给她以极好的第一印象，女人也一样好"美色"，正所谓"爱美之心，人皆有之"。

攀比和从众心理

由于女性天生存在着严重的虚荣和攀比心理，在择偶的同时也往往能够表现出来。比如，看到好友找到一位有钱有貌的男朋友，她就会担心自己的男朋友会不如好友的优秀。若果真如此，她就会感觉没有面子，很丢人。

有安全感

绝大多数女性比较喜欢"受呵护"的感觉，即使女强人也不例外，在家里她希望得到伴侣的关爱，在外面，她希望得到伴侣的保护。当然，安全感的内容很广，包括有一定的经济实力，为人稳重、成熟、负责任，处事果断有魄力等。当然，高大威猛的外形、健康的体魄，也将大大提高你的安全感。同时，在这一点上，女孩一般相信年龄比自己大的男性能符合自己的条件。

有很强的事业心

事实上，几乎每一个女性都很重视这一点，都希望自己的对象是栋梁之材，在工作、事业上前途无量，但目前具有这种择偶心理的人主要存在于知识分子群体里。她们把工作进展、事业成就看成是人生最大的快乐。把对方有无事业心和积极进取精神，作为择偶天平上的一个重要砝码，把爱情的幸福包裹在事业的奋斗之中。她们相信这种爱情由于事业的永恒而会得到永恒。

温馨小贴士

总的来说，女性往往喜欢"精挑细选"，一定要符合理想要求。她们把爱情理想化，缺乏现实感，总希望自己的爱情像小说里描写得那么浪漫：月白风清，白马王子突然从天而降；一见钟情，爱情之花会突然奇迹般地大放光彩。

4. 择偶心理误区

在我们生活的周围，常常可以看到这样的情景：一位英俊潇洒的男士身旁，站着的并不是我们想象中的美女，而是有点"丑"的女孩子；但是在他们的旁边，一位貌似天仙的美女旁边站着的男性却实在不敢恭维。于是我们往往感觉很奇怪，不如将他们换一换。很多时候，我们总觉得有许多夫妻和情侣彼此是不般配的，其实，爱情的基石不是美貌和地位，也不是金钱和虚荣；它是彼此双方那份最真挚的依恋，那份最纯美的感动。但我们总是不自觉地陷入择偶心理的误区。

一般来讲，常见的择偶心理误区主要有以下几种。

过分追求美貌

这一误区多见于男性。很多的时候，中国男性对美女的追求可以用"孜孜以求"来形容。历史上，很多英雄难过美人关，他们也往往是爱江山更爱美人，甚至不少男性因为迷上倾国佳人而遭遇不幸，于是就有了"红颜祸水"的概念，其实，错误的往往不是女性，而是男性的自制力不够，受不了诱惑。

青春美貌成婚姻筹码

有相当一部分的年轻女性把自己的容貌当成和男人讨价还价的筹码，她们重视外表的程度远远超过其他方面。很多女性，往往舍得花费大量的钱财来投资服饰、化妆品等，因为她们清楚地知道，自己越漂亮，钓到金龟婿的可能性就越大。

自卑心理

这一误区多见于大龄女性。这类女性认为，年过30还独守闺房是件不光彩的事，因而最怕别人谈婚论嫁，也最怕人家以关心的口吻询问自己的婚事，并且对自己悲观失望，认为爱情再也不会光临，从此与爱情无缘了。

封闭心理

这一误区也多见于大龄女性。这类女性本来就不善交际，不愿在婚姻问题上采取主动态度，甚至不愿与结过婚的同事来往。她们往往将自己关在个人的小天地里，喜欢独处，交际范围十分狭小，这样就大大减少了她们择偶的机遇。

一见钟情

男子口若悬河、才华出众，女子美丽可爱、楚楚动人，相互吸引，一见倾心，随即结为伉俪，既风情又浪漫。这种文学作品中的爱情模式，现实生活中亦屡见不鲜。所不同的是，悲剧为多，喜剧见少。这是因为，一见钟情仅仅是为对方的某一优点所强烈吸引，彼此缺乏了解，当缺点和弱点在婚后逐渐暴露出来时，就会感到非常失望和难以忍耐。

宁缺毋滥

有很多人在择偶方面总是预订指标，按图索骥。于是在一年又一年的蹉跎中，心目中的白马王子依旧没有出现，当朋友的孩子已经会喊"阿姨""叔叔"的时候，自己还是孤孤单单一个人。殊不知，所有的标准都是你在遇到某个人之前定的，而且你设计的那个完美恋人也不一定存在，所以可适当把标准放宽一些，你会收获一份意想不到的唯美爱情。

过分看重金钱和地位

这种择偶心理是以政治地位、经济地位、学历地位等外在素质作为择偶的主要条件。然而，人的地位是在变化的，由于爱情和婚姻的基础是地位，所以当对方的地位发生变化时，爱情和婚姻的大厦也就会发生动摇。所以，在追求配偶"条件"的同时，切不可忽视品德、性格、理想、情操等内在素质。

攀比虚荣心理

择偶时特别看重别人的评价和外界舆论，没有自己的主见，因而常常面对众多的异性朋友举棋不定。他们常以与自己同层次人的恋人或配偶为镜子，要找一个不比别人差的人。人各有长，世上绝没有十全十美的人。结果，有这种择偶心理的人，很容易落下"顾了面子，误了青春"的结局。

二、情人眼里出西施——审美错觉

"情人眼里出西施"意思是说，恋人之间产生了好感，就会觉得对方像西施一样美丽无比。其实这是恋爱中的一种审美错觉。审美错觉是对审美对象深入体验之后而产生意象形态的变化。人的相貌是天生的，但作为审美形态，一般来说，会随人的情感变化而变化。

古诗云："草茅多奇士，蓬荜有秀色，西施逐人眼，称心斯为得。" 音乐大师贝多芬相貌丑陋，可年轻美貌的勃伦施维克小姐为他神魂颠倒。《巴黎圣母院》的埃丝美拉达看出敲钟人的善良、正直，可没有对他产生爱情，而对人面兽心的卫队长却钟情不已。

在现实生活中，许多人并不具备性吸引力，但仍有异性选择，并深深爱着她(他)。这是因为，在两性交往中，随着交往的深入，对方的内在美——诚实、刚强、理想远大、品格高尚、能力强等品质被相恋的一方认识。

这时，内在美会弥补、掩盖外表形象的不足，使对方觉得自己很美。人们因此选择并深爱着他(她)，即"情人眼里出西施"，心理学上称为"审美错觉"。

此时，你对外貌的看法，足以会被行为与心灵的美与丑改变。当你从对方的言谈举止、一笑一颦中体验着内在的美好心灵时，美会随之产生，其自然相貌在你眼中会变得格外美丽。由此可知，影响恋人择偶的决定因素还在于对方的思想、道德、个性等内在因素。所以有一些人，在他们的眼中，不管对方的相貌是丑陋还是如鲜花般魅力四射，总有某一点深深地把自己吸引。

一般来讲，热恋中的男女，在很大程度上往往会因为对方的某一外在原因，把对方视为自己心目中的完美恋人，"情人眼里出西施"讲的就是这么一种感觉，这种审美视觉在客观上好像是失真的，但是在主观上却是真实的心理体验。

我们知道，法国伟大的艺术家罗丹在品味人体雕塑时，他时时就会从错觉中呼唤出种种不同的奇特的异化意象：有时"像劲健的摇摆的小树"；有时"像一朵花，……宛如花的吐放"；有时"像柔软的常春藤"；有时人体向后弯曲，"好像弹簧"，"又像小爱神洛斯射出的无形之箭的良弓"；有时只见背影，"上身细，臀部宽"，"又像一种花瓶"，"一个轮廓精美的瓶，蕴藏着未来的生命之壶"。……总之，这正契合了"情人眼里出西施"的欣赏效应。

其实，在不同的时代里，以及不同的文化背景和价值观下，人们的审美观是不一样的。即使在大背景都相同的前提下，人的审美观也有个体的差异性。同样的一个人，在有些人看来简直是完美无瑕，而在另一些人看来却很是普通和平凡。但不管怎么样，审美标准对于大多数人来说基本上还是一致的。

托尔斯泰说："人不是因为美丽才可爱，而是因为可爱才美丽。"热恋中的男女对异性美的审视，既针对外表美，也针对心灵美，而且心灵美可以弥补外表的不足。审美错觉也具有一定的积极意义，它让人挖掘出恋爱对象身上更内在的美以弥补某些不足，那么就可以推动爱情向前发展，而不至于使相貌平平的人孤独终身。

但是，如果爱情没有正确的价值观、人生观的引导，这样的审美就容易埋下隐患，导致日后婚姻和家庭悲剧的发生。如果审美错觉有悖于正确的价值观、人生观，一旦爱的激情日渐平息，光环效应随即消失，那时悔之晚矣。

那么，我们如何正确认识和避免发生恋爱中的审美错觉呢？

用理智战胜感情

我们通常都说"恋爱中的人智商为零"，这句话是有一定道理的。因为在恋爱中，人的感情常常占据指导地位，从而导致感觉和认识上的偏差。所以，一定要在恋爱的时候对自己、对对方做一下全面而深刻的分析，不要让感情的因素冲昏头脑，被"审美错觉"引入歧途。

听取别人意见

俗话说得好："当局者迷，旁观者清"。处在恋爱中的男女往往容易被爱的错觉所迷惑，把恋人的某一点当做他的全部，甚至觉得恋人是完美无瑕的，是世界上最好的。此时，你应该认真听取家人和朋友们的建议，从而再结合自己的认识来重新审视对方，要"择其善者而从之"。

培养对爱情的审察力

一般来说，爱情最能反映出一个人最深层次的需要，而只有当恋爱中的男女彼此从内心真正吸引对方时，这种感觉才能够天长地久。所以，要树立正确的择偶标准和恋爱态度，培养对爱情的审察力。

温馨小贴士

"当局者迷，旁观者清"，处在恋爱中的男女往往容易被恋人的某一点所诱惑，面对恋人的缺点和不足却毫不察觉。因此，要认真听取和分析别人的意见，结合自己的认识，"择其善者而从之"，千万不可"一叶障目，不见泰山"。

三、众里寻她千百度———一见钟情

在影视或者文学作品中，我们总能够欣赏到一见钟情的浪漫爱情故事。男女主人公像前世约定的一样，在某个特定的时间，某个特定的地点浪漫地邂逅，然后一见倾心，从此成为白头偕老的爱人。

现实生活中，是不是也有这么浪漫的故事？其实，所谓的一见钟情，就是自己在某一时刻所遇到的对象跟自己所策划的恋人标准相近或者吻合，再或者就是被对方的某一特点所吸引，以及由此所引发的爱慕和崇拜。由此可见，一见钟情也有一定的道理。

当然，一般来讲，一见钟情的对象往往有着一副姣好的容貌和身材，是"大众情人"，能够给人一种心动的感觉。很多人都知道，第一印象很重要，但是第一印象也往往带有很大的欺骗性，甚至你根本不知道他的现状和经历，所以也会造成极大的痛苦。

一见钟情是很有争议的恋爱方式，很多的时候，它是一种感情的冲动，是导致爱情和婚姻不幸的重要因素。因为爱情不仅仅是一种感觉，它更是一种真实的存在，因此也就需要了解，而了解就需要时间。很多时候，说到一见钟情，大多是在事情发生以后回想起来的感觉，而这样仅仅基于第一感觉的爱情，潜藏着太多的危机。所以，即使一见钟情，即使两情相悦，也不要太过于相信第一感觉，给爱情留出一点空间和时间，让爱情在时空里得到历练和验证。

一些喜欢浪漫的女性，面对突如其来的爱情，她们往往是盲目的，是无所适从的。有一个真实的故事，或许你的身边也曾发生过，因为在现代社会中，这样的故事已经屡见不鲜。

张娟有着良好的家庭背景，倾国倾城的身材和美貌。就是这么一个女孩子，不知多少位男子曾经为之痴迷，但是她始终不为所动。理由很简单，没有感觉。

可没有想到的是，在一次晚会上，一种让她怦然心动的感觉竟然从天而降。当时，李刚就像从天而降的白马王子，他开着一辆新款宝马车，穿着一身国际名牌……张娟对他很有好感，她觉得这就是她想要的那种感觉，那种一见钟情的感觉。其实说白了，只是她骨子里的虚荣心在作怪。不到一个月，他们就结婚了。

结婚三个月后，张娟突然间发现，她喜欢的白马王子根本没有喜欢过她，而她只不过是用青春换来了自己的心理缺失，整件事也只不过是一场爱情和婚姻的游戏。张娟悔恨之极，两个人也很快走到了婚姻的尽头。

其实很多时候，许多第一印象、第一感觉，不过是自己骗自己的一场爱情游戏而已。

那么我们如何来看待一见钟情和第一感觉呢？

1. 第一感觉捕捉到的往往是一些表面的、肤浅的东西，而单凭直觉做出的评价往往是简单的、平面化的。

2. 第一感觉所捕捉到的信息往往是流动的，是瞬间变化的。因此，单凭第一印象容易把事物凝固化、绝对化，就看不到事物变化的轨迹。

3. 在一见钟情者的眼里，对方的某一方面的特征被夸张地放大，在光晕效应的作用下，想象代替了现实，觉得一切都是非常完美的，没有半点瑕疵。

温馨小贴士

"众里寻她千百度，蓦然回首，那人却在灯火阑珊处。"浪漫的爱情故事，总是充满着偶然的，看似上天安排的。但"一见钟情"的背后藏有太多不为我们所知道、所了解的因素，而真正的爱情来自彼此的心灵相吸。

四、豆蔻初开的幻想——初恋

初恋，是情窦初开时的幻想，是对美好爱情的憧憬。可以说谁都有初恋，只不过你是否敢于去追求。或许有些人会把初恋的感觉埋藏在心底，永远不表达出来；或许有人会勇于去表达，去说出自身的想法，获得对方的芳心。

对于人类而言，初恋是人生当中最完整的记忆。可以说，你会忘记自己的第二个、第三个男人，但是第一个却会永远刻在你的心里，让你怎么也挥洒不去。这就是初恋的感觉，一种"欲罢不能"的无奈与心灵的冲动。

1. 善待你的初恋

　　少男少女之间发生的相互爱慕之情，是名副其实的"初恋"，也是一段不成熟的恋爱。但是这种恋爱是拒绝世俗的功利主义的，是不考虑婚姻的，是一段纯美的感情经历。它是人生第一朵绽开的鲜花，如初升的朝阳一样美好。虽然它像梦一样迷蒙而短暂，但它注入人心的那种温馨和向往，是培养美好的崇高情操的最好精神食粮之一。

　　我们可以肯定少男少女的两性感情，但是我们不能放任少男少女盲目地坠入"爱河"。因为他们年龄还小，不知道情为何物，更不识水性，招架不住巨大旋涡的冲击，闹不好会被淹溺。

　　李琳15岁了，既温柔又漂亮，而且学习成绩优异，非常可爱。她上初三，与同班一个男生要好。然而，出乎父母的意料，这位男生是班里最调皮的，学习成绩更在倒数，只不过能说会道，颇有女生缘。而他们所谓的要好，究竟是纯洁的友情，还是少男少女之间相互吸引的朦胧的爱意，还是两者都有的一种并不分明的混沌感情？他们自己也不能够说清。

　　李琳的父亲风闻此事后，立即警告李琳说："我早就警告过你，上学期间不许谈恋爱，搞对象，你要是不听，小心我打断你的腿！"李琳听到父亲这般难以入耳的教训，很是不满，从此，她不再与那男生公开接触了。

　　由公开转入"地下"，神秘感也随之而来，性意识的觉醒使这对少男少女有了一些亲吻之类的肌肤接触，这越发使他们难舍难分。纸里包不住火，李琳父亲知道后怒不可遏。一天晚上，大家去村上看电影，李琳又到那男生家里。两人正在卿卿我我，她的父亲大喝一声猛然出现，两人吓慌了。老父举起棍子就打。男生的兄长闻讯赶来，双方厮打起来，搞得整个村里的人都知道了这件事。李琳趁机跑回家，又气又羞又急，竟拿起一瓶农药喝了下去。当药性发作时，她后悔了，可已经晚了……一个花季少女的生命就这样被剥夺了。

　　那么这出悲剧是谁酿成的？不可否认的是高举"挞伐早恋"之鞭的家长。现实生活中，不少的家长，一见男女生交往，哪怕一起谈过一次话，一起走过一段路，写过一封信，递了一张纸条，就定性为"早恋"，接下来就是煞有介事地研究如何"防治"。其实，这些往往远非我们所说的"恋"，不过是一般男女同学之间的正常交往。

作为家长，此时，野蛮阻止是最愚蠢的方法。因为孩子涉世不深，不明白此时他的人生的重点在哪里，如果一味地阻止，反而会助长他的逆反心理，造成一发不可收拾的局面。所以，我们所要做的就是对早恋的孩子加以正确的疏导，使他们认识到孰轻孰重，从而在人生的道路上少走一些弯路。

一个15岁的初三女孩，学习成绩很好，而且她就读于市里面一所著名的中学。但是初三上学期，她突然很认真地与一个同班男孩恋爱了。女孩儿的父母没有过分阻挠，而是与她进行了一次坦诚地交流。

母亲："女儿，你是不是觉得他是天底下最英俊的男孩子？"

女儿："我觉得我认识的男孩子当中只有他最优秀，而且人长得也帅气。"

母亲："妈妈相信你的眼光。但是，你想过没有，你才上初中，还没有出过这个城市一步，你认识的男孩子还没有几个？要是你以后离家上大学遇到更好的怎么办？"

女儿：……

母亲："你说你要上学，将来还要出国深造，想成为一名律师或者医生。说真的你将来会遇上很多好男孩？妈妈并不反对你现在谈恋爱，交朋友，但是你知道，妈妈最反感的是见异思迁。你15岁就有了男朋友，这男孩子是你到目前为止认识的最好的，可是，你将来会有更多的机会，到那会儿你怎么办？你会不会后悔？"

女儿："可是，现在让我离开他，我会很痛苦的。"

母亲："你初二时买的那个mp3呢？"

女儿："前两天，您给我买了个高级的，我觉得音质比那个好，就把原来那个给人了。"

母亲："女儿，这就叫一山更比一山高。你如果把握好每一个属于你的机会，你以后的成绩只会越来越优秀，你面对的世界只会越来越宽广，到时候你的选择只会比今天好。如果你现在与这男孩子真有那份情缘，到那时再让它开花结果多好。女儿，一个人一生不可能不做些让自己后悔的事。但是，人生大事只有几件，后悔了，就遗憾终生。"

女儿："妈妈，我懂了。"

我们应该给初涉爱河的少男少女的心灵之舟导航，指导他们学会把初恋的纯情珍藏在心底，使之成为一种激励力量，以理性把握人生走向。这个初涉爱河的女孩从她的母亲那里得到了这样的人生指导，真是太幸运了！所以，为人父母者，应该好好地思考一下，该不该让自己的孩子也享有这种幸运？

温馨小贴士

初恋，是人生中最唯美的一段感情，永存心中的甜蜜回忆。所以，为人父母者，一定要善待孩子的初恋，给孩子的感情生活留下一份珍贵的记忆。

2. 初恋的特殊心理

初恋作为爱的起步，是爱情交响曲中的第一个音符，它充满了神秘的色彩，缓缓地流淌着兴奋的、冲动的、急切的、优美的乐音。而在人们的一切美好记忆中，可以肯定的是恐怕没有任何回忆比初恋更令人难以忘怀了。第一次怦然心动，第一次约会的期待，第一次牵起对方的手，还有那第一次羞涩的吻……

然而，美好的初恋是否能带给你恋爱的成功？初恋过程中又有怎样的特殊心理呢？

很多的时候，初恋只能成为人生中一段苦涩的记忆，因为大多数的年轻人在懵懵懂懂的初恋时期，往往会很冲动，很盲目，而且他们浑然不觉自己已经在恋爱了。对于情窦初开的年轻人来说，强烈的好感同内心的爱慕很难画出明显的界限。在共同的不断接触中，从相识、友谊而走向爱，往往是那样自然而然。初恋的感情若明若暗，初恋者对所爱的人感到不确定和朦朦胧胧。

但是，初尝爱情甜蜜的他们总希望长久地待在一起，难舍难分，而且对恋人有一种看不厌的感觉，总有说不完的话。一旦分离，便备感失落，感觉"一日不见，如隔三秋"，内心也会引发无限的惆怅。

由于初恋总是在有意识和无意识间产生的，初恋者对自己感情和理智的认识也若明若暗，但是初恋激起的感情波澜会使初恋双方感觉如果离开了对方，那么自己的生命也会随之消失。总的来说，绝大多数的初恋者有以下几种特殊的心理特征。

神秘心理

初恋男女刚刚接触到神秘的爱情，同时也感到对方是一扇通往人类另一部分的神秘大门。性别的差异，表露的差异，言语的差异，思维方式的差异，使得两人世界充满神秘的韵味。因此，他们都感觉对方充满神秘感，想要急切地了解对方，了解深不可测的爱情，所以内心也经常充溢着一种神秘心理。

兴奋心理

一位向来沉默寡言的青年，突然间变得活跃起来，脸上经常堆满笑容，并且满面春风。人们会猜测：他一定是在恋爱了！因为初恋促人向上，也为感情的进一步发展提供了可能。所以，此时的初恋男女对什么事情都会表现出一种兴奋，感觉天也高了，地也阔了，海也蓝了……

冲动心理

初恋在两个人突然走近了他们从没有走近的新世界，于是内心充满了极大的惊喜，但是其中也包含了冲动的欲望。相见时肌肤的接触会燃起澎湃的激情，有的时候想到恋人的一颦一笑，一句话语，一个眼神都会热血沸腾。在这种冲动的心理状态支配下，说话、做事都显得缺乏理智，容易感情用事。

急切心理

恋爱双方都渴望一下子了解对方，诸如性格、爱好、气质、才能、经历、家庭等。同时恋爱中的男女特别迫切地想知道自己在对方心目中所占的位置，以及在对方看来自己是不是够优秀，对自己有没有什么看法和意见等。

盲目心理

刚刚恋爱的男女，大多都还不明白爱情是怎么回事，因此他们所做的很多事情往往会显示出一种盲目性。他们就像初入迷宫的人一样，找不到正确的路，因而只能在里面"乱撞"。

可以说，初恋是具有双面性的，它既纯洁无瑕，但也幼稚无知；它给你带来难以忘记的甜蜜，也带给你刻骨铭心的痛楚。不过，据调查研究，初恋的成功率，以及由初恋建立的婚姻，成功的比例远远高于多次恋。心理学家认为，这是因为在很多人的心目中，"首次感"是比较好的，他们也往往比较信赖自己第一次感觉。所谓人生中的首次恋爱，初恋最易获得感情上的享受和满足；同时，因为刚刚进入恋爱，初恋中的男女大多不会虚荣与攀比，容易获得理想的审美感觉。所以，初恋的成功率比较高，而成功的初恋更会带来永恒的爱情。

然而，初恋毕竟只是爱的开始，也仅仅是一种尝试，所以当你发现爱情之火肆意燃烧时，当你发现爱的节奏迅速加快时，不妨静下心来想一想：感情的节奏是不是太快了。初涉爱河的男女，要抹去迷信成分与感情色彩，理智地判别和承担降临的爱情。应更多地将双方表现的愉悦转向更高层次的心灵交流，只有这样理智地对待自己的初恋，认识到初恋的特殊心理，你才能够不给自己留下遗憾。

温馨小贴士

爱惜你刚刚降临的那份爱吧，用你心灵的泉水浇灌它、滋育它、即使它没有生长成为爱情的玫瑰，也能成为一株友谊的常青藤。这样，若干年后，当你蓦然回首，会感谢那段既苦涩又甜蜜的记忆。

3. 初恋的心理调适

一般来讲，初恋往往发生在少年期，出现在少男、少女的身边。据美国1972年统计，男生初恋者12岁以前已占17%，13岁平均占18%；女生初恋者12岁以前占7%，13岁占12%，15岁占21%。

在我国的一项调查中，1400名中学生，发现交了恋爱朋友的有104人，其中男生有36名，女生有68名。在我国，少男少女情窦初开期约在十四五岁，这个时候正好是初中二、三年级。在11所学校进行的调查表明，中学是初恋的高峰，一个是在初二、初三阶段，一个是在高三阶段。初三这个高峰期要比高三的高峰期来得要猛些，蔓延得要快。从另一调查中看到，初一时，初恋者占班级学生的4.43%，初二时占8.19%，初三时占12.99%，高一时占27.26%，高二时占13.38%，高三时占36.23%。这个数字告诉我们，学生随年龄的增长初恋人数也在增加。因此，不管在"开放"还是"封闭"的国家，都不赞成学业尚未完成、经济尚未独立、身体发育还不够健全的少男少女谈恋爱。

对此就很有必要对青少年的初恋心理进行调适。

坦诚与家长、老师进行交流

很多的时候少男少女的初恋是情的"萌芽"，不是爱的本身，它往往是单方面的，是心理上的、感情上的依恋，是纯洁而幼稚的精神之恋。这精神之恋往往带有浓厚的幻想色彩，就如同是一个精美的玻璃杯，好看但是易碎。处于初恋中的他们也总是有很多的迷惑和不解，甚至会因此耽误学业。此时的他们就应该想方设法来摆脱这种困境，而最有效的方法就是和人生经验丰富且开明的家长和老师进行坦诚的交流，避免走进恋爱的误区。

家长和老师给予正确引导

很多的家长和老师容不得孩子在学业紧张的时候谈恋爱。在他们看来，这种爱是毫无意义的，而且是没有结果的，同时会带来很多伤害。但是，阻止孩子恋爱，要采取一种正确而诚恳的方法，给孩子以正确的引导，帮他们树立正确的人生观、价值观和爱情观，这远比粗暴地干涉更为有效。

正确看待初恋的失败

初恋的失败有时并不一定是坏事，即使带给你一些痛苦的回忆，甚至使你一蹶不振。但是，它更多的是使你成熟。因此失恋者不应该沉迷于失恋的痛苦中而不能自拔，要采取积极的态度化解内心的痛苦，并总结出经验和教训，以免在面对后来的爱情时犯同样的错误。其实很多人都经历过初恋的失败，关键是能否走出来，去发现初恋以外的天空。

多交朋友

在青春年少的日子里，要尽量地多交朋友，不管是同性还是异性都能够给自己带来精神上的愉悦和生活上的帮助，这样你就不会拘泥于自己生活的小圈子里，同时也能够品味到友情的珍贵和美好。

道德教育

有人说，爱情不仅是对异性肉体上的追求，从很大程度上来讲，它是人类在精神上依恋的需要。而少男少女的初恋几乎完全是精神需要的追求。正如歌德所说："道德纯洁的少男少女的初恋，永远趋向崇高的目的。"因此，每一位家长，每一位老师，每一个处于初恋中的人，都要遵循道德这一主线，这样的恋爱才能够带来更大的欢愉和乐趣。

温馨小贴士

　　有人说，绘画中最美的微笑是属于蒙娜丽莎的，而生活中最美丽的微笑是属于初恋的。这话固然富于诗意和想象力，但是绘画中的蒙娜丽莎保持微笑很容易，生活中初恋的微笑则不容易保持。

五、恋爱中男女的心理差异

恋爱中的男女，因为性别的不同，因此就不可避免地存在着一些心理差异。具体来讲，这些心理差异主要表现在择偶心理、恋爱态度、爱情感受力、挫折承受力等几个方面。而了解这些差异，并进一步处理好这种差异，有利于我们感情的稳固。

1. 择偶心理的差异

在本章的第一节已经介绍过男女的择偶心理。这里再简单地概括一下男女择偶标准的主要差异。

择偶标准的差异

男性的择偶条件较少且较为宽松。他们多是要求姑娘要长得漂亮、温柔、贤惠、"养眼"等，审美色彩浓烈。他们的择偶比较现实且随时能加以调整。女性择偶条件则比较具体、苛刻，她们更多考虑和关注现实问题，尤其是经济方面。我们知道，许多女性依赖性比较强，坐享其成心理非常突出。

动机上的差异

我们不能否认的是，每一个青年男女都渴望能寻找到一位称心如意、能与自己白头偕老的伴侣，享受爱情和婚姻带来的喜悦和甜蜜。但在这种主导动机之外，还有一些次要的动机，就显示出了男女两性的差异。一般来说，男性在择偶时还有更多的支配动机和成就动机，希望找一个贤妻良母；女性在择偶时则有更多的依赖动机和自居动机，希望对方能给自己以精神上的满足，给自己以力量和保护。

追求方式上的差异

通常，男性在择偶时比较外向和热烈，他们敢于率先表白袒露自己的情感。对于一些男性来说，他们可能与女方接触没有多长时间，便会产生爱慕之心，接下来就是大胆地追求；相对来说，女性则比较含蓄和内敛，她们能够从不同的方面来从总体上评价对方，也能够把握住交往过程中的进展和节奏，在坦白自己的内心情感时，能够采取迂回的、曲折的、间接的方式。

期望上的差异

期望是对人或对事物的前途和未来有所期冀和希望。在择偶过程中，很多时候，对恋人的期望也是造成恋爱成功或者失败的关键。通常，恋爱期间，男性多受情感控制，很少能够理智地去思考未来的事情，显得盲从和冲动；而女性则不同，她们再刚开始的时候，就会把男性放在"丈夫"等角色和地位，并且在考虑未来生活的时候，也不会将他排除在外。

表达方式上的差异

通常，女性更多地要求从心理上接近对方，并进一步希望满足内心的爱和精神上的呵护。很多时候，她们会嚷着要一些漂亮的衣服，一些精致的首饰，一些可口的零食，虽然她自己口袋里有钱或并不是真正的想买；有时候，她们会"无事生非"，让你感觉不可理喻，其实她们是在等待男朋友的呵护与爱抚，此时一句甜蜜的话足可以让她高兴半天。男性在表达爱意时，多是毫无顾忌地说"我爱你"；而女性则不同，他们甚至会采用相反的话语，如"你真坏"等。

温馨小贴士

男女的择偶心理有着很大程度上的差异，但是茫茫人海中，相信总会有那么一个人是你的唯一，而且在寻寻觅觅的路上你一定会遇到。

---

2. 恋爱态度的差异

谈恋爱找对象，不可避免的要看对方的条件，比如外形、学问、嗜好、品位等。但很多时候，我们不能忽略更为重要的一点——恋爱态度。你的恋人对恋爱有什么期望？他希望怎样和你相处？他是否比你的恋爱经验要丰富得多？

只有恋爱态度相同，或者是恋爱态度相近的，才有走到一起的可能。也只有拥有相似的恋爱态度，才能在以后的生活中拥有幸福的生活。试想，如果一个女孩子想要天天和男朋友见面，而男朋友却认为"距离产生美"，觉得双方应更多地拥有自己的空间，那么不管这个男孩子是多么英俊和潇洒，也不能够获取女孩子的芳心。因为他们两个人的恋爱态度差异太大，根本无法达成一致，更不用提将来。

兴趣相投，可以拥有更多的话题；恋爱态度相近，才能够在一起幸福生活。现代社会，开放型的要与开放型的相配，保守型的要与保守型的相配。很多人之所以选择分手，不是不爱对方，而是因为他们的恋爱态度存在着太大的差异。情侣在一起，要配，相貌配、学历配、喜好配、身份配，但都不及恋爱态度来得重要。可是男女毕竟性别不同，在恋爱态度上也存有很大的差异。

一般来讲，女性希望在恋爱中与男性建立比较亲密的感情，达到感情上的高度融洽，因为她们认为亲密的感情是爱情的重要因素。因此，一旦一个女性爱上一个男性就会比较用心和专一。

而在爱情生活中，男性往往把自己的能力、胆识、才学与异性的美貌、柔情作为相互吸引的支柱。他们希望女方对自己一往情深，但不会有过多的柔情蜜意，认为只有这样才不失男子汉的风度。所以，即使他们热情似火，也不愿意过分地流露。

温馨小贴士

有人说，态度决定命运，而一个人的恋爱态度就决定他的爱情命运。所以，恋爱的时候，一定要端正自己的恋爱态度，为恋人，更为自己。

3. 情感表现形式的差异

对任何事情，人的感受力都是不一样的，包括对爱情的感受能力。例如很多时候，男性比较粗心，做什么事情总是马马虎虎，不太拘泥于小节，甚至包括爱情。而女性的情感则比较细腻，善于体察对方的心理。

也正是因为对爱情的感受能力不同，在情感的表现形式上，往往也会出现很大的差异。

女性的爱情较固执、深沉

现实生活中，不少女青年对男子一往情深，可谓是棒打不散。这一特点，使她们敢于与家庭的阻挠作斗争，勇敢地同自己心爱的人结成终身伴侣。但也使一些女子听不进别人的忠告，一意孤行，同品行恶劣的人同流合污，以致自食其果，后悔莫及。

男性易一见钟情

由于男青年多注重女方的外貌长相等外表特点，而女青年则较注重男方的内心世界，所以男青年比女青年更易一见钟情。如果发生了这种情况，一定要保持冷静的头脑，要在相互了解中检验与巩固这种钟情，使感情得到健康的发展。切忌草率从事，把钟情迅速地推向感情的高潮，甚至闪电式地结婚，以免铸成大错。

男性求爱积极主动，女方则喜欢"马拉松"

在恋爱过程中，男青年往往敢于率先表白自己的感情，同时喜欢速战速决，总希望在短期内取得成功。这跟男性的性格以及行为方式有很大关系，就好比上街买衣服，只要看重，男性一般立即就买，也不会考虑价格等因素。女性则不然，她们羞于表露自己的感情，常常采取曲折、间接的方式，含蓄地表达自己的感情。

女性戒备心理较强

一般情况下，女性在恋爱中显得冷静，常以审慎的态度来观察对方是否出自诚意，唯恐上当受骗。而男青年的戒备心理则少一些，在与女青年开始接触时，几乎不怀疑对方，更不会料想对方有什么企图。当然，这跟他们的心理和生理因素有一定的关系。

女性自尊心较强

女性在恋爱的过程中异常敏感，且常设法使其自尊心得到满足。而男性的心胸较为宽阔，一般并不在乎求爱时遭到对方拒绝而带来的尴尬，如果求之不得，会用"精神胜利法"来安慰自己，以求得心理平衡。

总的来说，面对爱情，男性反应迅速强烈，意志坚强，勇敢大胆，热情洋溢；而女性一般沉稳持重，灵活好动，情绪多变，感情充沛而脆弱。

温馨小贴士

两个人相处，只要有真爱，就一定要及时地表达出来，不管采用哪种表现形式，但一定要让对方知道你在爱着他（她）。

六、培养健康的爱情心理

健康越来越成为现代社会的一个流行词。因为不管是身体、思想还是心理，我们都在追求一种健康的心态。对于爱情也是如此。我们追求的爱情是一份健康的爱情，而健康爱情的前提就是拥有健康的爱情心理。只有爱情心理健康了，爱情才会健康。因为爱情心理就如同是航船上的舵手，只有掌好了舵，才不至于让爱情这条船迷失前进的航向。

1. 健全的爱情心理素质

我们知道，只有拥有了健全的爱情心理素质，才可以更好地享受爱情带来的甜蜜，更顺利地收获爱情的果实，更稳定地跨进婚姻的殿堂。因为爱情的成败与否，与健全的爱情心理素质是分不开的。而当你拥有健全的爱情心理素质的时候，你会发现属于你的爱情已经开始变为永恒，而你的家庭你会开始变得舒适和温馨。

一般来讲，健全的爱情心理素质包括以下几个方面。

给予心理

俗话说得好："有意栽花花不开，无心插柳柳成荫。"意思是说当一个人不管是否能够拥有收获，总是一味地埋头苦干，那么结果他一定会收获属于自己的"树荫"。其实爱情也是一样的。只有把爱主动无私地奉献给对方，不求报酬，不计付出，才能够获得真正的爱情。

自信心理

索菲亚·罗兰曾经说过："一个缺乏自信心的女人永远也不会有吸引别人的美。没有一种力量能比自信更能使女人显得美丽。"的确如此，不管是女性还是男性，只要自信，不管他的外表是多么的平凡，也会呈现出流光溢彩的美丽。因为自信是一种不同寻常的人格魅力，它能增添你亮丽的人生色彩，能使你散发出独特的气质韵味，让你展现出独一无二的自己，活出自我的风采。

信任心理

爱情生活中，每一个男人都需要一个虔诚的"信徒"，需要一个在他失意的时候，能够建立起抵抗力和自信心的恋人；需要一个在环境恶劣，风雨弥漫的时候，相信他能给她以保护的小女人；需要一个在他事业有成，春风得意的时候，能给他以充分信任的贤内助。正是因为信任，恋人之间才能更好地维系着自己的感情，才能够更好地呵护自己的婚姻和爱情。

理解心理

常常可以听到"理解万岁"，那么理解到底是什么？理解是风，吹散战争前那一层硝烟弥漫的纱幕；理解是雨，点点滴在被尘埃蒙蔽的心灵上；理解又是对"慈母手中线，游子身上衣"的感悟；是对"问世间情为何物，只教人生死相许"的体会；是对"士为知己者死"的钦佩。而学会理解，你就会收获到一笔价值不菲的财富，例如爱情。

尊重心理

笛卡儿曾经说过："尊重别人，才能让人尊敬。" 陀思妥耶夫斯基也说过："对人不尊重的人，首先就是对自己不尊重。"所以在生活中，我们要学会尊重，对于爱情来说也是一样。尊重自己的爱人，你将会拥有一个温馨的家庭，一份不变的爱情。家庭幸福的首要条件就是尊重。

独立心理

相对疏远来说，独立是另一种不同的概念，它是指人与人相处时一定要有自己独立的思考和行动，不受他人左右。独立的人是富有个性的人，同时也是充满自信的人，他们知道自己缺少的是什么，真正需要的又是什么。所以，一旦遇到自己理想中的"梦中情人"，他们会毫不迟疑地去爱。另外，独立的人是坚强的，他们能够不计任何回报给予对方自己全部的爱，而不会一味地要求对方向自己表达爱意，更不会毫无原则，毫无顾忌地顺从对方。

宽容心理

宽容是一种良好的心态，它是指自己能够接纳对方的所有，宽恕对方的不足和错误，用一颗包容的心来对待自己的恋人。德国哲学家布鲁诺·鲍赫说："彼此在爱中的相互参与，是将自己的一切毫无保留地给予对方，并取得对方的一切。"也就是说，爱一个人，既要喜欢他的优点，又要包容他的不足。

关心心理

爱的给予就是关心所爱对象的感受和需求，并随时准备满足这些需求。在现实生活中，关心是不分大小的。大到关心一个人的前途命运，小到给爱人倒一杯热水、洗一次衣服，但是其中的情意是等同的。可以说恋人间的关心是无微不至的，它可以使两个人心中充满暖意，增加爱情的甜蜜，巩固爱情的根基。

专注心理

处于恋爱中的男女，往往能够把注意力集中在对方的身上，投入自己所有的精力。但是，很多时候有的人在恋人之外还暗暗地爱着其他人，那么这就说明他们还没有真正地爱上现在可以称作"恋人"的这个人。我们都知道也认可这么一个事实，那就是一个人一生可能不只爱一个人，但我们也必须承认，这种事情的是在人生的不同时刻发生的。从心理学角度来看，只有专注才能获得对方永久的爱。

欣赏心理

审美心理是人在恋爱过程中的一种正常的心理。所谓很多人都喜欢貌美的恋人，这就是审美心理在作怪。法国作家缪塞曾在小说《弗雷热里克和贝尔讷勒塔》中描写了这样一段对话，主人公贝尔讷勒塔对自己的意中人说："自从我爱上你以后，我觉得其他的男子都是怪模怪样、愚蠢的。"我们知道，恋人在对方的眼中，可能就是一切！当你爱一个人时，你觉得他（她）的一举一动，一颦一笑都是世界上独一无二的风景，那是因为对方正符合你的审美心理。

温馨小贴士

爱情之所以遭受挫折，或者中途夭折，最根本的原因就是我们不具有健全的爱情心理素质。所以，我们应该提高自己的爱情心理素质，这样我们的爱情才会变得唯美，才不至于留有什么遗憾。

---

2. 避免不健康的爱情心理

一般来讲，不健康的爱情心理主要有猜疑、忌妒、占有、自卑等。这些不健康的心理使本来纯洁美好的爱情沾染了一些尘污和世俗的色彩，而严重者会导致爱情之花的枯萎和凋谢。因此，在恋爱的过程中，我们一定要尽量避免这些不健康的爱情心理，给自己一份健康的爱情。

猜疑心理

猜疑是在没有肯定的情况下主观地认为他人做出的事情对自己不利。所以当人们希望了解事实真相的时候，往往会怀疑、猜测，甚至在怀疑猜测的基础上对他人产生厌恶的情绪。在与恋人、爱人的交往中，这种猜疑的心理是非常普遍的。而正是因为这种心理，使本来相知相爱的恋人、夫妻成为陌路，严重地影响了人生的幸福。

忌妒心理

爱情生活中，忌妒是一大敌人。从某种意义上来说，它和吃醋是分不开的，因为当一个人"吃醋"到一定程度的时候就会变成一种忌妒。但不同的是，恋人之间吃醋是正常的，但是忌妒则是一种不健康的心理。因为忌妒是痛苦的制造者，是各种心理问题中对人伤害最严重的，可以称得上是心灵上的恶性肿瘤。

占有心理

在爱情生活中，总有这么一部分人，认为对方是自己的私有财产，因此往往具有很强的占有欲，而且妄图控制对方的行动和思想，使得对方没有一点自己可以自由支配的空间。其实，爱一个人，不是要占有一个人，如果想要得到一生的真爱，就不要把占有当做你的权力。只有让双方有自己的隐私和空间，真爱方能够永恒。

自卑心理

在我们的生活中，有很多人受到自卑的困扰，包括在爱情生活中。而产生这种自卑感是因为他们总是会产生出这么一种感觉，即自己不如别人。正是因为产生这么一种感觉，他们开始用不适合自己的"标准"来判断自己，用某些人的"尺度"来衡量自己。事实上，在这个世界上没有完全相同的两个人，正如每一片树叶都是自己的一片风景一样。所以，你没有必要仰视别人的"优秀"，更不需贬低自己的"不足"。记住：你就是一道风景。

温馨小贴士

爱情生活中，常常会因为一些不健康的爱情心理，导致爱情受挫。因此就需要我们注意避免这些不健康的爱情心理，也只有这样，爱情才会健康和完美。

小测试：测测你的恋爱态度

爱情，对你来说意味着什么？而你又是怎样来看待属于自己的爱情呢？下面的这个小测试，主要测的就是你的恋爱态度。也许你正在处于甜蜜的恋爱之中，也许你刚刚经历过一场恋爱，也许爱情对你来说还只是一个绮丽的梦。不过，请根据你的实际情况或者你最有可能的情况来进行心理学夫妇——亨德里克夫妇所设计的这个小测试，相信会对你的爱情有很大的帮助。

做题方法：请针对每道题目所描述的问题，在1～5之间选出你的同意程度：

"1"表示你对这种说法表示"完全不同意"。

"2"表示你对这种说法表示"有些不同意"。

"3"表示你对这种说法表示"不确定"。

"4"表示你对这种说法表示"有些同意"。

"5"表示你对这种说法表示"完全同意"。

请看一下题目，并记录你的选择。

1. 我和伴侣初次见面时就应该立刻被对方所吸引。

2. 我和伴侣之间有"生理"静电。

3. 我们的性生活频繁而愉悦。

4. 我感觉到我们彼此对对方都很重要。

5. 一开始，我和伴侣就异常迅速地陷入热恋。

6. 我和伴侣彼此开始理解。

7. 我的伴侣长相符合我心目中的美丽（英俊）标准。

8. 我努力想让伴侣对我给予他（她）的承诺有所怀疑。

9. 我认为伴侣不了解的与我有关的一些事并不会伤害他（她）。

10. 有时候我不得不设法避免我的伴侣与其他人相爱。

11. 伴侣的美貌能快速而轻易地使我忘记烦恼。

12. 如果知道我和其他异性交往，我的伴侣一定会非常难过。

13．一旦发现伴侣过分地依赖我，我就有点想退缩。

14．我乐于和伴侣以及更多的人来分享我的"爱情游戏"。

15．我很难准确地说出我们之间的友谊具体是从什么时候开始转化为爱情的。

16．坦白地说，我们的爱情在最初的一段时间需要精心地"呵护"。

17．我希望能永远和伴侣如同朋友一样。

18．我们的爱情是最美妙的，因为它来自于长久的友谊。

19．我们之间的友谊随着时间逐渐变成爱情。

20．我们的爱情是一种深厚的友情，而不是什么神秘的、不可思议的感情。

21．我们之间的爱情是最令人满意的，因为我们最初是一对好朋友。

22．我在向伴侣做出承诺之前并没有考虑他（她）将来的生活会是什么样子的。

23．我在选择伴侣之前尽量仔细地规划自己的人生。

24．我在选择伴侣时认为最佳人选是与自己有着共同生活背景的人。

25．我在选择伴侣时要考虑的一点是他（她）对我家人的看法。

26．我在选择伴侣时看重的是他（她）能否成为一个好的父（母）亲。

27．我在选择伴侣时考虑的一点是他（她）如何看待我的职业。

28．在与伴侣陷入热恋之前，我尽量弄清楚他（她）的遗传背景是否适宜与我生育健康的孩子。

29．一旦我们之间发生不快，我的胃就会出毛病。

30．如果我和伴侣分手，我将十分绝望，甚至会想自杀。

31．有时候一想到与伴侣之间的爱情，我会激动的难以入眠。

32．如果伴侣不再关注我，我会不断地生病。

33．自从我们相爱以来，在其他事情上我一直不顺利。

34．一想到伴侣可能与其他异性在一起，我就紧张不已。

35．如果伴侣有段时间忽略了我，有时候会做些愚蠢的事情试图引起他（她）的注意。

36．我总是尽量帮助伴侣渡过难关。

37．除非伴侣快乐，否则我不会感到快乐。

38．我愿意代替伴侣承受磨难。

39．我往往乐于牺牲自己的愿望以便伴侣实现他（她）的愿望。

40．我所拥有的一切都是我的伴侣按照他（她）的习惯选择的。

41．即使是伴侣生我气的时候，我依然无条件地、毫无保留地爱他（她）。

42．为了伴侣我愿意忍受一切。

评分规则与解释

具体而言，这个测试从六个方面（性爱、游戏、现实、慎重、狂热、奉献）来测量个人恋爱态度的特点。六方面各自包含的题目如下表：

性爱	游戏	现实	慎重	狂热	奉献
1～7	8～14	15～21	22～28	29～35	36～42

其中，选1的题目得1分，选2的题目得2分，依此类推。根据商标可以分别求得"性爱、游戏、现实、慎重、狂热、奉献"这六个方面的得分。将你的得分与给定的百分数对照表进行比较。例如，你在狂热这方面的得分是24，那么对应的百分数是70，这就意味着人群中有70%的人对待恋爱没有你狂热。换言之，你在恋爱时比70%的人更狂热。

百分数对照表

性爱	游戏	现实	慎重	狂热	奉献	百分数
8	16	9	13	12	8	15
11	20	13	17	16	11	30
15	24	16	21	20	14	50
19	28	19	25	24	17	70
22	33	24	30	29	21	85

简要解释

性爱

得分高于15：倾向于视性为爱情的重要成分，强调形体美，追求肉体与心灵融合为一的境界。

得分低于15：一般来讲，这一类人没有把性视作爱情的首位。

游戏

得分高于24：倾向于性爱如游戏，只求满足个人的需求，不肯对所爱的人负道义责任。因此认为更换恋爱对象是轻易的一件事。

得分低于24：相对而言，爱情比较审慎。

现实

得分高于16：倾向于把爱情看做生命的"必需品"，追求彼此现实需求的满足，不求理想的追求。

得分低于16：相对而言，没有把现实需求的满足视作爱情的首位。

慎重

得分高于21：倾向于把恋爱视作人生要事，对所爱的人有非常具体的要求标准，挑选恋人格外严谨。

得分低于21：相对而言，没有把爱情当做一生所有幸福的载体。

狂热

得分高于20：倾向于把恋爱视作激情荡漾之事，对所爱的人给予极其强烈的感情，追求一时的惊心动魄。

得分低于20：相对而言，没有在相爱的过程中恣意宣泄情感。

奉献

得分高于14：倾向于信奉爱情是付出而不是索取的原则，心甘情愿地为所爱的人牺牲一切，不求任何回报。

得分低于14：相对而言，没有把奉献放在爱情的首位。

第二章 当爱情遭遇挫折

爱情道路上，突然遭受到了爱情带来的挫折，这对于恋爱中的男女来说是一杯最苦涩、最浓烈的酒，还会在内心的最深处烙上最深刻的伤痕。但如果能够在挫折来临时迎头赶上，不惧不怕，调适好自己的心理，就会收获另外一份唯美的幸福。

一、走出失恋的阴影

失恋对于恋爱中的男女来说，无疑是最严重的打击，有的甚至需要倾其一生来忘记曾经的这一段感情，而这段感情带来的伤害和心理隐痛也将会伴随整个生命的历程。但是，有的人却能够很快走出这段阴暗灰色的日子，找到生命中的另一个春天。

1. 失恋后的心理反应

不同的人面对失恋有不同的反应。有的人感到庆幸，因为终于又重获自由；有的人感到欣喜，因为可以开始下一段的旅程；但这毕竟是少数，对于大多数人来说，失恋带来的是痛苦，是悲伤，是哀痛，是消沉，是绝望。总的来说，不同的人面对失恋有不同的心理反应。

男性失恋后的反应

一般来讲，男性的自尊心相对来说比较强，我们从表面上可能看不到他们失恋后的痛苦，可是背后他们却是痛苦不堪的。有的时候，失恋会摧垮他的人生信念，使他丧失生活下去的勇气，有的甚至会终止自己的生命。因为在社会生活中，男性往往肩负着巨大的生活压力，包括家庭的和社会的，因此面对失恋，男性也承担着比女性大的社会舆论的压力。

女性失恋后的反应

一般来讲，女性的感情细腻，她们也往往视爱情为生命。因此失恋之后，往往会感觉整个天空都变成了流泪的颜色。她们有的会感觉羞愧难当，陷入自卑与迷惘，"从此无心爱良宵，任他明月下西楼"，心灰意冷，走向怯懦封闭甚至绝望、轻生，成为爱情殉葬品。有的对抛弃自己的人仍旧一往情深，根本不愿意承认失恋的存在，进而陷入了单相思的泥潭。还有一部分人因失恋而绝望暴怒，失去理智，产生疯狂地报复心理。

不同身份的人失恋后的反应

一般来讲，不同身份的人失恋后会有不同的反应。比如，正徜徉在大学里的少男少女，失恋后会感觉生命中最珍贵的感情失去了，万念俱灰，做什么事情都无精打采；对于一个上班族来说，失恋后往往会去酒吧或者其他什么地方歇斯底里地发泄一回，然后把自己全部的精力都放在工作当中，对周围的其他事情全然不顾，达到了一种忘我的境界。其实他们是在麻醉自己，逼迫自己忘掉那一段感情。

不同年龄的人失恋后的反应

对于处于不同的年龄阶段的人来说，失恋后也会有不同的反应。

对于一些初尝爱情甜蜜的少男少女来说，他们对爱情抱有极大的希望和信心，感觉对方充满了神秘，对对方颇为好奇，常常在爱情的旋涡中迷失了自我。一旦遭到了失恋的打击，就可能会做出一些不理智的举动，对对方肆意报复，结果很可能连起码的朋友都做不成。

然而，对于一些年龄较大的人来说，他们已经有了较为健全成熟的心理机制，也具有比较稳定的情感表达方式。因此在失恋之后，往往能够镇定自若，将创伤和悲痛埋进心底，会比较冷静地面对现实，调适心理，继续自己的人生之路。

温馨小贴士

"为什么太阳依然闪耀？为什么海浪依然拍打着海岸？难道它们不知道世界末日已经到了吗？"这首耳熟能详的西洋老歌《世界末日》，淋漓尽致地描绘出了失恋者眼中悲伤灰色的世界。但是，爱情并非人生的全部。

2. 走出失恋的重要原则

失恋了，属于你的甜蜜爱情决然地离你而去，于是你徘徊，你迷茫。但是你必须对自己的心理进行调适，尽快走出失恋的沼泽。

走出失恋，有以下几点重要的原则，不妨参考一下。

直面现实

既然恋人已经分手，那么必有原因，可能是他（她）真的不爱你了，或许也有其他的原因，不得不提出分手。此时，你就应该接受这个现实，不要再一味地责难，责难也许会让你感觉一时痛快，但却可能粉碎曾经的美好回忆；更不要怪罪自己天生缺乏魅力，你有自己独特的风景。放弃一段已经死亡的情感，你也许仍会痛苦，但却有了新的爱情空间，有了重新选择的机会。也许，就在下一站，你会搭上另一趟幸福快车。

憧憬未来

有一句话说得好，回忆固然美丽，但是未来更充满魅力。所以，失恋了，就要有忘记过去的决心，忘记过去所有的快乐与悲伤，忘记他或她的一切；更要有放眼未来的智慧，因为过去的都已经过去了，我们无从把握，更无法改变，而我们所能做的只是把握现在和未来。

宽容豁达

当一只脚踏在紫罗兰的花瓣上时，它却将香味留在了那只脚上，这就是宽容。雨果曾经说过："宽容就像清凉的甘露，浇灌了干涸的心灵；宽容就

43

像温暖的壁炉，温暖了冰冷麻木的心；宽容就像不熄的火把，点燃了冰山下将要熄灭的火种；宽容就像一只魔笛，把沉睡在黑暗中的人叫醒。"这就是宽容的力量，它能使你心性平静，神采安逸；勇于承担责任，既无损自身体面，又保全了对方的面子。

失恋不失态

爱使人幸福，恋爱使人快乐。但是哪天一不留神你便失恋了。那时，你只觉得失恋是一种无言的痛苦。于是很多失恋者，失恋后常常失态，做出一些"失态"的事，最终不仅伤害了别人，也伤害了自己。失恋不失态，不是整天地酗酒抽烟，不是没日没夜地泡舞厅搓麻将，不是消极悲观地浪费人生，不是没有滋味地生活，更不是蓄谋已久地报复。

温馨小贴士

走过失恋的小道，任它秋叶凋零，管它心雨凄凄。当晚秋的凉风吹散你的头发时，相信失恋后的你一定也看到了生命的希望，因为"冬天来了，春天还会远吗？"。秋风过后，一觉醒来，你会发现窗外的阳光又射到了你的身上。

3. 失恋后的心理调适

在很多人的意识里，爱情没了，人生也就没有了意义，与其痛苦地活着，不如痛快地结束自己的生命，好减轻一些痛苦。殊不知，爱情不是人生的全部，生命的道路上还有很多亮丽的色彩。所以，我们就要学会调适自己失恋的心理，来迎接爱情中的另一段黎明。

别林斯基曾经说过："如果我们生活的全部目的仅仅在于我们个人的幸福，而我们个人幸福又仅仅在于爱情，那么，生活就变成一个充满荒唐枯燥和破碎心灵的真正阴暗的荒原，炼成一座可怕的地狱。"

而有的时候,失恋是一种幸运,其次才是不幸。提起世界著名文学家罗曼·罗兰,相信大家一定能够耳熟能详,可是正是因为失恋,才成就了他伟大的文学作品。

罗曼·罗兰在青年时期曾爱上过一位聪颖秀丽的女孩儿,她叫索菲亚。很长的一段时间里,他们常常在一起讨论文学,探讨人生,憧憬未来。

有一天,他们又一次漫步在林荫道上,探讨一个有趣的话题。罗曼·罗兰看着身边美丽漂亮的女孩儿,再也抑制不住自己的感情,向她表达了浓浓爱恋之情。然而,出乎意料的是竟然遭到了她的回绝,因为女孩子一直把他当做了人生最真挚的朋友。

这个打击犹如晴天霹雳,轰得罗曼·罗兰晕头转向,他陷入了失恋的巨大痛苦之中。一连几天,他都没有品味到自己吃的是什么,晚上更是彻夜难眠。但是朦胧的夜色中,他在极大的精神苦痛中一遍遍地问自己:难道就这样继续沉沦下去吗?

不!不可以这样,他是一位有理想、有抱负的青年,怎么能够如此自暴自弃呢!在痛苦而漫长的思考后,他悟出了一个道理:摆脱失恋的最好方法就是学习和创作。其轰动世界的巨著《约翰·克利斯朵夫》就是在此背景下创作出来的。

对于索菲亚,虽然她拒绝了他的爱情,但他并没有因此而仇恨索菲亚,相反,他更加珍视同索菲亚的纯真友谊。他认为,每个人都有选择爱情的自由,强扭的瓜不甜,爱情是不能靠强迫得来的。

他的爱情小说《罗马的春天》,写下了自己早年对索菲亚的炽热的爱情。后来,他把与索菲亚互通的信件编成一本"两地书",题名为《亲爱的索菲亚》出版。

所以,失恋不一定是坏事,有失必有得,上帝在为你关上一扇门的同时,也会再给你打开一扇窗的。所以,面对失恋,不必要太过于在意。人生中,重要的是过程,是经历,而你曾经爱过,经历过,所以没有什么遗憾了。

失恋的痛楚源于对往事的沉溺和精神上的无所适从。失恋了,不必过于悲伤,或许那个真正能够使你幸福的人,正在不远的前边等着你。付出了不一定能够得到，无论在什么事情上，你都要有这样的思想准备。这样，得到了是一份欣喜，没有得到，也不至于耿耿难眠，在感情上尤其如此。

有一段苏格拉底与失恋者的对话，很是经典：

苏格拉底："孩子，为什么悲伤？"

失恋者："我失恋了。"

苏格拉底："哦，这很正常。如果失恋了没有悲伤，恋爱大概也就没有什么味道了。可是，年轻人，我怎么发现你对失恋的投入甚至比你对恋爱的投入还要倾心呢？"

失恋者："到手的葡萄给丢了，这份遗憾，这份失落，您非个中人，怎知其中的酸楚啊。"

苏格拉底："丢了就丢了，何不继续向前走去，鲜美的葡萄还有很多。"

失恋者："我要等到海枯石烂，直到她回心转意向我走来。"

苏格拉底："但这一天也许永远不会到来。"

失恋者："那我就用自杀来表示我的诚心。"

苏格拉底："如果这样，你不但失去了你的恋人，同时还失去了你自己，你会蒙受双倍的损失。"

失恋者："您说我该怎么办？我真的很爱她。"

苏格拉底："真的很爱她？那你当然希望你所爱的人幸福？"

失恋者："那是自然。"

苏格拉底："如果她认为离开你是一种幸福呢？"

失恋者："不会的！她曾经跟我说，只有跟我在一起的时候，她才感到幸福！"

苏格拉底："那是曾经，是过去，可她现在并不这么认为。"

失恋者："这就是说，她一直在骗我？"

苏格拉底："不，她一直对你很忠诚。当她爱你的时候，她和你在一起，现在她不爱你，她就离去了，世界上再也没有比这更大的忠诚。如果她不再爱你，却要装着对你很有感情，甚至跟你结婚、生子，那才是真正的欺骗呢。"

失恋者："可是，她现在不爱我了，我却还苦苦地爱着她，这是多么不公平啊！"

苏格拉底："的确不公平，我是说你对所爱的那个人不公平。本来，爱她是你的权利，但爱不爱你则是她的权利，而你想在自己行使权利的时候剥夺别人行使权利的自由，这是何等的不公平！"

失恋者："依您的说法，这一切倒成了我的错？"

苏格拉底："是的，从一开始你就犯错。如果你能给她带来幸福，她是不会从你的生活中离开的，要知道，没有人会逃避幸福。"

失恋者："可她连机会都不给我，您说可恶不可恶？"

苏格拉底："当然可恶。好在你现在已经摆脱了这个可恶的人，你应该感到高兴，孩子。"

失恋者："高兴？怎么可能呢，不管怎么说，我是被人给抛弃了。"

苏格拉底："时间会抚平你心灵的创伤。"

失恋者："但愿我也有这一天，可我第一步应该从哪里做起呢？"

苏格拉底："去感谢那个抛弃你的人，为她祝福。"

失恋者："为什么？"

苏格拉底："因为她给了你忠诚，给了你寻找幸福的新的机会。"

所以，面对失恋，不要觉得自己失去了一切，要相信时间会抚平你心灵的忧伤。

那么，如何走出失恋的沼泽、调适自己的心理呢？

适当宣泄

别让悲痛、挫折感、愤怒一直堆积在你的心头。要哭，就尽情地哭；要喊，找个没有人的地方用力嘶喊；想倾诉，救灾暖暖的午后找个知心朋友尽情地倾诉。或者，进行一次远途旅行，进行一些体育运动，也可以在游乐场蹦蹦迪，坐一下过山车来帮助消除你的忧伤。

别给自己留时间

失恋的时候，要记住，千万不要一个人独处，这样会加深你的孤独感和悲伤感。可以多和别人一起参加聚会、旅游、打球等活动，要敞开心扉参加，并尽量加入别人的谈话，发掘幽默有趣的话题，跟着大家一起笑，心情会转为开朗。

找回失去的友情

恋爱的时候，往往会不知不觉中走进了两个人的小世界，"重色轻友"，全然不顾一些朋友们的死活。现在恢复"单身"了，还不趁此机会向老友们"自首忏悔"。因为在这个世界上，没有谁会像老朋友一样了解你、包容你、疼惜你。

不做写故事的人

往事应当"入土为安"，所以最好不要记录以前的点点滴滴，同时扔掉一些有关你们记忆的东西。接受并认定这个事实。收起回顾的眼神，转过身来、向前看去。你能把过去抛得越干净，将来幸福的可能性就越大。

倾诉

失恋者精神遭受打击，被悔恨、遗憾、留恋、惆怅、失望、孤独、自卑等不良情绪所困扰。此时可找值得交心的对象，尽诉自己胸中理不清、剪不断的爱与恨，怨与愁，并听他们的评说与劝慰；或用书面文字如日记、书签把自己的苦闷记录下来，留给自己看，寄给朋友看，这也可以释放自己的心理负荷，求得心理解脱。

温馨小贴士

人生当中，失恋大有人在，有些人能够在适当的时间内恢复过来，有的人恐怕要受长期的煎熬。但无论如何要记住：失恋后，重要的是从阴影中走出来，使自我得到更新与升华，用奋斗去积极地转移失恋的痛苦。

二、让爱情恐惧症悄悄远去

当梁山伯与祝英台、罗密欧与朱丽叶双双为爱殉情，当他们的爱情成为千古绝唱、经典回眸时，不知有多少人把爱情奉为生命中最重要的东西。于是，爱情几乎成了他们的一切，为了爱，他们可以奋不顾身，为了爱，他们甚至什么都可以放弃。但是，近期的一次调查却让很多人感到奇怪。

近期，一家妇女杂志社对女性生活和感情趋势进行了问卷调查，调查范围涉及30多个国家和地区。据调查显示：患爱情恐惧症者一般多为女性，因为在女性的生命中，工作占第一位，几乎占了被调查女性的45%；其次是自己，占据被调查女性的31%；再次是孩子，占14%；然后才是爱情，仅占10%左右。不过有些国家和地区被调查的女性有的把爱情提前至第三位。另外，还有一点远远超出人们的意料，当问到是否愿意为爱情做出牺牲时，竟然有高达52%的女性回答不愿意。这已经不是那个永远把爱情放在第一位的年代了。

据调查，现在的都市女性早已不具有浪漫、多情的心理特征了。心理专家说这是现代都市女性的通病，因为在她们的心中，物质越来越占据第一的位置。因此没有能力和人相爱，没有愿望和人相爱，爱情恐惧症也渐渐成为现代社会的流行病。

今年28岁的云霞至今还是孤身一人，她说自己患了爱情恐惧症："只要一听到有人对我说喜欢我，我就开始莫名其妙地紧张、担心，那种恐惧无法言状，于是，我开始逃避，开始不再出现在这个人的面前，想从人间蒸发。"

她的母亲已经为她感到担心，但是在她看来，世界上的男人没有一个可靠的，包括背叛了母亲的父亲！还有自己至亲至爱的表姐，当初曾经不顾所有人的反对，毅然决然地嫁给了那个一无所有的男朋友，但不久就离婚了，原因是这个男孩子原以为表姐家很有钱，可是后来发现自己并没有得到。再后来，有人又给表姐介绍了，可是这个人其实已经耍了很多女孩子了。

云霞还说到，她一个大学男同学，结婚没几天，就天天在外打牌，很晚才回家，并且亲口对她说，不要相信男人，男人没一个好东西！

婚姻、爱情，付出越多，伤害就越大吗？这个问题云霞久久不能够找到答案。于是面对爱情，她也就望而却步。她不想自己受到伤害，于是就像一只刺猬一样，把锋利的刺裹在柔弱的身体外面。

不可否认，目睹了太多的爱情和婚姻的不幸，很多女孩子对爱情选择了逃避，云霞就是这么一个典型的例子。

据心理专家分析，以下几类女性容易患爱情恐惧症。

1．家庭生活不幸福的女孩，尤其是离异和单亲家庭的孩子。因为，在她们的意识里，爱情和男性并没有带给她们任何安全感。

2．爱情上受过挫折的女性。所谓"一朝被蛇咬，十年怕井绳"，爱情的挫折带给了她们太多的伤痛。

3．一些只重物质不重感情的女性。在现在的很多女性看来，爱情不能当饭吃，物质才是最真实的东西。爱情可能会背叛自己，但是金钱和物质永远也不会。

当然，患有爱情恐惧症者，也不乏一些男性。于是，很多人对爱情望而却步，他们经受不起爱情受挫带来的打击，他们没有勇气面对爱情带来的伤害，更没有能力去直视爱情带来的伤害，所以他们宁愿拒绝爱情，宁可不享受，也不使自己遭受打击。

但是可以想象一下，如果这个世界上没有爱情，那将会是怎样的一个世界？如果人人都在为物质、为金钱而活，岂不是会错过生命中很多美好的感觉。那么我们如何找回恋爱的感觉，又该如何克服爱情恐惧症呢？

回忆初恋

想想你的初恋，看看还有没有那种激动的感觉，如果有，就常常地回忆那种心情，体味那些让你激动的理由，然后以那样的标准去试着找一个合适的人。

尝试约会

如果你仍不能对谁动心，就环顾四周，选一个对你有意、你也认为最好的一个人，尝试和他（她）约会一周，想出他（她）不少于10条的优点，然后写在纸上，每天默念3遍。

交流感觉

随时交流和对方相处的感受，集中精神留意对方的反应，并适时调整。让对方觉察到你对他（她）哪怕稍嫌敏感的注意力。

品读爱情

抽时间不妨看看过去的经典爱情小说，从书里找点儿纯洁的男女情愫。别以为那是不合时宜，要知"经典"永远比时髦更接近真理。

要相信，尝试之后，你会发现自己依然还会心动，还会渴望那份朦朦胧胧的感觉。因为，渴望爱情的滋润可以说是每一个人的本能，所以，不要刻意地压抑和掩饰，否则你会失去人生中最美妙的风景。

········· 温馨小贴士 ·········

爱情是一道色香味俱全的菜，如果不去品味，就会失去一道精彩。面对爱情恐惧症，勇敢地直视和面对，用爱情的甜蜜和幸福来证明爱情是你生命中的天使，而不是魔鬼。

三、落花有意，流水无情——单恋

有这么一首关于《单恋》的很优美的诗歌：

"它是开在爱情废墟里／一朵最单纯的小花儿／没有玫瑰一般的红唇／也没有百合地老天荒的誓言／所以它从不敢轻易／把芬芳吐露／它只想在恋人的梦里／在恋人幸福的呼吸里／像蒲公英一样／随风起舞／落地生根那一瞬／也要衍生更多／无边无际的等待"

我们都知道，恋爱是一个双向的过程，所以当它以独恋的单向形式出现时，实际上已宣告恋爱失败。然而，人是有感情的，有时候明知无望却难以自拔。

在爱情生活中，我们经常可以看到：有的青年对身旁的一位异性伙伴颇有好感，他（她）的一个笑容，一抹眼神都能引起他（她）的愉悦，内心充满了对真挚而狂热的爱。可是因为面子或者其他原因，从未表白过。随着时间的流逝，这种感情变得越来越强烈，但总是把这份感情压抑在自己心里，因而造成很大的苦闷。所以，"单恋"是恋爱心理误区，也是爱情遭遇挫折的一种表现。

一个女孩子曾经讲述了她大学期间一次单恋的故事：

我是一名大二的女生，最近我特别烦恼，因我发现自己悄悄地爱上了我们班上的班长。班长人长得很帅气，学习成绩也很好，很受大家的欢迎。有一次班上组织外出旅游爬山，班长非常勤快，总是不停地帮助弱小的女生。在一个山坡上，他抓着一棵小树，把我们女生一个一个拉上去。当他的手和我接触时，我顿时有一种异样的感觉从心中涌出，并从此对他产生了好感。虽然那次他并不是只帮助了我一个人。

从此，我就期待着能看到他，听到他的声音，看到他的笑容，有时为此魂不守舍，上课老是走神，经常会想起他握住我的手的感觉。而他却没有丝毫察觉，依旧是那么爽朗。有时看到他和班上的女同学相处得那么融洽，我就很自卑，但是单恋一个人实在太痛苦了，而且又不敢和别人说。

单恋是指一方对另一方的以一厢情愿的倾慕与热爱为特点的畸形爱情。单恋多是一场情感误会，尤其是青少年"爱情错觉"的产物。"爱情错觉"是指因受对方言谈举止的迷惑，或由于自身的各种主观体验的影响而错误地主动涉入爱河，或因自以为某个异性对自己有意而产生的爱意绵绵的主观感受，也就是人们常说的单相思。

单恋者经常会体验到情感的痛苦，因为他们无法正常地向自己所钟爱的异性倾诉柔情，更不能感受到对方爱意的温馨。一般来讲，在具有单恋心理的人中，女性居多，因为生理和心理的特点，以及传统的道德观念的影响，导致了大多女孩子不喜欢外露自己的感情，矜持而内敛，并且她们的自尊心比较强，害怕遭到拒绝的心理也是一个主要的原因。

还有一种单恋的情况是：自己喜欢对方，也曾向对方表白过，后来遭到了拒绝，但是自己仍是喜欢而不能自拔的一种心理状况。其实，遭到拒绝会产生很大的挫败感和抑郁感，而且这种痛苦和抑郁感带来的是一种非常痛苦的感触。还有个别单恋者自作多情，误以为对方爱过自己，或一厢情愿，满足于对方的一个友好的微笑，等到一旦知道对方不爱自己，爱情的建立化为泡影的时候，很可能就表现为向对方发泄。

爱情是双方感情交融、心灵默契的产物，是建立在双方相互爱恋的基础之上。它尽管炽热，但只是一厢情愿，这样的结果不仅对爱情的进一步发展徒劳无益，而且会使自己形成极大的心理压力，造成不必要的精神负担，时时受到一种煎熬和折磨。在现实生活中，我们往往看到不少年轻的女性因处理不当而犯下"单恋"的毛病，轻则情绪不佳，精神不振，重则精神失常，走向绝路。

其实，造成"单恋"的心理偏执的原因是多方面的。对爱情生活的期望是一个重要因素；另外，企望他人喜欢爱恋自己也助长了单相思的繁衍；再者，狭隘的心胸和固定不变的思维模式也铸就了单相思的"潜滋暗长"。

爱情的产生和发展，有一个重要的必不可少的前提，即它是相互的，是双方感情的交融。人们常说，爱情是两颗心相互迸发出来的火花，而不是一颗心去敲打另一颗心，如果你只是一味地单相思，那么这并不是爱情，而只是你对异性的一厢情愿而已。

不过因为人与人的不同，所以每个人对单恋的情绪控制和调节能力也大不相同。有的人能很快地从单恋的旋涡中挣脱出来，把消极的情绪升华为乐观积极的勇气和信念；有的人却一直沉溺在单恋的泥淖中难以自拔，甚至心理异常、精神失常。心理专家告诉我们，天涯何处无芳草，不要因为单恋，而错过那个喜欢你、爱恋你的人。

我们应该掌握以下心理准则。

及时斩断情丝，收回自己的爱

爱情是相互的，如果对方对你并无爱恋之心，那么你的那种强加于对方的爱就变得没有任何意义。所以，此时你应该知趣地停止对对方的追求，放弃自己徒劳无益的努力。要相信，属于自己的终究是属于自己的，而命中注定不是你的，当你努力之后还是不能得到的话，就应该适时地选择放弃。

把握"爱情规则"

掌握爱的技巧。如果对一个人有意，完全可以通过各种途径去表达，不必把这种光明正大的情感深埋在"心底"。表达出来后，双方有意的可继续发展，对方无意的可避免陷入过深。

敞开心扉

单恋了，失恋了，要学会从自我封闭的圈子中跳出来，多和异性接触交往。事实证明，交往的人越多，对异性和自己越能有清醒的认识，"见多不怪"，逐渐就能坦然面对，也会淡化对某一个人的感情。

转移注意力

当意识到自己沉溺于某一种不可能有结果的情感之中时，要尽量使自己的生活充实一些，忙碌一些，这可以将不成熟的感情逐渐挤掉，单恋的烦恼自然就会逐渐消除了。

一个理智和清醒的求爱者应该懂得：爱是无法强求的。当你的心灵正被爱的火焰灼烧的时候，你可曾想过：对方是否也这样爱着你；你献给对方的爱的花朵，对方是否已经接受了。

温馨小贴士

"天涯何处无芳草，爱情时时有知音。"要相信，爱情的大门是向所有的人开放着的，只要满怀信心地去生活、去工作、去寻觅，就一定能够走出单恋的阴影，找到情投意合的恋人，获得幸福美满的爱情。

四、遭遇"第三者"

　　爱情的道路上，或许是因为我们的魅力不再能够牵引对方的眼球，或许是因为彼此工作太忙而忽略了对方的存在，于是，你们之间有可能就插进了所谓的"第三者"。爱情是自私的，我们无从评论谁对谁错，只是，"第三者"所带来的爱情挫折，你该如何面对？你有没有信心"击败"情敌，成为爱情上的胜利者。其实，如果彼此之间有真爱，只要处理问题的方法正确，那么属于你的爱情一定不会被别人占有。

　　小梅是一位很聪明的女子，聪明是在爱情可能爆发危机的时候，让男友悬崖勒马，更加的眷恋她，眷恋他们的这段难以割舍的感情。

　　小梅是一家大型超市的销售部经理，事业心极强，经常工作到深夜，而且隔三差五地还要出差，因此和男朋友的交流越来越少。她曾经以为，他们之间的感情牢不可摧，所以即使没有时间在一起，也不会出现什么问题。

　　一个周末，小梅难得和男朋友聚在一起，那天他们带着男朋友的小侄女去公园玩。突然，3岁的小侄女瞪着一双天真无邪的眼睛问小梅："阿姨，怎么你一在家，燕子阿姨就不来玩了呢？"

　　小梅猛地一怔，"燕子，燕子是谁？"她疑惑地问着男朋友。

　　"哦，单位新来的一个大学生，挺喜欢孩子的。"男朋友有点不好意思地说，脸涨得通红。

　　小梅没有追问，对着天真的孩子说："那我们下周喊上燕子阿姨一起玩，好不好？"

　　想想自己一直对男友都充满了信赖，从来没有想过男友也会背叛自己，想到自己整天为了工作忙里忙外，为的是使将来的家更加富足和温馨，小梅突然间觉得特别地难受。可是，因为工作的原因，她不得不承认，自己忽略了男友的存在，两个人在一起的时间越来越少了。

　　晚上，小梅破例没有去加班，而是和男友去了他们以前经常去的一家餐馆。吃饭的时候，小梅内疚地对男友说："这段时间以来，我一直在忙工作的事情，对你照顾不够，感觉真的很内疚。知道吗？每当出差时，我一个人躺在宾馆的床上，就感觉特别孤单，第二天工作起来也是心不在焉的，我知道我不在的日子里，你也肯定和我一样。现在安安稳稳地坐在你的身边，我才感觉特别地踏实！所以合适的时间，我们结婚吧！这样就有更多的时间来照顾你。"

男友爱怜地抚摸着小梅的手，悠悠地说："你不要多心，我知道你都是为了我们的将来。"

"下周末我们一起请燕子来吃顿饭好不好？"小梅轻轻地说。

男友面露难色。

"放心，我不会让你为难的，更不会难为她。"

又一个周末到了，小梅和男友热情地款待了燕子。临分手时，小梅特意拉着她的手说："燕子啊，我工作实在是太忙了，真是谢谢你有空来照顾我们家老许（小梅的男友），你人长得这么漂亮，又这么温柔体贴，不知道哪个小伙子将来会有福气娶到你？以后没事我们一起聚一聚啊！"

就这样，一场感情的危机迎刃而解，小梅用她的宽容和信任轻松地跨过了爱情的挫折，并且和所谓的"第三者"成为朋友。

其实，只要你懂得如何抓住对方的"心"，那么不管"第三者"怎么"入侵"，你的恋人也决不会"投降"和"背叛"。

那么，如何来抓住恋人的"心"呢？

保留一点小秘密

在恋爱的过程中，透明度太强对增进感情并无帮助，如果你把自己的整颗心都抛给了对方，不停地表白彼此间的爱，最大的原因就是你害怕会分开。事实上，少女如果拥有属于自己的小秘密，就会像披着面纱的新娘一样有魅力，令对方不时有新发现的余地，更可以巩固彼此的感情。

学会眉目传情

在恋爱过程中，眼神对情爱交流十分重要，眼睛是传递爱情信息最可靠的"通道"。有时，含情脉脉，含情对视能产生特殊的爱恋之情，其效果不亚于山盟海誓。因此，让你的眼睛会说话也很有魅力。

交往不要过分频繁

恋人间长相厮守，形影不离有时会产生厌倦情绪。因此，闲暇的时候，可以和朋友们出外旅游，也可以一个人安静独处，给彼此一些自由的空间，这样不仅让你有时间思考一些自己的事情，同时也能够理性地对待你的恋人，对待你的爱情。

保持个人独立的兴趣

生活兴趣相同，虽然有益于感情交流，但是情侣们的爱好太一致，生活的单调就会显现出来。但如果两个人在拥有一些共同的兴趣之外，还都有一些属于自己的独立的兴趣，则会吸引对方的情感。

保持一颗宽容的心

当恋爱中出现第三者，此时最最重要的是你要保持一颗宽容的心，用你的宽容来包容对方的出轨。如果此时你选择愤愤然地离开，那么你将会什么也得不到，留给对方的也只能是一个狭隘的背影。只有宽容，才能够挽救一切。

用行动来证明你的爱

很多的时候，爱不是说出来的，而是让对方体味出来的，所以此时你就应该用行动来证明你的爱。既然你们的感情出现了第三者，那最大的可能就是你的身上肯定不具备"第三者"身上所具备的魅力，你所要做的不是大吵大闹，不是肆意报复，而是找出自身的缺点和不足，用你的行动来证明你的爱。

温馨小贴士

很多时候，出现第三者，说明你的恋人很有魅力，说明你的眼光非常不错，也说明你需要在某些方面来完善自己，因为只有这样你才能够牢牢抓住恋人的心，不会因为第三者的出现而使你们的爱情夭折。

五、打破"爱情厌倦"的心理怪圈

很多人都可能有过这样的体验：人若长期从事同一种工作，面对同一张面孔，就会产生厌倦感。即使是一幅美得无与伦比的画，一首很婉转动听的乐曲，看得久了，听得久了，也会觉得索然无味。其实，爱情和婚姻生活中，也同样存在着这么一种心理现象，也就是"爱情厌倦"心理。

我们不可否认的是，对方曾经说过"山无棱，天地合，乃敢与君绝"、"爱你到永远"、"你是我的唯一"、"我永远对你不离不弃"等一些信誓旦旦的诺言。那是刚刚坠入情网，激情澎湃时的诺言。那个时候，心荡神迷，再理智的人都无法抵挡爱情的"大脑短路"现象。

奥斯卡影后帕特罗和影帝皮特保持了3年密切的关系后分手。她说："我当时确信，他是我的至爱，但很快就再也找不到那种美好的感觉了。"

很多人认为，一旦把对方搞到手，"就那么回事"了，便出现了普遍性的"爱情厌倦"心理。美国康奈尔大学哈赞教授说过，爱情最多能保持18～30个月的时间，过了这段时间，要么彼此双方选择分道扬镳，要么开始平淡地过日子。因为这个时候，已经不会再有耳红心跳的感觉了。

哈赞还指出，爱情是由多巴胺、苯乙胺和肾上腺激素激发的。一旦时间过长，体内就会产生某种"抗体"。社会学家研究发现，人这种情感动物都有喜新厌旧的倾向。它是从猿猴类祖先那里继承下来的生物本能——"探究冲动"。猿猴每日睁大眼睛来寻找食物，对"性"也是如此。那是"求新冲动"，即对熟悉的异性冲动减弱，对新异性的冲动增强。

因此，"爱情厌倦"心理是人类普遍具有的正常心理。美国神经生理学家赫勃提出，当人们感觉某一物体时，大脑中的某一细胞簇就会立即兴奋起来，但当某一物体的作用长期存在时，记录这物体的那条神经就会出现疲劳。这样，相应神经联系链的疲劳，就会导致人们对某一现象、物体、人和自己配偶情感态度的周期性疲倦。也就是说，爱情婚姻生活中的厌倦心理，是有其生理因素的，并不完全都是道德败坏造成的。

另外，美国一位婚姻心理咨询专家指出：孤独感、生活单调、缺乏情感交流等，也是产生"爱情厌倦"的主要因素。

在这几种因素中，孤独感是比较主要的一种。一个人如果没有人与他分享生活中的乐趣和感受，就会产生孤独感。有孤独感就会转成对婚姻的失望和抱怨，使原来的情感慢慢消失殆尽。而恋人之间若长期缺乏感情交流也会滋长"爱情厌倦"心理。事实上，恋人间的和谐关系是靠思想信息的交流而形成并维护的，它包括相互的尊重与欣赏，若缺乏情感交流，其隔阂便会渗透到生活的各个方面，使双方渐渐疏远，由相互看不惯到相互厌倦，"爱情厌倦"心理由此产生。

那么，我们该怎样克服这种"爱情厌倦"心理呢？

制造新鲜感

很多人，在恋情婚姻关系稳定之后，往往就不再注意自己的形象，每天都以同一张面孔同一个表情来和恋人相处，丝毫带不来什么新鲜感，因此久而久之就会产生一种厌倦的心理。常言说得好，"女为悦己者容"，因此恋爱的过程中，要注意时时刻刻给对方制造一种新鲜感，一种浪漫感，让对方感觉恋人时时刻刻都是"新鲜"的。

树立爱人第一的原则

在爱情生活中，要时时刻刻把恋人放在生活中的首位，时时处处照顾到恋人的感受，用自己的爱为恋人创造一个温馨的生活环境。久而久之，他会感觉没有你的日子里，生活是很难继续的。

降低对爱人的期望值

很多的时候，不是我们得到太少，而是我们要求太多。所以适当地降低你对恋人的期望值，你便会得到满足，所谓知足者常乐就是这个道理。但是另一方面，你要不断地提高对自己的要求，尽量使自己变得完美，符合男友的要求。

温馨小贴士

"爱情厌倦"是一种很正常的心理，但关键看你怎么调解，如果处理不当，将会成为爱情道路上的绊脚石，而如果能够跳出"爱情厌倦"的心理怪圈，爱情之花将会永恒地绽放。

小测试：你们的爱情还能坚持多久

想一下，近来一段时间，你们还像初恋时一样难舍难分吗？他是否还像以前那样宠爱你、呵护你、包容你？如果不是，那就说明最近你和他可能有点疏远，你们也许都为了维持这段感情而身心疲惫。现在的你该怎么办呢？你认为这段爱情还能坚持下去吗？你们在爱情的路上还能走多远？下面的这个测试，或许会给你一些启示。

第一部分：根据你们最近的状况，选择符合的表述。

1．最近特别喜欢吃零食，不再担心自己会发胖。

2．如果他不在身边，你一般不会想起他，除非你身边的人提到他。

3．回忆以前在一起的日子，你发现在感觉幸福的同时也夹杂了些许的叹息。

4．相比以前的忍无可忍来说，你现在对他的缺点竟然可以熟视无睹。

5．有很多事情你不再愿意让他知道，开始对他撒谎了。

6．你对香水的牌子不再挑剔。

7．去他老家时拍的一些照片，已经有很长一段时间了，但现在你都懒得去洗。

8．不再像以前那样，现在约会时，你通常对于即将见到他不会有很大的激动。

9．你为他洗完衣服后，看到他悠闲地坐在那里，感觉很是生气。

10．你现在会答应朋友们一起去聚会或参加Party，甚至会主动邀请朋友出去玩。

11．很多时候，面对一些不太熟悉的朋友，你总是告诉他们你没有男朋友。

12．近段时间以来，对于他交代你的事情，你往往在不经意间就忘到了脑后。

13．和他在一起的时候，你不再注意自己的形象。

14．很多时候，你觉得身边的一切好像都是梦里注定的，你根本改变不了。

15．有时候你想回到以前快乐的单身生活。

第二部分：根据约会时的情况，选择较符合实际情况的答案。

1．每次和他约会时，你们的话题大多是：

A．总有着新鲜的内容。

B．每次都是同一个话题。

C．各自叙述自己的生活中发生的事情。

2．在你们交往的过程中，你感觉发生了以下哪种变化？

A．不再像从前一样对每一次的约会斗充满了向往。

B．觉得他没有以前对你温柔、体贴。

C．你们现在很少打长时间的电话。

3．如果你告诉他要去外地出差一段时间，他会：

A．详细地追问你出差的每一个细节，比如路线、人员等。

B．语气乖乖地问："是吗，还是和你们的科长吗？"

C．淡淡地说："自己照顾好自己啊！"，就没有其他的话语了。

4．他的生活近来有哪些大的变化？

A．升学、就业或跳槽。

B．喜欢上一种新的体育活动或者开始玩一种新的电脑游戏。

C．结交了新朋友，并且常常和他们在一起吃喝玩乐。

5．你们俩正在窃窃私语时被电话铃声打断，他的反应是：

A．一副无所谓的表情。

B．赶紧去接电话。

C．觉得特别生气或者发火。

6．当你们为了旅游的地点而产生分歧时：

A．他会顺从你的意见。

B．你会顺从他的意见。

C．到两人提议的地点以外的地方。

7．你不知道他在哪儿，打电话找他，问他在干什么，他的回答是：

A．笑着说："你会在意吗？"

B．吞吞吐吐着说："和朋友在一起喝酒。""工作啦！"

C．没什么特别表示。

8．假如你心情不好，半夜突然打电话给他说："我现在特别想见你。"他会怎么做：

　　A．含蓄地拒绝道："太晚了，亲爱的，明天怎么样？"

　　B．不由分说地道："你任性的脾气什么时候能够改掉啊？"

　　C．没精打采地说："我今天上班很累的，实在是睁不开眼啊！"

9．如果你告诉他说："我发现你变了很多，我已经没有以前了解你了。"这类的话，他的反应会是什么？

　　A．反问你："是吗？"

　　B．很干脆地说："我自己怎么没有感觉我变化啊"

　　C．冷冷地什么话也不说。

10．他惹你生气之后，你们在很长一段时间都是在沉默，接下来他会：

　　A．主动跟你道歉。

　　B．待自己情绪好了之后，才开始与以前一样和你交谈。

　　C．每次都是你主动和他说话。

计分标准

第一部分：每项 1 分。

第二部分：A 项 2 分，B 项 1 分，C 项 0 分。

1．若第一部分的得分为 0～5 分，

　　第二部分的得分为16～20 分，则为 A 型。

　　第二部分的得分为8～15 分，则为 B 型。

　　第二部分的得分为0～7 分，则为 C 型。

2．第一部分的得分为 6～10 分，

　　第二部分的得分为 16～20 分，则为 D 型。

　　第二部分的得分为 8～15 分，则为 E 型。

　　第二部分的得分为 0～7 分，则为 F 型。

3．若第一部分的得分为 11～15 分，

　　第二部分的得分为 16～20 分，则为 G 型。

　　第二部分的得分为 8～15 分，则为 H 型。

　　第二部分的得分为 0～7 分，则为 I 型。

测试结果

A 型：千万不要因为任性丢掉爱情

爱情生活中，是需要不断地惊喜的，因此你要学会去营造。既然你们双方都还深爱着对方，那就应该为这份爱多做一些努力。其实，很多时候，分手的预感不过是杞人忧天，很大的原因是你们彼此都太熟悉了，缺少新鲜感！如果现在不计后果地考虑分手，过段时间你肯定会后悔现在的选择。所以，给自己一点时间，来重新审视一下彼此，重新审视一下你们之间的爱情。

B 型：顺其自然

他已不再像开始时那样非常看重你的外貌，也不关心你的健康甚至你的一切，心态也在慢慢地趋向平和，这很大一部分原因是因为他已经厌倦了这份感情，开始考虑分手了。仔细想一下，这段时间你对他的态度是不是很冷淡？说话也不像以前那么温柔了？如果事实是这样的话，他可能会主动提出分手。如果你已经不再爱他了，那就潇洒地和他说"再见"吧。如果你还是舍不得放弃，最好是顺其自然，因为感情是不能够靠勉强来取得的。

C 型：为爱再努力一次

你对他的爱已经难以自拔，如果就这么看着他离你而去，那么这段感情永远是你心底最深刻的痛。不管他对你态度如何，你仍旧深爱着他。此时你要努力让他再回头，否则你将会失去人生中最美丽的风景。再者，如果选择分手，带着伤痛是很难接受一段新感情的，也根本没有办法在你的下一个他面前展示一个完整真实的你。所以，为了你的爱，在努力拼一把又何妨？

D 型：不要假戏真唱

你的恋人也许根本没有想到要和你分手，但是你整天在他耳边嚷着要分手，次数多了，他可能会动摇。可能这是你认为的撒娇的一种方式，你自信不会被他抛弃，因为你认为他会永远只爱你一个人的。可是你这样做的结果可能会使他离你越来越远。想一下今后一个人的日子，倘若觉得孤独、寂寞的话，建议你不要分手，并改变你任性的做法。

E 型：你们的爱情只在一念之间

如果你们几乎在同一个时间都认为爱已经走到了尽头，那么没有了回旋的余地，可能彼此心中都有分手的想法，只是都不愿主动提出而已。只要其中的一方提出分手，可能两人就会感觉自己得到了解放。但是，如果其中的一方舍不得分手，还想继续，那你们之间的感情就不会断得彻底。但如果你们两个人都觉得分开比在一起更好的话，那就尝试分开来过吧！

F 型：没有他，你一样可以过得很好吗

说真的，你在他心中的位置已经没有以前那么重要了，他甚至对你有一些厌倦了，只是因为你的深情，他不忍心说出伤害你的话。虽然他表面上还在和你交往；实际上，只是你一厢情愿。你想离开他，避免在这场游戏中受到伤害，只是你不敢正视分手后的痛苦，但你要知道这么一个事实，如果他对你真的已经没有感情了，那么这一天终究会来的，只是时间早晚的问题。

G 型：单身也一样可以过得很好

你们两人之间已经没有爱情可言了，可以开口提出分手了，为什么不说出来呢？不要害怕主动提出分手，和自己不喜欢的人一起生活，只会生活得更加痛苦。所以，请赶快做好一个人过日子的心理准备吧！不要害怕和担忧，其实一个人照样可以生活得很好。

H 型：此时不分何时分

在彼此还心存美好的时候，尽量地保存这份美好吧！别等到维持不下去的时候再去彼此伤害。你们现在的关系已经不能够再维持下去了，所以赶快接受这个事实，潇洒地和他道声再见，开始新的征途吧！

I 型：你在浪费自己的时间和生命

刚刚分手，可能你还不能够适应没有他的生活，那就离开你现在住的地方，进行一次长途旅行或去朋友、亲戚家过一段清闲自在的日子吧。你们的爱情已经降到了零度，没有必要再为凋谢的爱情之花叹息了。如果一味地苦守过去的爱情，坦白地说也只能算是浪费时间和生命。人生是一段非常精彩的旅行，路的前面还有无限美好的风光。

第三章　另类爱情的苦恼

提起另类爱情，并不为大家所认可，事实也正是如此。另类爱情非但不为多数人所认可，还会给陷入其中的人带来严重的伤害。如果不能够及时进行正确的心理调适，很可能会成为永远不能愈合的伤口，是一个人一辈子的痛。

一、爱在心中口难开——暗恋

很多的时候喜欢一个人真的是没有任何道理可言的。而暗恋一个人更是找不出合适的理由。也许是因为偶尔的一个眼神对视，也许是因为看到了他一个刹那间的美丽绽放，于是心便有了牵挂，有了寄托，眼神也有了固定的目标。可是不敢说出来，于是就默默地关注，默默地祝福。于是暗恋的花朵在心中绽放，只是，这种暗恋的苦涩，也只有自己才能够体会，才能够品味。

小怜是一个漂亮可爱的女孩，温文尔雅，超凡脱俗，气质高贵。当小怜还是一个小学生的时候，就天天和邻居家的大哥哥王伟一起上下学，放学之后还像一个跟屁虫一样地跟着他，只是在一个十岁女孩的心中，很喜欢这么跟他在一起的感觉。这种状况一直持续到她高二那年。

王伟哥哥是一个非常优秀的男孩子，他有着1.80米的身高，还有一副标准的身材，而且长得棱角分明，英俊潇洒，还是运动场上的一名健儿，是很多女生心目中的"白马王子"，当然，包括小怜。

只是高二这一年，比小怜高两届的王伟考取了美国一所著名的大学，而且是全额奖学金。当王伟踏上飞机的那一刻，小怜知道了什么叫做思念，什么叫做心痛。只是喜欢还是没有说出口。

王伟在美国的几年，小怜习惯了每天都给他写信，给他讲一些国内发生的事情，但是她从来没有说过喜欢。虽然在她的心理，也隐隐约约地感觉到，王伟哥哥也喜欢自己。

这样过好多年，直到有一天他们再次相遇，终于把那份青春的情绪吐露出口，可是，一切都已经晚了。

其实，他们蛮可以成为一对幸福的恋人。但是，因为"爱你在心口难开"，使他们错过了世界上一段美好的姻缘。

暗恋是一份难言的苦涩，它让人失去的很可能是一生的幸福。但是大多的时候，我们把握不准对方的感觉，不敢轻易把爱说出口。尤其是女孩子，自尊心一般都较强，所以，即使遇到自己喜欢的男子，碍于面子的原因，不愿意把心中的感觉率先袒露出来。并且，她们总会小心翼翼地掩藏起这份感情，生怕被别人看破，遇到这种情况，就算对方喜欢她也不敢去追，因为她的表情已经表示出拒绝，虽然事实并非如此。

一般来讲，暗恋中的男女都会有以下表现：

心随他（她）动

痴情、迷醉于所喜欢的对象。倾注了自己绝大部分的情感和注意力，心甘情愿为自己喜欢的人做一切事情。在心目中，自己所爱的人的分量重于一切。

藏而不露

不愿意让任何人知道自己心中的小秘密，把自己的这份心事当做心中最珍贵的收藏品，从中体味着些许痛楚和烦恼，但始终痛并快乐着。

茫然失措

心中对对方怀有强烈的好感，但却不敢大胆接触，更不敢表白，有的时候看见对方还会莫名其妙地躲开。

有所期盼

暗恋的人十分渴望自己的暗恋对象出现在自己的面前，也热切盼望对方能对自己有所"表示"，哪怕是一个眼神或一个微笑；尽管在旁人看来这个眼神和微笑十分的普通，但足以让你欢喜上一段时间。

　　或许品味过这种感觉的女孩子都知道，它苦涩而又甜蜜，如同吸毒一样，越吸越上瘾。只是陷入其中的人，也久久难以自拔。

　　在爱情的道路上，是没有尊严和面子的，爱他就要勇敢地说出来，否则，错过的将是一生的幸福。

　　有这么一个女孩，她很普通，就如同是掉在湖里的一颗极小的石子，在人群中引不起丝毫的涟漪。但是她也有她的自信，她的风采。

　　大一的时候，她就开始喜欢院里的学生会主席，只是觉得自己太逊色了，比不上处处优秀的他，但是她不甘心就这样放弃一个自己喜欢的男孩子。于是，她就想办法和他接近。

　　机会来了，一次在学校的报栏里看到一张海报，是男孩子所在的中文系要组织一次有关对人生看法的讨论会，并希望各系学生积极参加，各抒己见。女孩就通过一个同学打听到了男孩的观点，然后搜集各种资料，准备了一篇和他观点截然相反的文章，打算来一个不打不相识。

　　事实真的如她所料，讨论会上，女孩的观点逻辑严密，旁征博引，挥洒自如，赢得了满堂喝彩，也赢得了男孩的青睐。于是两个人相识了。在以后的日子里，美丽的校园留下了两个人无休止的思想上的交锋，他们谈理想，谈抱负，指点江山，激扬文字。后来在一个看似不经意的时刻，女孩给男孩讲了自己对他的感觉，而男孩听后，还她的是一个热烈的拥抱。他们就这样开始了自己的爱情征途，最后走进婚姻的殿堂。而今的他们，生活得幸福美满。

　　回忆起来，女孩非常庆幸自己把那份暗恋的感觉说出了口，否则将会是一生的遗憾。

　　有很多人，总是把美好的东西留在心灵的最底层，翻出来的时候永远都是最清晰的。他们怕世间的浮躁打破了心底的沉寂，怕漂浮的情感让心坠到底，怕喜怒哀乐在接近之后变成"心无所依"。于是爱上了暗恋的感觉，爱上了心中那朵开给自己看的花，而留下来的只能是遗憾。短暂的一生，如果遗憾太多，会让你感觉很沉重，所以适当的时候，把爱说出口吧！

　　不要羞于把爱说出口，因为坐着是等不来幸福的。或许以下几个妙招可以帮你一下。

1．如果你们不认识，多接触他的朋友圈子，制造一些偶然相遇的机会。

2．如果你们是相互认识的朋友，说话可以暧昧一些，比如"我以后老了嫁不出去怎么办？"之类的话，还可以一起出去旅游，给他暗示，让他明白你的心意，而你又不直接说出口。

3．利用你们之间的朋友帮助你。最好是男生，因为男生办事一般来讲是比较可靠的，而且不会出卖你。

4．你喜欢他，就不要老损他，故意给他难堪，别以为这样可以引起他注意。这一套已经不流行了。感动他才能更加靠近他。

5．没有希望就另觅目标，要相信"天涯何处无芳草"。

温馨小贴士

爱他，就大胆说出口吧，哪怕得来的是拒绝，至少也是一个结果，否则你只会生活在自己构筑的虚幻的感情世界里，永远也见不得真正爱情的阳光。

二、爱上我的老师——师生恋

一般来讲，师生恋大多发生在年轻的男老师和女学生身上。因为在校读书的青春期少女，生理发育一般要比男孩子早，除了和同学朝夕相处外，接触最多的莫过于老师了。通常来说，老师那渊博的学识，儒雅的风度，风趣幽默的谈吐，以及耐心诚恳的教导关怀，常常使少女们内心充满了崇拜、敬爱。因为和同龄人相比，老师们多一份成熟；和父母比，他们又多一份尊严。于是，老师尤其是异性老师，在少女的心目中占有一个特殊的位置，而少女也就会对他们产生一种特殊的感情。这种特殊的感情在心中暗自生根发芽，有可能成为一种对老师的恋情。但是俗话说得好，一失足，成千古恨。所以，青春期的女孩子不要为了自己的欲望淹没了理智，并因此而遗恨终生。

　　15岁的李珂从小到大一直是父母的骄傲。她不仅学习成绩优异，而且相貌出众，且多才多艺。

　　今年，李珂所在班级的语文老师不到30岁，还没有结婚。他不仅课讲得有滋有味，好像古今中外，天文地理，他无所不通，而且风度翩翩，幽默健谈。因此，成了女同学课下谈论的焦点，甚至是崇拜的偶像，李珂也不例外。当然，在语文老师的心中，这位品学兼优的漂亮女孩更是格外引起他的注意。

　　有一次下课，李珂向语文老师请教问题，他们讨论了很久，直到教室里只剩下他俩，当李珂的眼光与老师碰撞的时候，双方都产生了异样的感觉。从那以后，他们常常以补课为名，在教室里、李珂家、老师家等地点单独约会聊天。不久，情窦初开的李珂，深深地爱上了自己的老师，陷入了这场"师生恋"中。两人恋情不断升温的同时，李珂的成绩却一落千丈。为此，老师不停地督促她努力学习，但是都无济于事，李珂已经很难集中精力学习。期末考试成绩出来了，原在班级前5名的李珂，成绩竟然排在了30名以外。

　　此时，老师如梦方醒，他开始意识到这场甜蜜的"师生恋"背后的罪恶。于是，当伤心的李珂找他时，他好像变了一个人似的，不停地躲闪。与此同时，李珂无助地在日记中写到：他变了，他不爱我了，他骗了我。我的心在流血，我不相信这就是我曾经深爱的人！

　　考试的失利、恋爱的打击让李珂无法再面对任何人，她感到周围到处充满嘲笑的目光。只要有人说话，她就感到是在议论自己，一种被鄙视的感觉油然而生，她的神经变得越来越敏感。在接下来的整整一个寒假，除了上厕所，李珂从不离开卧室半步，每天头不梳、脸不洗，呆滞的目光始终望着窗外，拒绝和任何人交流。到了吃饭时间，李珂只是将门敞开一个小缝，父母将饭菜给她递进去。面对女儿的异常反应，李珂的父母不知如何是好。他们一直认为，也许是因为期末考试成绩不佳，才引发了内心郁闷。

　　一般来说，青春期的少女视野比较狭窄，人际关系也还没有完全形成，所以在所接触的人群当中，异性老师在心目中占有一个特殊的位置，因此她们会对异性老师产生一份特殊的感情。但是要知道"师生恋"是一朵带刺的玫瑰，如果在采摘的过程中，你不能保证玫瑰的完好，也不能保证自己的安全，那就请不要下手采摘。

师生恋中间存在着很大的变数，学生的未来不明朗，而且没有成熟的心理。而对于老师来说，未来已经确定，这样在以后的道路上很有可能引起某一时刻的错位。本来"师生恋"是一个"先天不足、后天失调"的怪胎，终免不了最后互相伤害的结局，而青春期的少女将会是最大的受害者。

一般来讲，师生恋大多发生在男老师和女学生之间，而且这个时期的女孩感情十分丰富，对感情也非常认真地投入，甚至是显得痴迷，不能自拔。她会找各种机会接近老师，不管老师是否结婚。而此时如果老师也缺乏理智、自制力，或生出邪念，那就会产生"师生恋"。

当然，通常来说"师生恋"绝大多数不会有好的结局，这是因为他们面临许多现实。

少女心理的不成熟
一般来说，这一时期的少女，思想和情感尚处于幼稚不成熟的阶段，对老师的性格、背景等各方面缺乏正确的了解，甚至不明白"爱情"是怎么一回事。她们所认为的爱，多半是一时情感冲动，具有很大的盲目性。当然，我们不能否定她们爱得不够坚定，但由于缺乏实实在在的基础，所以很难维持长久。

多方反对
"师生恋"是一个不被社会看好的恋爱方式，会有来自很多家长和社会的反对，认为这是违反社会道德的一种恋爱方式。因为青春期的少女正处于学知识的大好年代，过早地谈恋爱容易分散精力，影响学业。一个很有发展前途的女生有可能因为和老师谈恋爱不为周围的人接受，感情受到挫折而无心学习，使学业荒废，甚至辍学。

压力过大
在"师生恋"的过程中，如果老师已有家庭，那么青春期的女性就会在自觉不自觉间扮演了不光彩的"第三者"角色，更是遭到家庭和学校的反对、社会舆论的谴责、老师家人的怨恨。当这几种压力袭上心头的时候，她们便不能承受如此之重。

易受伤害

我们不能否认老师中有个别心术不正和行为不轨的人，他们利用少女的天真幼稚，以关心学习、辅导功课为名，行玩弄占有之事，这不是在"恋"，而是在诱骗。因此往往会给少女们带来巨大的身心伤害。

那么，青春期的少女如何摆脱"师生恋"，走上正常的人生轨道呢？心理专家给我们提供了以下几种建议。

正确认识爱情

很多自以为爱上老师的青春期少女，实际上是把对老师的崇拜和羡慕与爱情混为一谈。因为处于青春期的少女感情比较丰富，而且容易冲动，常常无法客观准确地认识自己情感上的误区。

保留师生情谊

由于师生之间的情谊是真诚、纯洁的，所以很感人。如果在你的心中也产生了对老师的崇敬、仰慕，那么请你珍惜，不要用非分的想法和失误的选择去毁灭它。

以学业为重

青春期的少女，尤其是还处于高中阶段的学生，最关键的就是学习，而不是恋爱，更不应该与老师谈恋爱。学生时期谈恋爱容易分散精力，影响自己的学业与前途，最终受害、吃亏的还是自己。

多结交朋友

同龄人之间往往有很多共同的话题，因而会感到与同龄人交朋友可以更开心，还会渐渐明白老师对自己的好并不是很特殊，不过是长辈对晚辈的爱护而已。

老师也不完美

我们都知道，老师在课堂上展现的，一定是自己优越的一面，但是他也是一般的人，也会有缺点和不足，有让人不满意的地方。所以，尝试以一个普通人的角度看他，客观地找他身上的缺点与不足，然后写下来，坚持一段时间，就会淡化对他的思念。一般来讲，师生恋不会发生在父母是老师的孩子身上，因为她们知道，老师没有想象的那么高尚与伟大。

温馨小贴士

走过一段沧桑的岁月，当蓦然回首的时候，你便会感觉，原来当初对老师的那种朦胧情愫并不是爱情。所以处于青春期的你，不妨压抑一下你的感情，走过这段岁月之后，再回过头来思考一下当初的情愫，便会豁然开朗。

三、一场危险的游戏——网恋

"问世间情为何物？直教生死相许"。自古英雄难过美人关，一个"情"字困住了多少英雄好汉和如玉红颜，又留下了多少的传奇佳话呀！令人慨叹的是，许多青春萌动的少男少女，竟将人间最珍贵的东西——爱情，随意抛掷，胡乱挥霍，将续写传奇的希望寄托在虚幻的网络上，其结果，除了一身伤痕之外，几乎一无所有。

网恋是特定时代下的产物。随着社会的变迁，寻求爱情的成本与所承担的风险越来越高，人们一方面渴望爱情，另一方面又害怕爱情所带来的伤害，于是便产生了新的矛盾。随着网络的普及，鉴于网络与爱情之间的某种契合度，人们发现虚拟的网络空间可同时满足对爱以及安全感的需求——网恋。

怀着与白马王子见面的喜悦，网名为"黄蓉"的某师范院校大三女生趁着五一长假，专程来到济南与网名为"郭靖"的网友见面。难以想象的是，费尽周折找上门去，见到的居然是一个不到10岁的小男孩……伤心的"黄蓉"看着面前的"郭靖"，流着泪说："我以后再也不和网友见面了！"

事情的起因是这样的，一个月前，刚与男友分手的"黄蓉"靠上网打发时间，在QQ上她结识了"郭靖"。个人资料上显示"郭靖"今年23岁，是济南某大学的学生，是网络游戏"魔兽世界"的高级玩家。和"郭靖"一聊，"黄蓉"觉得他酷酷的，可是言语间又透着一种可爱的童真。

当"黄蓉"告诉"郭靖"自己最近很郁闷时，"郭靖"居然说："如果郁闷有用的话，要警察来干吗！"这句改编自《流星花园》著名台词的话，让她不禁笑出声来。和"郭靖"的聊天很有趣，虽然他的回复都很短，而且有很多都是"扁他"、"菜鸟"等俗不可耐的口头禅，但"黄蓉"却觉得很有意思。聊来聊去，她发觉自己的郁闷减轻了不少，"郭靖"实在是功不可没。聊了将近两个月，"黄蓉"对"郭靖"的好感越来越浓，他有时还会发给她一些诗一样优美的句子，比如"原来爱是为了你存在，珍藏在我心间，最悠长的思念"等，羞得"黄蓉"常常是满脸红晕。而有时他却和她大谈"CS"、"天堂"、"魔兽"等流行的游戏，一个个网络游戏的专用名词搞得"黄蓉"不知所云。最好笑的是，有一次"郭靖"居然问了她一道小学数学题的解法，更让"黄蓉"摸不着头脑。

五一长假，"郭靖"和"黄蓉"约定在"郭靖"家里见面。

怀着一颗忐忑不安的心，经过精心打扮的"黄蓉"按响了济南某小区的一栋公寓三单元房的门铃。门打开后，面前站着的是一高大英俊的男士，很惊奇地望着她。"你就是'郭靖'？""黄蓉"瞪大双眼问，虽然有点怀疑，但她宁愿相信这就是自己朝思暮想的网友。

当男士得知"黄蓉"的来意后，先是一惊，然后转身向屋内大声喊道："小勇，你出来自己给人家说清楚！""黄蓉"震惊地看着从里屋出来一个还不到10岁的小男孩，他也同样震惊地望着她。过了好一会儿，这个小男孩才发出一句："你还真就来了啊？"在家长和"黄蓉"气愤的眼光中，这个小男孩才说出真相：原来他很喜欢玩电脑，一次聊天时认识了"黄蓉"，两人聊得很投机。至于聊天时所发送的一些诗一样的东西，这个小男孩理直气壮地说："偶像剧天天在演，我只不过随便甩了几句台词过去吗！"

爱情小说之所以吸引人，它的魅力就在于，它给人们插上了想象的翅膀，可以无限地夸大爱情的美好。网恋所不同的是，它不仅使人浮想联翩，而且在互动中使人不知不觉地把想象演绎成了现实。因此，涉世不深的人频频上当。

嫦娥奔月的故事，很多人都非常熟悉，而因网恋发生的一个个故事就像嫦娥奔月的故事一样。主角都在为一个梦想而痴狂，宁可舍弃手中的幸福，却将快乐寄托于虚无，到最后，才知是大梦一场。

"嫦娥应悔偷灵药，碧海青天夜夜心。"当嫦娥在清冷的广寒宫里为自己当初的轻率而流泪时，正在网恋的朋友们，是不是也该反思一下自己的行为呢？

有很多网恋的朋友，他们只在乎曾经拥有，不在乎天长地久，而有的甚至认为一个QQ表情，一封E-mail，一番网络对话就是相守一生的承诺。也许他们未曾想过，一生的默契，一生的相知，一生的认同，一生的相伴，不是一句单纯的许诺就能实现的。也许他们在回首的那一刻，才会恍然大悟，痛苦也罢，快乐也罢，人世间的苦辣酸甜、诸般磨难才是自己的，这一切都需要去勇敢面对，而不要通过网恋的方式来宣泄和避世。因为在这个现实的世界里，网恋几乎就等于妄恋，因为这是一场有始无终的恋爱，是一次没有结果的旅行……

在漫漫的一世中，人是孤独的，人需要朋友，不管是同性朋友，还是异性朋友；人的一生更需要知己，不论是红颜知己，还是蓝颜知己。朋友是一生一世的约定，而知己则是生死与共的守候。

我们要感谢网络，为世上孤独的人找到了这么多朋友和知己。但要清楚的是，网络上有你朋友，有知己，有想象，还有回忆，但没有爱情。网恋只是生命中一次如泡影般的相约，它会随风而逝。网络中的爱情就如人生路上的飘蓬，聚散无常。这种虚拟的感情最终会随着岁月的流逝，而逐渐淡去，不能长久，也不会长久。真正的感情需要相濡以沫，需要相伴终身。

那么，面对网恋，请你对这场"妄恋"学会说"不"。

吸取教训

很多的网恋故事都是以悲剧和无果而结束的，可以从周围朋友或其他渠道多打听这方面的消息，吸取教训，知道危害，这样就会对网恋提高警惕。

回归现实

不要整天面对着电脑，更不要对QQ等聊天工具产生一种依赖症，要经常和现实中的朋友和亲人聊天，谈话，交流一下关于爱情的看法，这样会有助于自己认清网恋的本来面目。

培养爱好

大多数网恋的人，总没有什么业余的爱好，他们往往比较寂寞和孤独，以电脑为伴，在虚幻的网络里遨游。所以这类人需要多培养一下业余爱好，经常参加一些室外活动，例如爬山、游泳、旅游等运动，接触的朋友多了，自然就会摆脱那个虚拟的世界。

·············· 温馨小贴士 ··············

网络是一个很冷酷的杀手，很多人曾经经历过震撼，感受过刻骨铭心。那是一种悲凉的消耗，可是到梦醒时分，才发现你依然飞不过网络的沧海。所以，请走出网恋，走出妄恋，相信明天会更好！

四、青春的舞曲——早恋

有人说，早恋是没到播种季节的冬天，发芽过早的种子。十五六岁的孩子如嫩芽初长，却过早地抽枝散叶，而未能享受高中生活应有的快乐，掌握人生应该掌握的知识，过早承受生命不能承受之重，以致在人生的舞台上，演出还没有开始，就被迫匆匆谢幕；在生命的角逐之中，还没来得及品尝搏击的滋味，就丢盔弃甲、落荒而逃。有人说，早恋是一朵不结果实的花；还有人认为它是一朵带刺的玫瑰。不仅如此，早恋还对青春期孩子的学习和生活造成了很大影响。

对于很多人来说，早恋极难成功，因为早恋具有盲目性和不成熟性。父母、学校的干预，两人感情的裂痕，升学、转学、工作等太多的因素都使早恋这个不健康的婴孩中途夭折。即使早恋走向婚姻，这种婚姻的牢靠性也值得怀疑。据美国社会心理学家研究，在离婚案件中，男子在23岁之前结婚的占的比例最高，而其中又以19岁结婚者为最。"他山之石，可以攻玉"，从别人的现状想到自己的结局，早恋者应及时悬崖勒马。

一个上初三的女孩深深地爱上了一位同班的男孩。这女孩学习不算好，中等左右。但是男孩是班里的佼佼者，老师的宠儿。开始男孩不喜欢她，但女孩不断写信，买饭，处处给予他生活上的照顾。后来男孩被感动，开始向女孩表白，并写了许许多多的甜言蜜语来追求女孩。

后来他们经常约会，都是手拉手肩并肩地走在校园里那条幽静的少有人走的路上，他们甜言蜜语，海誓山盟，卿卿我我。两个人都很开心。

但好景不长，他们初中毕业了，于是两人不再经常见面。男孩进了一所重点高中上学，从此就好像忘了女孩一样，再也没有给女孩打过电话，写过信。而女孩朝朝暮暮地想着男孩，无论是做作业、吃饭、洗澡、跑步、还是打计算机，甚至睡觉时，她都非常希望听到男孩的声音，总接不到他的电话。终于有一天，男孩打来电话，告诉她分手的消息，因为男孩决定要努力学习，考名牌大学。女孩听后，泪流不止，整天都显得非常疲劳，神情恍惚，什么都做不下去。

情感的需要，特别是两性情感的渴望，是处在花季的少男少女们最重要的心理内容之一。在他们的眼里爱情可以给多彩的青春增添梦幻般的诗韵。然而，他们不知道爱情又像一团火焰，在净化心灵的同时，也会把人灼伤。

我们知道爱情是世界上最为美好而神圣的感情，它能够激发人的激情和动力。但是刚刚步入爱河的青少年因为自制能力比较差，往往会一时间沉醉其中，而荒废了学业，疏远了亲朋好友，终究得不偿失。因为他们的人生才刚刚开始，不应该只为爱情而活。如果只有爱情，那么这样的人生是空虚的、脆弱的，经不起风吹浪打，更是容易夭折的。只有建立在共同理想和信念基础上的爱情才是坚不可摧的。青少年应该从爱情中汲取奋发向上的动力，奋勇拼搏的力量，把自己和对方的进步作为爱的宗旨。

青少年学生的个性还没有定型，思想还不成熟，生活、事业也不稳定，更没有什么社会阅历，对异性的爱慕往往是凭印象和好感。正是因为沉浸在初恋的甜蜜与激动之中，两个人都用自己对爱情的理想而把对方理想化了，很难看清楚对方的优点与缺点，也就很难冷静地思考彼此个性条件的异同，很难说出相爱的较为充分的理由。因此，青少年学生处理爱情的最好方法就是将爱情"冷处理"。

早恋尽管为数不算太多，也并不是恋爱的双方都成了牺牲品，但一部分早恋现象对陷入其中的青春期的男女已经造成了很大的危害。

一般来说，其危害性表现在以下几方面。

分散精力，影响学业

早恋荒废了不少优秀学生的学业，毁了不少少女的前程。因为早恋的少女中有不少成绩优秀、出类拔萃者，但因为早恋，使她们过分好奇、兴奋、痴迷，过分沉醉于爱的幻想，再无法全身心地投入学习。

感情冲动，种下苦果

通常，恋爱和性行为有着不解之缘。少男少女坠入爱河以后，强烈的性冲动往往使他们失去理智，不考虑后果而发生性行为。一旦生理和心理防线被冲破，婚前性行为便由此开始。由于性知识的缺乏，由此而产生的生理后果——怀孕，常常使早恋中那种浪漫的气息一扫而光，代之以性行为后双方的惊恐不安和无所适从。特别是青春期少女，身心均未发育成熟，婚前性行为必然要种下苦果。

涣散意志，影响风气

在学校里，一个班级如果出现了男女学生谈恋爱，就会产生种种反响。一些人把早恋事件当做课余饭后的谈资，探听恋爱者的行踪和隐私活动，相互传播取笑，转移了大家的学习兴趣和注意力。有的甚至羡慕、向往、效仿先例、积极寻找和物色异性朋友，影响了学校和班级的风气。老师们也会以此为突破口，对他们进行一些甚为严重的惩罚。

恋情极不稳定

随着时间的流逝，青春期的少男少女由中学进入大学，或走向社会，知识和阅历逐渐丰富，生活经验不断积累，等到成熟起来，确立了各自的世界观，便有了新的择偶标准。过去曾经倾心挚爱的人，可能因为性格的变化，志趣爱好的不同难以结合。到那时，他们回顾旧时的一段经历，会觉得似乎是一场游戏。为这种最终苦果多于甜果的"爱"，而耗去大量人生最美好的时光，未免太可惜了。

五、难解的"恋父恋母"情结

朱智贤先生在《心理学大词典》这么定义恋父情结："女儿亲父反母的复合情绪。弗洛伊德把小女孩对父亲的深情专注，想把母亲置诸一边，取代她位置的愿望，即'爱父嫌母'的潜在愿望，称为恋父情结。" 而恋母情结，又称俄狄浦斯情结（Oedipus complex），在精神分析中指以本能冲动力为核心的一种欲望。通俗地讲是指男性的一种心理倾向，就是无论到什么年纪，都总是服从和依恋母亲，在心理上还没有断乳。

心理学研究证明：男性和女性几乎都存在恋母、恋父情绪，由于种种原因，许多人后来都形成了恋母、恋父情结。当恋母、恋父情结以病态出现时，人的婚姻或婚后夫妻关系就会出现较严重的问题。如有的恐婚，有的婚后极端痛苦，有的出现乱伦行为，甚至有的还出现杀父害母行为。女孩的"恋父情结"和男孩的"恋母情结"是性心理发展过程中的一个特有的情感现象。孩子在3岁到6岁期间，必然会在感情上更加依恋父母中的一方。女儿更依恋父亲，儿子更依恋母亲，这是多数孩子进入这一阶段出现的一种心理现象。这时只能有四种可能：恋父、恋母、全恋或者都不恋。

心理学家认为：女孩的恋父，男孩的恋母心理必须适时淡化，甚至割断。如果任其发展会对他们造成不良的影响，他们长大以后可能仍然深恋着父亲和母亲，而不容易把感情移到别的异性身上，甚至不能顺利组成家庭，严重者还会导致性心理发育或其他方面的障碍，影响以后的生活。

很多时候，人们总是习惯地把恋父、恋母情结当做是亲情的一部分。他们认为，如果孩子不依恋父母，是因为自己对孩子关心不够，应该加倍地给予补偿。却忘记了应该在适当的时候淡化这种情结，以防孩子走向极端。

一般说来孩子在成长的过程中，始终无法与父母亲实现心理分离，于是他们常常有意无意地寻找父母亲式的恋人。而且具有恋父恋母情结的孩子性格大多内向、娇气、任性，往往出现性的阻抗。

晓露今年16岁，即将初中毕业。她性格内向，学习成绩好，多次被评为"三好学生"，老师夸她很懂事。可是，她在家里却不时出现一些叫人无法理解的行为。一次，家里来了客人，晓露对客人的小孩不够礼貌。客人走后，妈妈批评她几句，她竟脱口而出："你有什么了不起，除了眼睛比我大，还有哪儿比我强？"当父母发生争执时，特别是当爸爸斥责妈妈时，她就幸灾乐祸，扮鬼脸。

有一次，她的父亲要出门，她却执意不肯，父亲刚一走，她就丧魂落魄，坐立不宁，茶饭不吃。妈妈关心她，她就冲妈妈喊"讨厌"。父亲一回来，她又一切恢复了正常。拿到父亲给她买的东西，她高兴地跳了起来，搂着父亲亲个没完。而当她发现父亲给妈妈买了更为贵重的东西时，她竟歇斯底里般地哭闹，弄得父母目瞪口呆。

另外，虽然年龄一天天长大，但晓露小时候是由爸爸给洗澡的，后来，她仍坚持要爸爸给她洗澡。弄得父亲到她洗澡时就得躲开。

心理学家弗洛伊德发现，儿童的心理发展过程中普遍存有这么一种现象，即在3岁左右开始从与母亲的一体关系中分裂开来，把较大一部分情感投向与父亲的关系上。只不过这个时候男孩更爱母亲，而排斥和嫉恨父亲；而女孩除了爱母亲之外，还把爱更多地给予父亲，甚至会害怕母亲夺走了她在父亲心目中的重要位置，因此对母亲的爱里又加进了恨的成分。这就是所谓的"俄狄浦斯情结"和"埃勒克特拉情结"。这两个名字源于古希腊剧作家索福克勒斯的两部著名悲剧，前者主人公杀父娶母，后者主人公诱使其弟杀死了母亲，为父报仇，而自己则终身未嫁。

一般来讲，小女孩到了3岁左右，独立性和认知能力都有了较大的提高，在意识里清晰地认同了父亲的存在，由此便开始打破与母亲浑然一体的关系。这种情感和认识上的变化仅仅是出于潜意识，但却明显地影响了孩子的情感和行为。例如这时的女孩子开始喜欢撒娇，非常愿意与父亲相处。

不过这种情感我们也可以理解，因为父亲是女性在生活中的第二个重要人物，对女孩产生了很大的影响力，其影响力主要表现为以下几点。

1．相比母亲的重复、单调和刻板来说，父亲通常会带给女儿更多新奇、刺激和超出常规的东西，而这些都能带给儿童更多的激情。

2．一般来讲，母亲比较善于言辞，能给人以安慰。而对女孩来说，父亲则更富于身体上的魅力，令人兴奋和激动。

3．儿童都具有一种爱玩的天性，但是母亲主要是偏于在生活上照顾婴儿，满足不了孩子的愿望，而父亲则不然，他常常会带领孩子追求新奇的探索，把大部分时间花在玩乐上。

4．孩子在父亲面前有一种安全感，因为她们在父亲面前表现对母亲的愤恨时，不会遭到父亲的谴责和遗弃。

正是因为以上的种种表现，更容易使女孩子产生恋父情结，同时过早失去父爱的女孩，常常会将对于父亲的感情转移到现实中某个人物的身上，这个人物便会成为父亲的替代品。在父亲的光环效应下，"他"的形象往往更加高大起来，成为无可替代的"情圣"，供奉在女孩记忆的深处。因为"他"与特定的时期联系紧密，而那个时期对女孩子来说刻骨铭心，所以无形之中，后来者便始终会让女孩觉得缺少共鸣。

而男孩的恋母情结正好和女孩相反，而且具有恋母情结的男性，往往不会得到幸福美满的生活。

有恋母情结的男性在和妻子的关系上往往不融洽，他很可能是一个没有主见，缺乏进取精神的男性。因为这种男人专门为了讨好母亲而生活着，由于过于依附母亲，其思维方式和言谈举止都容易女性化。带着这种生活态度进入社会，也是一个懦弱的人，没有别人的指令，就不能行动，缺乏自主意识，精神容易萎靡。有恋母情结的男性，习惯于单方面获得，不懂得自己应主动地去为他人服务。

弗洛伊德认为，恋父恋母情结对人的发展不利，一生都可能受其影响。"情结"不等于"爱情"，但是懵懂的男女分不清，所以，青春期里的特殊情感就变成了"沧海水"或者"巫山云",令之后的感情黯然失色。正如许多青春期的孩子所说,他们并不是真的想固着在单身的状态里,但是爱情似乎打了结,总也理不顺,更不用说婚姻。所以要想"破茧而出",只有先解开情结。

那么,如何来解开这个结,跨越"恋父恋母情结"的障碍呢?

认知疗法

认知疗法即是通过学习一些科学信息,掌握必要的心理卫生知识,了解心理障碍和心理疾患产生的原因和症状。

行为调整

如果有可能的话,创造出暂时远离父亲或者母亲工作和生活的机会,摆脱对父亲或者母亲的依赖和崇拜。在新的环境里,除了尽可能学习独立完成工作以外,还应当尽量多安排一些同龄人群体交往的时间,多培养融入群体的兴趣爱好。

做好性教育工作

在孩子的成长过程中,父母一定要注意做好对孩子的性教育。尤其是父亲要注意引导女儿,当女儿有很多亲昵行为时,父亲不能听之任之,该回避时就得回避,要鼓励女儿多与异性同学交流,同时多鼓励女儿看一些成功男士的书,不能让女儿心目中只有自己的形象。而母亲对待自己的儿子,更应该如此。

培养孩子的性别角色

很多异性成员组成的单亲家庭或者夫妻不和的家庭,对孩子的成长极为不利。而且他们常常忽视孩子的性别角色,从而带来教育上的偏差。其实在现实生活中,父子共同"骑马打仗"、捉蚂蚁;母女一起打扮布娃娃、"跳房子",这才是有益的天伦之乐。

温馨小贴士

青春期的孩子一定要明白,"情结"不等于"爱情",不要因为这些混淆不清的情感而让自己受到很多意外的伤害,这样,当你以后再回头的时候,会后悔当初朦胧的情愫和举动。

小测试：你的他是一个什么样的人

"恋人眼里出西施"，在你的眼里你的那个他一定是最完美的。不可否认，当你们相处的时候，当你们约会的时候，他一定在你面前展示一个最完美的他，这样的假象往往会蒙蔽你的眼睛，使你认识不到一个真实的他。等到结婚以后，你才发现，他身上有着很多你不能接受的缺点和毛病。所以，在结婚之前，你一定要了解一个真实的他。那么，如何了解呢？不妨从人的习惯动作观察起，因为"管中窥豹，可见一斑"。

第一部分：

1. 在吃饭之前，他会摆筷子吗？

A. 不一定。 3分

B. 会。 5分

C. 拿起来就用。 1分

2. 他在吃饭的时候挑食吗？

A. 不太清楚。 3分

B. 从来不。 5分

C. 会。 1分

3. 吃东西、喝东西的时候，他会：

A. 慢条斯理。 1分

B. 迅速解决。 5分

C. 正常速度。 3分

4. 他喝酒的时候有什么特殊的习惯吗？

A. 没有。 3分

B. 发出很响的声音。 5分

C. 慢慢地喝。 1分

5. 喝咖啡或红茶时，他放糖和放奶粉的方法是？

A. 放很少。 1分

B. 不太清楚。 3分

C. 两样都加很多。 5分

6．在饭店付账时，他从哪里掏出钱？

  A．从长裤的口袋中拿出钱包。   3分

  B．从胸前口袋的皮夹中拿出。   5分

  C．找了很久之后才找到。   1分

7．他口袋里的香烟是什么牌子的？

  A．烟斗或雪茄。   1分

  B．国产香烟。   3分

  C．进口香烟。   5分

8．面对无聊的骚扰，他会：

  A．发火。   3分

  B．问清楚。   1分

  C．不理会。   5分

9．他内心的情绪会写到脸上吗？

  A．不会表现出来。   1分

  B．不会特别表现出来。   3分

  C．立刻表现出来。   5分

10．一听到走路的声音，你就知道是他来了吗？

  A．他的走路声音很大，很有个性。   5分

  B．没有什么特殊之处。   3分

  C．走路一点声音也没有。   1分

11．与别人说话时，他的手通常会放在什么地方？

  A．在背后。   5分

  B．手在胸前交叉。   1分

  C．弄口袋里的东西。   3分

12．一起并肩走时，他的手会怎样？

  A．有时会碰触你的手。   5分

  B．除了手之外，身体也会碰触。   1分

  C．完全不会碰触你，或不知道。   3分

13．在等公共汽车时，他的手通常会怎样放？

  A．手放在臀部附近。   3分

B．平行放下。 5分

C．双手交叉放在胸前。 1分

14．他坐椅子时的样子怎样?

A．静静地、慢慢地坐下。 1分

B．没有什么特殊之处。 3分

C．发出声音才坐下。 5分

15．坐在椅子上，他的脚会怎样放?

A．两腿合并。 3分

B．两腿张开。 5分

C．跷着脚。 1分

16．与别人说话时，他的头通常会怎样?

A．习惯性地斜向一边。 1分

B．平视前方。 5分

C．会低头。 3分

17．与别人谈话时，他的眼神通常会怎样?

A．凝视对方的眼睛。 1分

B．有时会闭上眼睛。 5分

C．看向别处。 3分

18．他的笑有什么特点?

A．爽朗的笑声。 5分

B．不出声的笑。 3分

C．不经常笑。 1分

记分方法

18分～42分	A型;	43分～60分	B型;
61分～90分	C型;	91分～120分	D型。

结果分析

A型：冲动型，是非善恶，爱憎分明都明显表现。

你的他，对人的好恶非常明显。遇到跟自己合得来的人，他会对人家非常好，而遇到和自己合不来的人，他会表现得明显厌烦。并且他非常容易受心情的影响，只要一遇见不高兴的事情，做什么事情都会带上情绪。当然，你们在约会的时候，通常会以同事和工作为话题，有时会突然想到某件事情而去打电话。他非常有能力，但是运气不好。但是他一直想要做出一番事业证明给你看。他不太注意外表，但他会觉得人的内心才是最值得注意和赞赏的。

B型：路见不平、拔刀相助型。

只要看到别人遇到什么麻烦，他一定不会袖手旁观，和谁都能合得来，经常和朋友称兄道弟，属于八面玲珑型。他很容易答应别人，但事后却又往往没有切实实行。每次和朋友同事聚会，他都会很热情地帮忙组织参与，不过事后又喊好忙好累。他很喜欢小孩，在大家面前牵女孩子的手他也会害羞。不管什么事情，他往往考虑得比较简单，没有什么城府。

C型：孤高清傲型。

你的他很可能是一个很优秀的人，会有很成功的事业。不喜欢华丽的东西，给人素净的感觉，但是很顽固。对自己充满信心，对别人要求也很严格。如果有什么失误，他一定不会原谅别人。性格内向，头脑很好，不喜欢平凡的东西，希望能够得到周围人的肯定。他比较喜欢安静，你们约会也多半喜欢去咖啡店喝咖啡，或是到比较清静高雅的地方跳跳舞。

D型：性格谨慎，却在感情上向往激情的双重性格。

他给人的第一感觉总是踏实可靠的，不管做什么事情，都会考虑到别人的想法之后才行动。他绝对不会冒险，小心谨慎，在工作岗位上会受到领导的信任和器重。他公私分明，不喜欢你打电话到公司。

通常，他给人很老实的感觉，但是对喜欢的女性却会很热情，同时会把对方当圣母玛丽亚般理想化。上、下车的时候，他会很体贴地照顾你，还会送花、写情书。一般来讲，他比较安静，但只有两个人的时候，他会畅谈他的人生观及将来的梦想，他会深情地看着你，谈他的过去。另外，他很容易对像自己母亲及初恋情人的人一见钟情。

第四章　恋爱，婚姻前奏曲

恋爱是男女建立爱情的主要途径，是一种特殊的男女之间的关系，是幸福婚姻关系的前奏曲。恋爱成功，男女双方的恋爱关系会通过结婚发展为夫妻关系，所以，对于婚姻来说，恋爱是必不可少的一步。

一、从爱情到婚姻，你准备好了吗

有调查数据显示，十对夫妻中，因爱情而结婚且最后能幸福的几乎没有；因到了结婚年龄而结婚的，大约有二三对是幸福的；而当初为了某种利益而结合的，幸福的则有四五对。

这份调查让人们大跌眼镜，因为在很多人看来，如果婚姻没有坚实的爱情作为基础，是肯定不会幸福的。可是，为什么有些以爱情作为基础的婚姻，还是不幸福呢？

"衣带渐宽终不悔，为伊消得人憔悴"，"问世间情为何物？直教人生死相许！"……这些都是描述爱情的千古绝唱。

爱情的确很美，它似乎是超越世俗的，"此曲只应天上有，人间难得几回闻"，但往往难逃现实的检验。感觉但我们可以从某种角度上这样诠释：当爱得愈深，对他（她）的期望值也往往越高，而任何事情往往是达到高峰的同时，就会有回落，这是事物的必然规律。这种回落的状态会严重冲击先前高峰时的美妙体验，就会产生对比。比较的时候也就是痛苦来临的时候。所以，经常听到很多结了婚的人会抱怨，"你以前对我那么好，现在又是这样对我，前后简直判若两人"。于是，世人感叹，婚姻是爱情的坟墓。

这是因为，很多时候，从爱情到婚姻，我们都没有做好十足的心理准备。

通常意义上的爱是指感觉除了恨与憎恶以外的东西。它包含了一种从温柔的共鸣到亲密热情的感觉。很多时候，我们都能够感觉到爱，当与自己的恋人"陷入爱河",我们也会感觉到自己对他是非常依恋的。而很多时候，这种依恋也会变化成为一种占有和控制。然后，这种占有和控制却渐渐演变成为一种平静和平淡，久而久之，有的就会形成对立，产生疏离。所以，心理专家认为，爱情的保鲜期只有三个月。

当爱情的果实渐渐成熟，当婚姻的殿堂向你打开了神圣的大门，激情就会和你保持距离，更有甚者，它会离你而去。当柴米油盐进入那美好的二人世界，爱情的浪漫气息便愈发变得稀缺了，取而代之的是花椒、大料、十三香，两人仿佛突然从世外桃源回归人间烟火，充满了焦躁和无奈，这就是婚姻。

当你为几角钱和卖菜的小贩争论不休，你突然感悟，怎么会这样，而这时高档的化妆品和名牌的服饰对你而言，早已成了奢侈品，那些渴盼已久的首饰，更是可望而不可即。当你面对懒洋洋熟睡的妻子，一个人无奈地变换着电视频道，突然想起，如果不是婚姻，你现在应该和哥们在泡吧，这就是婚姻。而当女性面对邋遢懒惰的丈夫也一样感慨，结婚原来就是这个样子啊，先前的爱情呢？

理想是真实的梦幻，爱情是迷人的童话，婚姻是美好的责任。将两个泥人打碎，重新揉和，重新塑造，你中有我，我中有你，这就是婚姻。

婚姻重要的是两个人怎样去融合，彼此去真正地适应、理解、体贴对方。这个过程可能很长，也可能很痛，但只要爱还在，一切又算得了什么呢？

爱情还在，只是收起了放飞的翅膀，它依然留在彼此的心底。虚幻已经蒸发，只留下了真实的沉淀。激情还在，只是躲藏在我们周围，等待我们一起去寻找。你不能再从容地潇洒，因为她与你休戚与共，你不能再无畏地放飞自由，因为他已与你绑定一生。如果说爱情是浓烈的火，燃烧的是激情，而婚姻则像无味的水，流淌的是平淡；爱情是感性的，而婚姻却是理性的；爱情是浪漫的，而婚姻却是现实的。

温馨小贴士

恋爱中的人会说，"不在乎天长地久，只在乎曾经拥有"。但婚姻是需要明确双方共同的期望值，是要用一生去经营的……那么，此时你还会为了爱情而结婚吗？从爱情到婚姻，你准备好了吗？

二、同居关系能够稳定吗

据一项调查研究表明，20世纪90年代以来，美国未婚同居的男女已经高达500万人，而在1960年，未婚同居者还不到50万人。据统计，在未婚妇女中，25岁～39岁之间，大概有25%的女性正在与一个伙伴同居；同时调查也表明，有50%的人在第一次结婚之前是有过同居生活的。

半个世纪以前，未婚同居不为绝大多数人认可，被认为是一种不道德或者是邪恶的生活方式。而一个女性如果在没有结婚前就和男性同居，也被认为是可耻和愚蠢的，在道德上会遭到大多数人的谴责。可是，从20世纪60年代的"性自由"开始，同居被许多人认为是两性关系进步的途径，是妇女解放和个人自由的表现，是避免离婚的最好办法。

在美国，最近的一次抽样调查中发现，约有60%的高中生表示"认可"或"基本认可"以同居作为试婚的方式；有近75%的高中生认为，同居是一种实验性的生活方式，这件事情与社会无关，只是出于两者的自愿。

可是，同居关系真的能够代替婚姻，保持稳定吗？

其实，在现实生活中，许多未婚同居的男女只是把同居视为检验双方是否适合结为夫妻，两人结婚是否能保持婚姻持久的一种方法。很多人认为，现在的离婚率非常高，所以没有必要着急结婚。何况这是一个开放而现代的社会，想到结婚可能还要离婚，于是许多人选择了同居，选择与恋人同床共枕，共用厨卫的生活来检验两人是否真的适合结为夫妻。如果在同居中发现两人有诸多的不合，那么就可以分开，因为没有结婚，就没有那么多的责任和义务，也不用什么法律手续来干涉。分开之后，就可以去寻找新的恋爱和结婚对象。

但是，有调查研究表明，经历过同居关系的夫妻，并不能保证以后的婚姻关系能够保持一种持久性，而恰恰相反，同居关系的比率是和离婚率保持一致的。而事实是正因为同居关系的增多导致了离婚率的提高。1992年，英国学者对3300个家庭调查显示，经历过同居关系的夫妻的离婚率比非同居关系发展成为婚姻的最终离婚率高出46%。可见，婚姻解体的风险随着同居关系的流行而增大。

　　至今为止，所有的研究结果都表明同居关系对婚姻关系没有任何积极的影响。而同居关系带来消极影响的原因，已有部分被证明。其中一个原因可能是同居关系是一种自然本能的倾向，缺少伦理纽带，而婚姻关系往往靠着更多的道德伦理把双方紧紧结合在一起。

　　我们不可否认的是，同居关系在很多方面都类似于婚姻，例如性生活、经济合作、住房安排等，但是二者还是具有本质的区别。主要是承诺程度不同，自主性不同，对待孩子的态度也不同，其中同居关系更为看重的是自己的自主独立和个人的利益。研究发现，低承诺、高自主的同居关系是比较脆弱的，因而也就难以稳定。

　　所以，从某种程度上来说，未婚同居的关系是非常不稳定的，而且也不能够代替婚姻关系。

温馨小贴士

　　根据我国现行法律和司法解释的规定，同居关系是指均无配偶的男女双方在未办理结婚登记，又不符合结婚实质的条件下，以夫妻名义共同生活，或有配偶与他人同居所形成的两性关系。

三、恋爱时，请控制你的性冲动

　　处于热恋时期的少男少女，常常因为投缘对意，在环境条件合适时，产生强烈的性冲动。青年人有性冲动、性紧张，是很正常的。因为青年男女在步入青春期以后，性器官日趋成熟。在性激素的影响下，青年男女很自然地会产生爱慕异性的情感。来自视觉、听觉和触觉的某些刺激，如异性的外貌、同异性的接触、来自异性的热情，甚至语言、文字和图像，都可以成为性刺激，会引起性的冲动和欲望。青年男女只要神经系统正常，大多会有正常的性欲，只是强弱不同而已。性紧张是客观存在的，有人偶尔发生，有人因性欲旺盛经常发生。但人是有理智的，在性要求非常强烈而出现性紧张时，也不能任意发泄。它必须受到社会的道德观念和法制观念的制约。因为，如果处理不当，很可能会遗憾终生，例如不是恋爱失败，便是女方失身。

所以，在恋爱的过程中，热恋中的男女一定要学会控制自己的性冲动，以免带来很多不必要的伤害。

那么，如何控制性冲动呢？

转移注意力

这是控制性冲动的有效方法。比如双方正在谈准备新婚的话题时，对方有了性冲动，这时可以把话题转到工作、学习等内容上，这时，由于语言内容的变化，就可以把性冲动克制回去。

改变环境

这也是控制性冲动的方法。有时处于某一环境，因条件刺激而有性冲动产生。比如在公园散步时由于灯光暗淡，树丛花香而引发性冲动，这时可主动提出到光亮或人多的地方，就会使对方控制住自己的冲动。

养成良好的生活习惯

要形成有规律的作息制度。平时应注意外生殖器的清洁，避免不洁之物刺激生殖器。睡觉时要减少对外生殖器的压迫和摩擦，不要俯卧睡，内衣要宽松。

进行自我教育，采用自我暗示

青年人要锻炼自己的意志，一旦出现性冲动、性紧张，可进行自我调节、自我控制，暗自告诫自己：要冷静，不要冲动。

偶尔性自慰

对于实在难以缓解的性紧张，偶尔用自慰来缓解一下，对人体无多大害处，但不要因为好奇或追求快感而频繁手淫。

破除对"性"的神秘感

很多人之所以会产生性冲动，完全是因为对性抱有一种非常好奇的心理，不知道性为何物。此时不妨读些介绍性知识的书籍，增强克制性冲动的能力，减少对"性"的神秘感。

减少亲昵动作

在和恋人相处的过程中，应适当减少绵绵的情话和过分亲昵的动作。因为从生理学角度说，抚摸、亲吻、拥抱，最容易激起男子的性欲。所以，要善于自我克制。正如莎士比亚所说："爱和炭相同，烧起来得设法叫它冷却。让它任意燃烧，那它就会把一颗心烧焦。"

·········· 温馨小贴士 ··········

恋人之间更为需要的是思想交流，兴趣的互补，只有这样，才能在生活和工作中相互关心和帮助。进而，双方的视野也会更加开阔，精神也会更加充实，爱情之花也会开得更加绚丽多姿。

四、丑话说在前——婚前契约

在中国，婚前契约在旧时代的买卖婚姻中出现过，主要是针对买来的妻子"约法三章"。例如，结婚之后要顺从丈夫，孝顺公婆，对丈夫从一而终，生是丈夫家的人，死是丈夫家的鬼等。

有人认为，现代的婚前契约是实现男女平等和婚姻自由的"最高境界"。然而不幸的是，二十世纪七八十年代的一些数据表明，西方社会的"离婚爆炸"几乎和婚前契约并驾齐驱。

也有人认为，正是因为现代社会的离婚率非常高，所以才有必要订立婚前契约。因为，婚姻是一桩最靠不住的买卖，唯有契约才能保障交易双方的利益。在婚姻市场上，男女双方都小心翼翼地挑选合作伙伴，都想以最小的投入来换取最大的利润，最坏的情况也就是收回自己的成本。

于是，在西方社会，婚前契约开始像流行感冒一样蔓延，这样一来，他们"私有财产神圣不可侵犯"的权力也就在婚姻关系中得到体现。而婚姻也就像做生意一样，合伙双方如果觉得不合或者中间出现什么问题，可以自愿散伙，只要按照以前的契约办事，那么合伙双方就谁也不会吃亏。

至于后来的夫妻AA制则是婚前契约的补充和延伸。他们往往在婚前契约中强调，婚前自己的财产神圣不可侵犯，婚后的收入也绝对归自己，至于平常的一些日用消费，例如房租水电、食品杂支等则由夫妻双方共同承担，这样的话，夫妻双方就谁也不能够占谁的便宜了，如果分手，也就谁也不欠谁的。为了避免后来出现的关于孩子的各种问题，他们甚至选择了不要孩子，可见，不生育文化也与此密切相关。在我们看来，这是一种以个人为中心的价值观，物质至上和拜金主义特别严重，这种"六亲不认就认契约"的游戏规则为很多人所不齿。在很大程度上这不是一种文明，也不是一种现代，可以说是一种倒退，这是一种世态炎凉、人情淡薄的表现。

后来，这种婚前契约蔓延到了中国。我们不难发现，一对对的恋人，乃至已经在欢度蜜月的新婚夫妻，他们面对着婚前契约和夫妻AA制，表现出前所未有的兴奋。于是，他们兴致勃勃地讨论着或者已经开始实践着婚前契约、夫妻AA制这种时尚。

其中，他们有的是因为对市场经济充满了神往，对新鲜事物充满了激情；而有的可能是经历过婚姻的失败或者见到过自己身边亲友婚姻失败的案例，对婚姻的前景充满了担忧；而有的害怕自己辛勤积累的那份财富落入他人之手。另外，一个不可避免的原因是媒体对这一现象的炒作，什么"等价交换""价值规律""公平交配""好夫妻勤算账"之类的鼓吹，充斥于各类媒体，让许多人感到茫然和困惑。

难道婚姻不再是两情相悦、两心相许，而是按日按月地"AA"过着日子，生怕对方占自己便宜？试想一下，夫妻双方如果都怀有这样一种心理，难道能够全心全意地去发展去巩固自己的感情和婚姻吗？从这个角度讲，夫妻AA制式的婚姻如此脆弱，如此短命也就不足为奇了。

温馨小贴士

双方如果是真爱，婚前契约是没有任何作用的；如果没有爱的基础，即使婚前契约很详细，很具体，也不能阻止婚姻的破裂。

小测试：你的恋爱心理成熟吗

很多人在谈恋爱，但并不是说每个人的恋爱心理都成熟。成熟的恋爱心理会成就美满的爱情，不成熟的恋爱心理可能会造成青涩的困苦。你的恋爱心理成熟吗？

1．在你的内心里，你是否喜欢比较传统的人？

A．是的。

B．不一定。

2．你会不会把你父母作为你择偶的最佳标准？

A．会。

B．不一定。

3．在你和对方约会之前，是否会先读一点杂志报纸？

A．是的。

B．不一定。

4．你是否认为只要双方接过吻就是情人？

A．是的。

B．不一定。

5．在送给对方礼物的时候，你是否会用心形的东西包装？

A．是。

B．不一定。

6．你是否认为对方的性格都写在脸上？

A．是的。

B．不一定。

7．你是否陪伴自己的情人买东西？

A．是的。

B．不一定。

8．结婚时，你是否会考虑对方会不会做饭？

A．是的。

B．不一定。

9．你是否认为只要双方发生亲密的关系以后，感情会更加稳固？

A．是的。

B．不一定。

记分方法

选择A得1分，选择B得2分。

结果分析

9～11分：你的恋爱心理还不成熟。你还处在爱的朦胧阶段，你对爱情还是一知半解。如果你想拥有甜蜜的爱情生活，就得在这方面多下一点工夫，多看一下爱情理论方面的书，也许你的恋爱心理会逐渐成熟起来的。

11～15分：你的恋爱心理已经成熟。你不会再有什么不切合实际的想法，你对待爱情也不会像小男生、小女生们那样幼稚可笑。如果可能的话，你完全可以现在结婚。

16～18分：你的恋爱心理非常成熟。你懂得如何读懂爱情，你也知道如何让爱情更幸福，如何让爱情充满情调。你能很容易获得快乐的爱情。

用"心"做你一生的爱人

婚姻的旅途中，有的人中途出轨，走进了婚外恋的迷途；有的人中途出局，但婚姻怎一个"离"字了得；有的人触礁之后，迎来了婚姻的黄昏……究其原因是因为他们在很大程度上不懂得婚姻中爱人的各种心理。其实，婚姻心理是每一位即将走进婚姻或者已经走进婚姻中的男女都应该掌握的，如此，婚姻幸福的砝码才会更重。

第一章 轻轻牵起你的手——新婚

当从朦朦胧胧的恋爱跨入婚姻的殿堂，当你轻轻地牵起对方的手，迈上婚姻的红地毯，也就意味着你走进了婚姻的围城。几多痛苦，几多欢乐，几多坎坷，几多曲折，你开始有了自己的品味。

一、常见结婚心理

一般来讲，经历过恋爱的男女会有两种结果，一种是分道扬镳，从此成为最熟悉的陌生人，另一种是走进婚姻的殿堂，成为彼此生命中最不可缺少的一部分。可是人们常见的结婚心理有哪些？为什么在有人说出"婚姻是爱情的坟墓"这句名言之后，还有人前仆后继地走进婚姻的围城？

一般来讲，常见的结婚心理主要有以下几种。

社会的认可

满足社会的需要是结婚心理中最常见也是最重要的一种，因为结婚可以使双方的情爱得到社会的尊重和法律的保护。相对来说，婚前同居则不会得到社会和法律的认可，而得不到社会和法律认可的情爱是不能够健康成长的。拿最常见的事例来说，如果你有了妻子以外的情人，你们的关系就只能是地下的，不能公之于众，而配合自己出入社交圈的人只能是自己合法的妻子，面对这样的情形，最后的结果不是婚姻破裂就是和恋人断绝交往。

当然，对于大多数人来说，结婚是为了获得社会的认可，是为了能够和自己的恋人关系合法化，不受侵害。

爱情的需要

对于很多人来说，结婚是两情相悦的结果，即出于爱情的需要。

热恋时，人们常常有"山无棱，天地合，乃敢与君绝"的诺言，都希望属于自己爱情能够长久地驻足在两人的心中。他们都渴望一生一世能够拥有对方，能够拥有这种爱情的甜蜜和幸福，而婚姻正好给了他们这样的一把保护伞，在这把伞下面，恋人们能够得到社会的认可，法律的保护，避免其他异性的干扰。

有位哲人曾经说过："情爱常常能够达到这样的持久程度，如果不能结合或者是彼此分离，对双方来说，即使不是一个最大的不幸，也是一个大不幸；仅仅为了能彼此结合，双方甘冒很大的风险，甚至拿生命孤注一掷……"但是我们要认识到，恋爱结婚不是年轻人的特权，每个人都有恋爱和结婚的权利，包括那些离异或丧偶的孤寡老人。

繁衍的需要

繁衍是结婚的主要动力之一。因为繁衍后代是所有生物最基本的本能和任务，人类也不例外。只有结婚，生儿育女才是天经地义的事情，才能够给予孩子成长的需要，才能够享受到天伦之乐。而正是因为夫妻孕育了后代，人类才能够祖祖辈辈得以繁衍，才能够生生不息。

性的需要

性是人类的一种本能的需求，虽然很多人不愿意承认满足性欲望是他们追求婚姻的一种心理，但是我们不能否认，这种心理是客观存在的。性欲就如同饮食和睡眠一样，对人的健康发展有着非常重要的作用。著名心理学家马斯洛就把性欲与空气、水、食物、住所、睡眠一起列为人类最为基本的需要。而结婚之后，性生活才能够得到社会的认同，人们才能够得到具有安全感的性满足。

但是，除了以上几种结婚心理之外，还有一些不良的结婚心理，有的婚姻并不是建立在爱的基础之上的，而是掺入了其他许多现实的因素。对此我们不能予以忽视。

一般来讲，常见的不良结婚心理主要有以下几种。

冲动心理

冲动是魔鬼，在任何时候，这句话是有一定的道理的。很多的时候，因为冲动，很多人都是匆匆地谈起了恋爱，匆匆地走进婚姻的殿堂，有的时候就如同购物一样，听不得别人的劝说，而事情过去之后，才追悔莫及。同时，性冲动也是促使男女双方结婚的冲动心理之一。但是霭理士曾经说过："婚姻不止是一个性爱的结合，这是我们常常忘却的一点。在一个真正理想的婚姻里，我们所发现的，不止是一个性爱的和谐，而是一个多方面的、与日俱增的协调发展，一个生育子女的可能的合作场合，并且往往也是一个经济生活的单位集团。婚姻生活在其他方面越来越见融洽之后，性爱的成分反而越来越不显著。性爱的成分甚至会退居背后以至于消散。而建筑在相互信赖与相互效忠基础之上的婚姻还是一样的坚不可摧。"

另外，有的人由于爱情受到了很大的挫折，为了赌气而匆匆与人结婚，以为这样就可以忘记以前的种种甜蜜而美好的回忆，忘记曾经彼此深爱的人。这也是一种极为严重的冲动心理，因为这是一种缺乏理智的结婚心理，这样不仅伤害了许多无辜人的感情，最严重的是有可能也结束了自己一生的幸福。

同情心理

有很多的时候，一些富于正义感的人在看到异性处于困境之时，很容易用婚姻去拯救，可是结果却往往不是自己想要的那种幸福。我们不能否认的是，同情心是可贵的，但是我们不能因此拿它作为婚姻的赌注。

提起我们文坛上的著名作家萧军和萧红，很多人都非常熟悉，也都知道他们的爱情故事。但是，他们的婚姻并不幸福，以至于在萧红临死之前，都没有能够再看萧军最后一眼。其实究其原因是因为他们的婚姻是建立在萧军同情萧红的基础之上的，因为当年是萧军把萧红从困境中救出，而后同情萧红的身世和遭遇，遂与之结为夫妇，但是同情换来的婚姻是残缺的，是不幸福的。

逃避心理

有很多人，他们的家庭往往不够美满和幸福，父母无休止的争吵促使他们想要尽快逃离这个家。于是他们渴望早点结婚，摆脱这个硝烟弥漫的环境。在别人的撮合和介绍下，就很快地迈进了婚姻的大门，可结果发现对方却不是自己想要找的那个人，自己家里的战火远远大过父母之间的。这样的心理造成的婚姻不幸案例比比皆是，可惜世界上没有卖后悔药的。

报恩心理

这是很多不健康的婚姻中存在的一种心理。很多的时候，恋爱中的一方是被对方的优点感动的，双方之间并不存在真正的爱情。例如，30多岁的超，感觉非常痛苦，因为他发现自己的婚姻中根本就没有爱情的存在。当年，他和妻子是一个单位里的同事，那个时候，他离家很远，而妻子的家就在附近，于是她对超格外关心，经常主动帮他收拾房间，给他做饭，超一点一点地融化在她浓浓的关心里。于是在报恩心理的驱使下，他接受了妻子的爱意，后来才发现自己根本不喜欢她。

外界压力

玲玲大学的时候就已经谈了男朋友，男孩子长得一表人才，风流倜傥，而且在待人处世方面显得极有能力。可是毕业了，玲玲的父母却极力反对，原因是男孩家在农村，无权无势，根本没有办法和玲玲的家庭背景相比。于是，在父母的撮合下，玲玲痛苦地和男朋友断绝了关系，与一个"门当户对"者结了婚，婚后并没有父母想象得幸福。"门当户对"又能如何？无非是有钱有势，能够给自己带来经济和物质上的富足感，但是这些都不是发自心底的真正的幸福。

年龄压力

李晓是一个漂亮、苗条的女博士，有着一份相当不错的工作，家庭条件也很好，所以一直以来对男朋友的要求很高。可结果是，眼看着身边的朋友一个一个地踏入婚姻的殿堂，她却仍旧在"城"外围徘徊，但是她依然不肯降低自己的标准。等到32岁那年，她终于挺不住了，匆匆出嫁，结束了单身生活．可是婚姻生活很是糟糕，不到一年她的婚姻就走到了尽头。

不得已心理

这主要是指很多热恋中的男女，往往受不了性的诱惑而过早偷吃了禁果，最后是生米做成了熟饭——导致女方怀孕，无奈之下只有选择结婚。关于对方的其他方面，例如性格、人品、学历、家庭条件等都不再是考虑的因素。我们不能排除这种婚姻幸福的可能性，但绝大多数情况是因为过早地偷吃禁果，他们过早地承担了不应该承担的负担，最后搞得双方比较疲惫，对婚姻生活不再充满激情。

温馨小贴士

结婚是一件非常神圣的事情，关系到每个人一生的幸福。因此，每个人都应该摆正自己的心态，不能因为某些原因而耽误一生的幸福。要知道"一失足成千古恨"。所以，拥有健康正确的婚姻心理，才是婚姻健康幸福的保证。

二、新婚心理调适

新婚燕尔，从单纯洒脱的单身贵族，突然间进入两人的世界，生活会发生很大的变化。恋爱的时候，可谓是花前月下卿卿我我，如胶似漆；可是结婚以后的生活则面临油盐酱醋，非常现实。一般来讲，过了蜜月之后的新婚夫妻往往会从飘飘然的幻想生活中"落"到硬邦邦的地面上，产生一定的心理疲劳感、失落感、无助感和空虚感。

为了使未来的婚姻和谐美满，就需要夫妻双方从各方面来经营这份伟大的事业，及时对心理进行调整，使夫妻间的"吸引力"永不衰退，然后共同建造一个和谐的家庭。

一般来讲，营造和谐美满的婚姻通常需要以下几种方法。

坦诚相处

爱是一种使人奋发向上的力量，它能使夫妻双方为了整个家庭来共同努力。但夫妻相处的首要因素就是要坦诚地对待对方，相互关心和体贴，为了这个家来共同努力。

经常沟通

很多时候，沟通是非常必要的，因为如果你不说出来，对方可能根本不知道你心里在想些什么。所以，夫妻间一定要经常坐下来交换意见，沟通思想，把自己的所思所想与对方分享。特别是在你遇到工作不顺、上司刁难的时候，就更需要伴侣的慰藉。

尊重对方

一对夫妇，即使是从小一起长大，青梅竹马，两小无猜，也不可能完全相同，仍是各自有着自己的性格和特征。做一个善解人意的妻子或丈夫，最重要的就是尊重对方的个性特征。这样，婚姻就不再是一种禁锢，而是你生命中一个精彩的舞台，在其中你可以尽情展示你的精彩和独特。

学会忍耐

夫妻相处，一定要学会忍耐，谁都有不高兴得时候，谁都可能发脾气，遇到这种情况，最好采取忍耐和回避的方式，然后在事后分析形成的原因，以免下次再遇到同类的情况。

主动承担家务

结婚之后，每天面对的是一些琐碎而无聊的家务，需要夫妻双方来共同努力。很多的时候，看似很小的家务活却能够阻碍夫妻之间感情的进展，甚至成为婚姻破裂的罪魁祸首。

学会幽默

在适当的时候，恰到好处地开个玩笑，很自然地做个滑稽动作，用笑声打破紧张气氛，转移不良情绪。这样既会增加你自身的魅力，又能够增进你们夫妻之间感情的和谐。

多为对方着想

婚姻是责任感最集中的体现，恋爱时关系虽然很密切，但责任感相对弱一些，例如你把女朋友送回家后，还可以和哥儿们玩一玩，结婚以后就不行了。但是结婚之后有些丈夫经常要和朋友一起喝酒、打牌，把妻子都抛在脑后，妻子当然不能接受。女孩子也是一样，在家时享受爸爸妈妈的照顾，结婚以后下班后第一个任务就是做饭。有的妻子下班后就想在床上躺一躺，看看电视，吃一些零食，全然想不到丈夫下班后的饥肠辘辘。所以，结婚以后，双方都要约束自己"为所欲为"的言行，多为对方着想，增强自己的责任感。

学习性知识

性生活是婚姻生活的重要组成部分，因为大家都没有太多的经验，难免会配合得不和谐。女性容易对疼痛感到紧张、惧怕，但也对新生活充满期望；男性容易对自身的能力、对方的满意度感到紧张、有压力。更多的性知识可以使自己了解哪些是正常反应，哪些是需要调整的；更多的温柔可以化解紧张的气氛；更多的沟通让对方知道自己应该怎么做才使双方满意。有时候具体的行为问题要求助于医生。

爱屋及乌

恋爱阶段只是男女双方的一种关系，结了婚，则由一种关系变成了几种关系。例如，与对方父母的关系，与对方兄弟姐妹的关系等。即使夫妻关系很好，其他关系也并不一定能随之处理好。一般来说，婆媳关系、姑嫂关系、妯娌关系等是不太好处理的，而这些关系处理不好，又会形成恶性循环，影响到夫妻关系。因此，新婚夫妻必须重视处理多种关系这个问题，身体力行，爱屋及乌，减少同家庭其他成员的矛盾，从而更好地巩固夫妻关系，稳固一个温馨的家。

温馨小贴士

新婚中的男女，不要把婚姻想得过于理想，也不要把它看做是爱情的坟墓。婚姻生活是夫妻双方共同成长的过程。要知道，幸福美满的婚姻是两个人共同创造出来的。

三、不可忽视的男女婚后心理差异

据一项调查显示：婚后女性在家庭中的表现明显优于男性，如主动干家务、生活上关心配偶、注意丈夫感情的需要、对爱情专一、有事同丈夫商量、经常鼓励安慰丈夫、修养好等。缺点是喜欢在家中使小性子、发脾气。但同时女性对婚姻的失望程度也高于男性。

而90%的男性被妻子评定对爱情专一，80%的男性关心妻子遇到的困难，70%的男性有事同妻子商量，69%的男性生活上关心妻子，56%的男性能注意妻子的感情需要，52%的男性主动干家务，41%的男性生活比较节省，38%的男性经常鼓励和安慰妻子。但是，婚后男性的大男子主义往往比较严重，而且调查发现，导致婚姻不和谐、夫妻冲突的因素中，男性负有较大的责任。

之所以会发生这种变化，是因为在婚后男女双方在心理上都不可避免地产生了某种差异，所以，为了夫妻之间能够相处得更加健康与和谐，我们就有必要了解一下男女双方婚后心理的差异。

女性持家能力较男性强

一般来讲，女性的持家意识、持家能力都比男性强。因为她们往往亲手操持家务、洗衣、做饭、照管孩子等，而且每一件事都做得非常漂亮和利索。同时，她们往往对家庭的收支情况有着很好的计划，很会理财。

男性较女性情绪稳定

一般来讲，在日常生活中，男性的情绪往往较妻子稳定，不管遇到什么事情，他们都能够泰然处之，而女性则不然，非常冲动，喜怒哀乐都写在脸上，遇到高兴的事恨不得让全世界的人都来分享，而遇到伤心的事情，则往往毫无顾忌地发泄，情绪极不稳定，是性情中人，极容易受外界的影响。

男性的自尊心较强，女性的虚荣心较强

一般来讲，男人都是非常要面子的，尤其是在外面应酬或者是和昔日的朋友在一起的时候，他的尊严是第一位的。所以，作为妻子，一定要在适当

的时候，给自己的丈夫留有尊严，让他感觉到作为男子汉的骄傲。而男性也应该如此，因为女性天生爱慕虚荣，所以适当地满足一下妻子的虚荣心，比帮妻子做家务更会让她高兴。

男性比较现实，女性富于幻想

女孩儿时代，很多女性都对未来的生活充满了幻想，但婚后的女性依然摆脱不了喜欢幻想的特点，她们对自己家庭的设想，往往充满了各种各样奇怪的幻想。而男性则往往比较现实，对于一些不可能实现的愿望，他们想都不会去想，他们最看重的是做好眼前的事情，实现一些能够实现的愿望。

男性胸怀豁达，女性度量狭小

一般来讲，男性往往是大大咧咧，不拘小节。而女性则不同，她们天生细腻周到，可正是因为细腻周到，导致了她们气量狭小这一特点。对于任何事情，她们往往是拿不起，放不下，很可能因为一件很小的事情耿耿于怀，郁郁而终。对此，男性应该教会妻子用豁达、开朗的心胸来面对一切，这样才有利于身体、家庭和婚姻的健康。

男性较女性有主见

一般来讲，在面对事情时，男性通常有自己的观点和看法，而女性则不同，往往是优柔寡断，随波逐流。拿买东西这种简单的事情来说，男性如果看到自己喜欢的东西，一般就不会再考虑其他的因素，买下就走；而女性则不同，她们往往会货比三家，也可能会在听取一大堆人的建议之后改变自己的观点。她们优柔寡断，没有自己独特的见解，很容易在别人的话语中迷失自己。

温馨小贴士

对于每一个婚姻中的男女来说，都不同程度地存在着多方面的差异，当然这些差异也因人而异，但处理的关键是能够建造一个幸福和谐的家庭，夫妻双方都应该正视这些差异，并尊重彼此之间存在的差异。

四、爱情与婚姻的差异

有一天，柏拉图问老师苏格拉底什么是爱情？老师就让他先到麦田里去，摘一棵全麦田里最大最金黄的麦穗来，期间只能摘一次，并且只可向前走，不能回头。

柏拉图于是按照老师说的去做了。结果他两手空空地走出了田地。老师问他为什么摘不到？

他说："因为只能摘一次，又不能走回头路，期间即使见到最大最金黄的，因为不知前面是否有更好的，所以没有摘；走到前面时，又发觉总不及之前见到的好，原来最大最金黄的麦穗早已错过了；于是我什么也没摘。"

老师说："这就是'爱情'。"

之后又有一天，柏拉图问他的老师什么是婚姻，他的老师就叫他先到树林里，砍下一棵全树林最大最茂盛、最适合放在家做圣诞树的树。期间同样只能砍一次，同样只可以向前走，不能回头。

柏拉图于是照着老师说的话去做。这次，他带了一棵普普通通，不是很茂盛，也不算太差的树回来。老师问他，怎么带这棵普普通通的树回来，他说："有了上一次的经验，当我走到大半路程还两手空空时，看到这棵树也不太差，便砍下来，免得错过了后，最后又什么也带不回来。"

老师说："这就是婚姻！"

人生就正如穿越麦田和树林，只走一次，不能回头。要找到属于自己的最好的麦穗和大树，必须要有极大的勇气，并且付出一定的努力。

爱情与婚姻总是不能两全的，更不是唯一的。许多人迟迟不婚，乐此不疲地在茫茫人海中找着，寻求那个生命中的唯一。其实，爱情和婚姻有着诸多的不同和差异，而要想把握好自己的爱情和婚姻，就要认识到这种差异，然后加以正确地对待。这样，你才能够拥有幸福甜蜜的爱情和生活。

一般来说，爱情和婚姻之间的差异主要有以下几点。

爱情是心灵的契合，婚姻是社会的契约

一般来讲，爱情是两个人的事，只要两个人心心相印，就可以毫无顾忌地在一起，不用考虑周围的任何人。而婚姻则涉及父母、子女，同时是社会的细胞，并且受法律形式的保护。

爱情是精神的享受，婚姻是责任的负重

可以说，爱情是一种精神的享受，每个人都有权利来享受爱情带来的幸福和快乐。但是婚姻不一样，它更多的是一种责任，对社会的、对家庭的、对个人的一种责任，我们可以毫无顾忌地享受爱情带来的欢娱，但是却不能为所欲为地坐享婚姻带来的幸福，因为这些幸福你是要付出一定的责任和代价的。

爱情是感性的，婚姻是理性的

爱情更多的是两个人的感觉，想怎么感觉就怎么感觉。它是非常感性的，可以不在乎别人的流言飞语，什么时候都可以跟着感觉走。而婚姻则是理性的，需要一个清醒的头脑，只有付出和打拼才能在婚姻的旋涡里站稳脚跟，才能够给爱人、给孩子、给老人一个幸福的安乐窝，所以你必须去打拼、去经营，靠感觉是过不了日子的。

爱情是驿站，婚姻是卫星

可以说，爱情是生命中的驿站，歇歇脚还可以继续向前走。而婚姻则是一颗卫星，生命不息，转动不止。即使遇见不幸，你的另一半走了，还有你的后代在延续着你婚姻的果实。很多的时候，爱情是雨天的一把伞，只是在下雨天陪着你走一段路，而婚姻这把伞不管是雨天还是晴天都要一直撑着。

爱情需要激情，婚姻需要亲情

对于任何一对男女来说，刚开始恋爱的时候，是没有考虑太多的，他们拥有的只是来自双方的激情和感觉。而婚姻则不同，它需要用一份亲情来维系。最初的时候，夫妻之间存在的可能是爱情，但时间久了，所有的爱情就都转化为亲情，也只有当爱情转化为亲情的时候，夫妻之间的关系才会更加牢固，更加亲密。

爱情是失重，婚姻是超重

恋爱的时候，我们基本上是处于一种失重的状态，做什么事情都是跟着感觉走，晕晕乎乎，忘乎所以，敢说敢做。而婚姻则处于一种超重的状态，我们时时刻刻都在担负着一种责任和使命，如果没有了这种压在肩头的责任和使命，那婚姻就只能半途夭折。

温馨小贴士

爱情和婚姻除了有很多差异之外，也是有许多共性的。例如都需要条件，不是纯粹的，都难以把握，都是自然本质和社会本质的联结；需要互相适应，互相关爱；都有自私和利他的双重本质。

五、爱情不因婚姻而变质

有这样一句话：爱情就像手中的沙子，抓得越紧，流失得越多。在最开始的时候，爱情是甜蜜的，但是维系一份爱情则需要双方来共同努力，因为随着婚姻生活的持久，爱情也会变质，就如同水果一样，都是需要保鲜的。有一句话这样说：作为爱人，不但要接受他（她）的优点，还要接受他（她）的全部。这里面，需要宽容，需要体谅，需要道德，需要责任，当然也需要浪漫，尤其是要克服我们自身的惰性，决不能让习惯成自然。爱情可以保鲜，但是，在走进婚姻殿堂之前，就必须身体力行地贯彻"爱情保鲜法则"，让彼此做一生的情人，永远的爱人！

世间情多，真爱难说！即将走进婚姻殿堂的男女，是否因为找到了真爱，才把婚姻作为爱情的归宿？但更多的人说，婚姻是爱情的坟墓，婚姻的存在，更多的是道德和责任的维系。之所以这样，是因为他们对爱情没有及时地进行保鲜。所以，当失去爱情的时候，婚姻如果还能存在，就只能用道德和责任来维系了。

那么，需要怎么做才能够使我们的爱情在婚姻中也一样保持新鲜的特质呢？

把自己变成爱的柴火

小方和丈夫结婚两年后，就开始了争吵，她抱怨丈夫不像从前那么爱她、体贴她、呵护她了，而丈夫则抱怨她不再像以前那样温柔贤惠。

有一次周末，丈夫陪她到一家大型商场买东西。街上人很多，他们边走边逛，走着走着，俩人就走散了。她只有回头去找，找了好半天，才遇到满头大汗的丈夫。她满腔怒火刚要开口，只见丈夫忽地过来，一把拉住她的手说："行了，这样就再也丢不了了。"

不知为什么，那一刻，小方突然发现有一些特别的感觉洋溢在心头。很久以来他们都没有这个样子牵过手了，之前恋爱的时候，他们每天都握着对方的手走路。然而现在，彼此双方相互埋怨，相互谴责，谁也不肯为对方做点什么。

于是，从那天起，小方开始改变自己，她主动地关心丈夫，费尽心思地变着花样做一些丈夫喜欢吃的饭菜，丈夫失意时给他鼓励，丈夫得意时提醒他小心，而且也注意打扮自己，每天都会给丈夫一些新鲜和惊喜……渐渐地，她发现，丈夫不再那么爱抱怨了，而是同样给她体贴的安慰和鼓励。

我们都知道，生活是平淡的，可是平淡中也有激情和浪漫，关键在于你是否主动去寻找和创造。

你可以试着改变一下你们习惯的生活模式，如举行一次烛光晚餐，进行一次探险旅行，或者，送给他一件神秘礼物，给他的口袋里放上一张甜蜜的纸条，或者是一条安慰鼓励的短信。如果你愿意，你每天都可以成为爱的柴火。

给爱留一点空间

晓枫和丈夫原来都是一所高中的老师，婚后，俩人朝夕相处形影不离，每天一起上班，一起下班，一起做饭洗衣。时间长了，晓枫隐隐觉得这样的生活缺了点什么。有一段时间，丈夫在外出差，她的生活顿时被打乱了，她重新有了渴望，有了恋爱时急切的心情。丈夫回来的那一天，她发现他们找到了久违的激情。晓枫至此领悟到一个道理，应该给彼此留有一定的空间，不能太过于厮守，否则就感觉不到爱的激情。于是，她主动换了单位，这样一来，不但没有和丈夫产生隔膜，他们反而相处得更加甜蜜了。

"小别胜新婚"，隔上一段时间有意识地与丈夫"隔离"一下，结交一些自己的朋友，保留一个自由的空间，或许你们之间的爱情就会像恋爱时一般充满激情。因为烧过灶火的人都知道，柴草塞得太满，火焰反而会熄灭，所以千万记住，给爱留一点空间。

每天给爱留出十分钟

很多的时候，爱要表达出来，只有表达出来了，对方才能够真真切切地感受到，否则就会处于一种很朦胧的状态。所以，尝试着用沟通来传递你的爱，你会发现，爱情和婚姻中会有很多你意想不到的瞬间。

只是现在的很多夫妻往往缺乏沟通，他们根本就不去想对方在想什么，有什么需求，自己能否满足？结果因为长期的不沟通，使得许多的小矛盾长期积累，越积越多，从而导致许多夫妻走上离异的道路。

一位结婚10余年的夫妻从没有好好交流过，虽然他们的物质生活非常地优越，但是在妻子的内心却经常产生一种莫名其妙的孤单。"我渴望经常依偎在他怀里，向他说些什么或者听他说些什么，但他好像没有这种情绪，总也不给我机会。我感到心中的郁闷越积越重，很难保证哪一天不爆发出来。"

其实，沟通很简单，可以每天给爱留出10分钟，你将惊喜地发现，沟通原来会有如此神奇的力量，它可以使将要走到尽头的爱情渐趋完美，使将要破裂的婚姻变得更加幸福。

每天给爱留出10分钟，在这短暂的时间里，夫妻之间所能做的事就是交谈。短短的10分钟时间可以交谈一下天气的情况，孩子的学习成绩，今天的工作内容以及下班后的安排等。

每天给爱10分钟，可能最开始的时候会感觉看似短短的10分钟，原来是如此漫长，甚至不知道说什么，不知道怎么做，但是日复一日就会找到共同的话题，也终会发现，10分钟，原来如此短暂。

每天给爱10分钟，让夫妻有时间正视一下爱在他们之间的位置，看到了爱的希望之光，感受到夫妻之间爱的点点滴滴，慢慢品尝沟通带来的喜悦。

每天给爱10分钟，只要用心，是很简单就可以做到的事情，而你的10分钟换来的是夫妻相濡以沫的承诺，是"执子之手，与子偕老"的相守。

现代社会，人们的通讯工具愈来愈多样化，从电话、传呼机到手机，再到多媒体电脑，人们在现代化的通讯网络中可以享受简捷、快速、高效的服务，可是在享受这些服务的同时，我们也往往生活在一个虚幻的世界里，从而忽略了身边的风景。每天少发几条短信，少玩一局游戏，把省出来的10分钟时间留给夫妻双方交谈，你会发现别样的收获。

让家务活暂时走开

婚姻便意味着家，意味着柴米油盐，洗衣做饭，烦琐无味的家务活。是不是有这样的时候，你和爱人为了谁洗衣、谁做饭争吵不休，或者烦琐的家务活让你们爱的火花一闪而过？

伟杰记得，情人节那天，他悄悄订了两张音乐会的门票，然后买了束玫瑰花，准备给妻子一个惊喜。下班的时候，他特意到妻子单位去接她，期望度过一个美好的夜晚。可妻子却告诉他说不行，因为早晨出门时将被子晾在阳台上了，必须得回家。伟杰不知道说什么好，妻子没说错什么，也没做错什么，错的是可恶的家务事。

据调查，家务活是影响夫妻感情的一个重要因素。因此，一定要注意合理安排时间，不要让它"插足"爱情。

温馨小贴士

每个人的心，都像上了锁的大门，任你再粗的铁棒也撬不开。唯有让你们之间的爱情永远新鲜，才能把自己变成一把细腻的钥匙，进入对方的内心，更好地去了解对方的思想和观念。

小测试：测测你的婚姻观

婚姻是多数人要经历的，婚姻生活，体现着人类感情的大千世界，千姿百态，光怪陆离，什么样的事情都有可能发生。有人说婚姻是爱情的坟墓，有人说婚姻是幸福的开端。你持什么态度呢？你的婚姻观是什么？下面的这个测试就是用来测试人们的婚姻观，请你回答"是"或"否"。

1．幸福的伴侣之间也可能有令对方不满意的地方。

2．长期的婚姻生活会使男女双方发生很大的变化。

3．买衣服这样的事情，商量一下就行。

4．相爱的夫妻之间应该形影不离。

5．恩爱的夫妻之间应该没有分歧。

6．感情基础薄弱的夫妻应该多待在一起。

7．恩爱的夫妻之间如果出现劫难，不应该相互埋怨。

8．恩爱的伴侣本应该强求对方满足自己的欲望。

9．恩爱的伴侣应该激情纵欲。

10．随着年龄的增长，夫妻都会变得更好。

结果分析

1．是，世界上根本就不存在十全十美的人，也不可能出现完美的夫妻。

2．是，人们都是逐渐适应家庭生活的需要的。

3．是，如果你随心所欲，漠视对方存在的话，很容易伤害到对方的自尊心，有时候会引起家庭纠纷的。

4．否，很多夫妻都有各自的事业，也有各自的爱好和追求，他们不可能整日在一起，形影不离的。

5．否，有很多事情是不可能一致的，人生观、价值观的不同，都能导致看法的不同，但有些分歧并不影响夫妻之间的生活。

6．是，感情本来就很薄弱，如果长期分离，就会更加疏远双方的距离，甚至会导致离婚。

7．否，双方很可能相互埋怨，但是埋怨并不等于抛弃，双方最终还会克服障碍，共渡难关的。

8．是，自己的事情要自己做，不要什么事情都寄希望于对方，否则很容易磨灭你的自主性，记住，自己的幸福应该靠自己去争取。

9．否，最重要的应该是双方都满足就行了。

10．否，夫妻之间应该相互信任，相互体贴，平时多交流，才能变得越来越好，当然，有一些人，到最后也变不好。

第二章　相爱简单相处难

　　步入婚姻的殿堂，双方就应该具备和培养一定的心理韧性，学会忍耐种种缺憾和忍受种种挫折，要讲伦理，负责任，要学会真诚和宽容。因为婚姻是"柴米油盐酱醋茶"的开始，同时你会体会到"相爱简单相处难"这一真理。

一、做好恋人到夫妻的角色转换

　　我们知道，爱情是浪漫的，而婚姻是现实的。如果说爱情像奇山秀水一样飘逸甜美，那么，婚姻就像广阔平原一样平淡无奇。而从昔日的恋人到如今的夫妻，结婚宣告了这一角色的转换。从恋人到夫妻，彼此都希望对方能够适当改变一下自己的生活方式，为的是两个人的生活情趣、习惯、需求等相吻合。但是我们也知道，每个人的生活习惯都已经与自己相随了二十多年，如果想在朝夕之间或者几个月内改变过来，并不是一件简单的事情。

　　相爱容易相处难，生活习惯、生活背景不同的两个人在一起生活，四目相对，所有的不良习惯都会渐渐暴露出来。所以，在双方相处的磨合期间，需要更多的体谅与宽容，去适应对方，适应婚姻生活。不可否认的是，当完成了结婚这样一件神圣的事情之后，将要面对的就是"柴米油盐酱醋茶"的生活，而且昔日两人间的约会被现在习以为常的饮食起居、锅碗瓢勺、油盐酱醋所取代，而且你发现对方不如你想象得那么完美，他（她）也有很多的缺点和不足，例如他大男子主义特别严重，她太过于任性和懒惰。当所有的一切都归于平淡，只剩下家庭需要你用心地看管和照料，而婚姻并不如你想象得那般绚丽和浪漫，也多了很多你意想不到的烦琐和平淡。

　　从昔日的恋人到现在的夫妻，要使两个人的节奏完全合拍，生活习惯完全吻合，这并不是一件容易的事情。尤其是对婚前并不了解彼此的男女来说，更是难上加难，也许他们只记得恋爱时的海誓山盟，却不曾了解现实的纯粹和残酷。

　　每一个人，都是一个独立的个体，都是一道亮丽的风景，都有属于自己的独特的魅力。但是，当你把这种恋爱时对方所欣赏的独特带到婚姻中来的时候，你会发现，你的"独特"只不过是阻碍婚姻幸福的绊脚石。因为两个独特的"自我"如果都在婚姻中坚持自己的独立和个性，那么婚姻中就不可避免地会发生硝烟弥漫的战争。只有彼此双方持有理解悦纳的心态，同时经常进行沟通，那么两个"自我"才有可能向同一个方向靠拢，夫妻双方也才能够真正认识和了解对方，并相互体贴，相互鼓励，相互安慰，真正进入对方的内心世界。

　　只是，让人感觉不可思议的是，许多年轻人并不能够认识到这一点。他们往往如婚前一样，根本不去考虑应该为这个家庭做些什么，应该为对方改变一些什么。他们需要太多的自由，而正是因为自由太多，他们在无拘无束的时候却忘记了自身应该承担的婚姻负荷。于是，有些人刚刚走进婚姻的殿堂就转身而返，因为他们需要更为广阔的天空，而婚姻不但束缚了他们的手脚，也束缚了他们的灵魂和思想，但是，再回头却发现围城外边的天空也是一样的色彩。留给自己的只剩下一颗伤痕累累的心和一身的疲惫。

　　当然，凡事都有一个过程，夫妻双方毕竟都是一个独立的个体，完全因为对方而改变自己也不可能。这就需要双方一起努力，为共同的家来牺牲一些自己的个性和独特。这时，你会发现家会因为你的存在而更加美丽。只要夫妻双方共同努力，在家庭的道路上，一定没有迈不过的坎儿。

温馨小贴士

　　婚姻不是简单地出一家门进另一家门，当曾经的风花雪月不识愁滋味，变成了厨房里瓶瓶罐罐的柴米油盐酱醋茶时，刚刚进入婚姻中的男女就要学会转换自己的角色，学会做新生活的主人。

二、和谐处理夫妻关系

婚姻不是爱情的童话故事，也不是爱情的坟墓，它是生活的一个驿站，是夫妻和家庭共同成长的一个过程，而幸福美满的家庭需要夫妻共同来创造。

俗话说得好："家和万事兴。"在家庭生活中，一定要摆正夫妻关系的位置，因为它是家庭生活中最主要的关系。所谓夫妻关系，是指男女双方通过合法的结婚手续在性生活、社会生活和经济生活等方面共同生活的关系。在众多的家庭关系中，如母女（子）关系、婆媳关系、妯娌关系等，其中夫妻关系是最重要的，因为其他的一切关系都是由夫妻关系派生出来的。从某种程度上来说，夫妻关系占据第一位。

因此，在家庭生活中，要学会正确处理夫妻之间的关系，实现夫妻之间零距离，只有这样，才能"执子之手，与子偕老"。

有一对平凡的夫妻平静地生活着。结婚的第二年，妻子怀孕七个月的时候，有一天她的妹妹不见了。在接到她父母的电话后，她不顾一切地冲出家门四处寻找。那时外面雨很大，丈夫惊恐地跟在妻子后面，看着她怀着身孕拼命地奔跑，他当时尽管没有说一句话，可是内心里却充满了责怪和痛苦。

还有一次，她的母亲病了，她却丢下同样也在生病的丈夫和嗷嗷待哺的孩子，整日守在母亲的身边，类似的事情还有好多好多。

后来有一天，丈夫突然提出了离婚，而后和一个从各方面看来都不如自己前妻的女子结了婚。于是她非常不解，就问自己的前夫为什么？前夫说："当你怀着我们的孩子在大雨里拼命地找你妹妹的时候，我有一种非常强烈的感觉，在你的心里，我们的爱情结晶根本没有你已经成人的妹妹重要；还有，当你丢下我和孩子去照顾你母亲的时候，我明白你的生命中母亲要比我们重要得多……说真的我实在不能忍受这样的生活了。"

的确如此，在现实生活中，如果不能够和谐处理夫妻之间的感情，那么最直接的后果就是一生的不幸。

一般来讲，影响夫妻生活和谐的因素主要有以下几种。

理想与现实的冲突

许多婚姻问题都是由婚前夫妇双方的期待和婚后生活的现实相冲突所造成的。人们往往对婚姻期待太多，如爱情、温暖、相伴，以及我们自以为构成幸福的一切。一旦发现婚姻并不是双双走向浪漫世界的通行证，而是一项充满琐碎的家务，同时也是一项劳神费心而又必须负责的行动，就会茫然不知所措了。

个人习惯

每个人都有自己的生活习惯，但是结婚之后就必须学着去适应对方，必要的时候还必须改掉一些自己的生活习惯。尤其是刚结婚的头几年，会出现很多的摩擦。事实上，对方的毛病往往是我们所喜爱的气质中的一部分。一个男人可能会忽略付账，或者把卧室弄得乱七八糟，可是同时他可能是个随和、乐观、不发脾气、幽默风趣的人。

经济问题

在夫妻纠纷中，几乎大部分都集中在经济问题上，这是双方刚结婚时没有经验造成的。人们的理财方式往往受家庭影响。如果妻子是来自男性主管财务的家庭，她便把主管财务当做丈夫理所当然的工作；与之相反，那么结婚之后，妻子肯定是财政大权独揽。另外，妻子来自物质生活优越的家庭很可能造成她花钱大手大脚，而"穷人的孩子早当家"。

不平衡的关系

这种不平衡一般发生在中年夫妻的身上。因为人到中年，丈夫在业务上会突飞猛进，或者迷上了妻子分享不了的新的乐趣；而妻子也许会变得更为自信，更加成熟，并且具有自己的新的追求。这样，他们就会突然发现相互之间的距离是那么遥远，甚而产生隔阂，以及由此而生的巨大的不平衡。

不满足做"贤内助"

现在的社会，越来越多的女性选择了职业女性的道路，因此往往对充当内助角色感到不满，并且想方设法发挥自己的潜在才能。所以，有些做丈夫的对妻子独立自主的愿望深为恐惧。妻子决定外出就业，或者为从事一项责任重大的事业而学习，都会遭到他们的竭力反对，甚至是嘲笑，最后往往会引起夫妻关系紧张。

性生活不和谐

和谐的性生活是和谐的夫妻关系和感情生活的调味品、缓冲剂，它有助于加强夫妻之间心理沟通和感情交流，缓解生活中的各种矛盾，创造一个互相关怀、互相体贴的气氛，以维持夫妻关系的稳定。夫妻的性生活和感情生活常常是互为因果的，左右着夫妻关系的正常与否。一般来说，夫妻感情出现问题，常常能引起夫妻性生活失常；而夫妻性生活的失调，往往也能导致其感情的不和。

婚外恋

追求新鲜感和刺激是普通人的心理倾向。有些男性，因进入中年以后，自感精力没有年轻时旺盛，心里空虚，就找年轻姑娘做伴，来满足其自信心和情欲，以掩盖因年老而产生的空虚感。有些人因为在工作中不顺心，或在婚姻问题上遇到挫折，内心难免感到苦闷、空虚，常以与别的异性发生关系来应付内心的这种危机。但是，不管什么原因，大多数人对于丈夫或妻子不忠的容忍度是极其有限的。即使继续勉强维持婚姻，夫妻之间也较难恢复从前那种亲密无间的关系，在情感上将留下一道永远难以愈合的疤痕，随着家庭内外"气候"的变化，会不时地发痒发痛。

而互相信任，互相支持，互相照顾，互相关爱的夫妻关系才是健康而和谐的夫妻关系。一些专家研究发现，健康、快乐、美满的夫妻关系，有利于夫妻双方身体的健康，也能延长他们的寿命。

其实在生活中，有很多造成夫妻关系破裂的原因是可以避免的。同时，一种健康、和谐、持久的夫妻关系的营造也是有一定的技巧的。一般来说，常见的技巧有以下几种。

坦诚沟通

在生活中，难免会出现各种各样的问题，这就需要夫妻双方经常交流和沟通，学会表达自己的想法、感情和需求。学会赞美、宽容，妥善处理可能存在的冲突和分歧，并时时做好妥协的准备。

正视对方的缺点

"金无足赤，人无完人"。经过浪漫的恋爱阶段，恋人之间的那种神秘感慢慢消失。当呈现给对方的是最本真的自我，很多时候，你可能会感到失望，后悔怎么嫁（娶）了这么一个人。这时，你要明白，没有缺点的人，就是最大的缺点。既然你接受了他，就要接受对方的所有，包括缺点。要大度一点，要有容人之量，在双方态度都比较平和时，好好交流，在恰当的时候，指出对方的错误，同时也尽量检点自己的行为，人的忍耐是有限度的，如果到了忍无可忍的时候，这个家也面临崩溃了。

互敬互爱

互敬就是要尊重对方的工作、劳动以及学习，尊重对方的兴趣爱好，尊重对方的人格；互爱就是相互间为着对方的幸福去做所需要的一切。夫妻之间要相互理解，作为一家人，目标是一样的，就是共同努力，营造一个温馨的安乐窝。作为男人，丈夫肩上担有很大的责任，会把更多的精力放在挣钱上，没多少时间顾及家庭，妻子应当给予充分理解。而作为妻子，既要工作，又要带孩子，忙家务，丈夫也要学会体贴妻子。在忙于工作的过程中，尽量抽出时间陪陪妻子，因为女人除了需要物质享受外，还需要精神上的抚慰，不要忽视了妻子的感受。

忠诚信任

在婚姻生活中，男女双方需要忠诚和信任，要始终把对方当做热恋中的情人那样去呵护，不要以为结了婚，就一辈子都是你的人了。信任是维护夫妻关系的最基本要素，不要整天疑神疑鬼的，如果夫妻之间连最起码的信任都没有了，那么婚姻也就走到尽头了。

培养共同的兴趣和爱好

在夫妻生活中，最好能够培养一些共同的兴趣和爱好，这样双方会有更多的时间相处和交流，从而促进夫妻之间的感情。

建立和谐的性生活

据一项调查研究发现，性生活的不和谐是造成夫妻关系不和谐的主要原因，因此夫妻双方不要忽视性生活在婚姻中的地位，只有有了真挚的爱，和谐的性，夫妻关系才会更加完美和谐。

保持浪漫

结婚之后不要忘记热恋时的浪漫，要经常告诉对方你爱他，结婚纪念日、情人节、生日要记得给对方一个惊喜，让对方明白他（她）在你心目中的位置。

温馨小贴士

长久家庭生活的相处，或许每一位身在其中的人都有适合自己的处理夫妻关系的技巧，其实只要真诚地对待对方，学会宽容和信任，理解沟通的重要性，那么夫妻关系就一定会和谐美满。

三、让婚姻健康成长

婚姻的生活里，得到得越多也就意味着失去得越多。很多过早结婚的人都认为婚姻使自己失去了很多自由，凡事不得不从"我们"的角度考虑；有的人却认为过早结婚就意味着尽早独立。

很多的时候，人都会有很多欲求和虚幻的想象，有时候，很多的预求是自相矛盾的，而这些想入非非的东西正是使精神在现实中栖身的润滑剂。而很多情况下，婚姻中的不和谐音符，往往不是对婚姻死刑的宣判，而是更新的号角。很多人对婚姻存在着一些固化的观念，认为差异性远远没有一致性重要，共同的利益要重于个人的利益，自我约束重于自我实现等。而实质上，两者是同等重要的，它们的同时并存且在一定程度上同时实现才是婚姻真正的价值所在。

其实，只有婚姻中的双方都既快乐又不满足于现状，才能使婚姻真正得以实现，而一个真正对婚姻负责人的人，是首先让自己变得快乐的人。

一般来讲，婚姻的成长依次要经历以下六个阶段。

萌芽期

婚姻受孕于两个人之间的山盟海誓、浓情蜜意。大部分婚姻是尚在胚胎的时候就夭折了。有的婚姻即使勉强诞生了，却带有很多先天不足，要么不是单纯为了爱，要么就是想控制或者占有对方。婚姻如果在这个地方停留，那么只能说明，人虽然结婚了，但是心没有结婚。

蜜月期

主要是指婚后的第一年到第二年。这时的婚姻就像婴儿一样，见不到人就哭，要抱着睡，要奶吃，要把着尿尿，两个人需要打破常规来伺候它。婚姻不光是现实的产物，还是精神的产物。但是，婚姻若只停留在两个人的蜜月期里，那么只能生活在非现实的与世隔绝的童话般的梦幻里，因为他们的心灵已经被充满了，连一滴水也容不下了。

癫狂期

主要是指婚后第二年到第五年。在这一个时期，婚姻开始展现它那迷人的微笑，让两个人沉醉其中而发癫发狂。他们开始拼命地去创造美好的物质生活，并有可能出现他们婚姻的投影，爱情的结晶——孩子。在这一个时期，人们越来越多的付出伴随着越来越多的期待，矛盾和冲突是无法避免的。但是，对未来的畅想和对情感的依恋能帮助人们摆脱这一困境。若婚姻只停留在这里，外人看来是天作之合，令很多人羡慕和赞叹，而实则是内心贫乏，喜忧参半。

现实期

主要是指婚后的第五年到第十年。这是婚姻的反思阶段，依恋伴随着对抗，自我约束伴随着自行其是。这时，甜蜜已经不是最重要的事情了，重要的是婚姻中的自我价值，谁说话算数，谁握有决定权。这是个存在剧烈互动的时代，要确立新的游戏规则，要分割旧的权力。情绪的宣泄以及情感的出轨都成了再自然不过的事情。若婚姻停留在这里，分离、争吵、对抗便成了家常便饭。所谓的幸福婚姻只是易碎的肥皂泡,亲情、爱情渐渐就变成了"敌情"。

回归期

主要是指婚后的第十年到婚后的第十六年。这是爱情的回归时期,经历了一阵"争权夺利",才发现婚姻原来是"一损俱损,一荣俱荣"。两个人如品茶一样逐渐品出婚姻的味道来。夫妻之间也产生了敬畏之心、关爱之心和感激之心,人性在这一时期已渐趋丰满,婚姻的"孩子"已经长大成人。若婚姻停留在这里,我们会看到男耕女织,夫唱妇随的景象,但这仍不是婚姻的全部,婚姻还需要继续成长。

平淡期

是指婚姻的第十六年到第二十六年。这一时期,婚姻要经历平淡和感觉耐受,虽无激情却敦厚平实,韵味无穷。大部分人对那种夫妻互补的模式已经习惯并形成了你中有我,我中有你。若婚姻停留在这里,基本上可以说是已经非常完美了,因为人与婚姻已经融为一体了。

温馨小贴士

其实,不管是从内心到现实,还是从精神到肉体,婚姻都把两个人紧紧地融合在一起,即使是疾病、意外、距离甚至死亡,都不能把他们阻隔开,此时的婚姻才是真正完美的婚姻。

四、顺利度过"七年之痒"

"七年之痒"是个舶来词,意思是说许多事情发展到第七个年头便会出现一些难以抗拒的问题,婚姻也是如此。

有人说,所谓"七年之痒"意思是指:第一年新鲜,第二年熟悉,第三年乏味,第四年思考,第五年计划,第六年蠢动,第七年行动。

的确如此，对于婚姻中的男女来说，结婚久了，新鲜感便丧失。恋爱时的浪漫与激情会逐渐被平实、琐碎的生活细节所代替，而当初认为很完美的双方，很多缺点也都慢慢地显露了出来。于是就开始有了不断的摩擦、争吵，甚至是厌倦与失望。

再者，孩子出生之后，身为人母的妻子几乎会把大部分精力分给孩子，而不再像以前"两人世界"时那样对丈夫倾注全部的爱，同时也不再注意自己的形象和装扮，这就极易使丈夫那颗不安分的心因空虚、寂寞而愈发痒不可支、蠢蠢欲动。而这时"围城"外的灯红酒绿、缤纷美景却总是惹人艳羡。

于是，婚姻的"七年之痒"就出现了。许多婚姻为此走到了尽头，忘记了当初的恋爱是怎样的"惊天地，泣鬼神"，也忘记了当初"山无棱，天地合，乃敢与君绝"的承诺。

李奇和晓雨的相识是在1998年一个朋友的酒店开业典礼上。然后经历了相知和相恋，又一同顶住了家长的极力反对，终于在1999年的年底，走进了婚姻的殿堂。但是不到一年，压力就像阴云一样笼罩了他们这个刚刚组建的小家庭之中。

因为李奇生活在农村，他的父母重男轻女的观念很重，而且他的两个哥哥生的都是女儿，于是生孙子的希望就寄托在他们俩身上了。这给了晓雨很大的压力，虽然她是一个孝顺的儿媳，但是她知道生男生女不是以主观意志为转移的。

怀孕期间，丈夫家里人在医院找到熟人，检查之后听说是女孩，硬要晓雨流产，其中包括她的丈夫。但是晓雨坚决不干，于是本该得到好好照顾的晓雨有了很多难言的苦涩。后来，孩子出世了，宝宝让所有人大吃一惊，竟然是个男孩。这让所有的人都惊喜不已，然而晓雨却怎么也高兴不起来。

宝宝11个月大的时候，有一天生病了。李奇说晓雨没有把孩子带好，可是晓雨在家是独生女，根本不知道怎样照顾别人，结婚以后，已经做得很好了。但是李奇却打了她，也第一次提出了离婚。之后，每年除了小打小闹之外，都要爆发两三次"战争"，搞得不可开交。感情，就这样在争吵、打骂声中越来越淡漠。

2006年的农历七月七日，他们协议离婚，在民政局排队办离婚手续的时候，正好是第七对。出得门来，李奇开了句玩笑："你看，七月七日，中国的情人节啊。"他的话触动晓雨的神经，一直装着很坚强的她在那一刻再也忍不住了，在马路上又一次哭了起来，在路人的侧目下，在第七个年头初秋那个凄切的午后……

其实，很多的时候，婚姻不是简简单单的"七年之痒"，它到一定阶段，往往就会出现各种问题，跟具体的时间没有确切的关系，只是"第七年"是婚姻触礁的多发时间。所以，婚姻中的男女一定要懂得用自己的智慧去摆脱婚姻的"七年之痒"，营造一个美满的婚姻。

现代社会中，"婚姻是爱情的坟墓"好像成了千古不变的真理。而且大多婚后的男女感觉结婚真没劲，没有了恋爱时的种种激情感觉，没有了浪漫，没有了情趣，没有了激情，没有了冲动，不再"女为悦己者容"，也不再用心地来感受彼此的心情。于是，"围城"里的许多人，有了出城的欲望，有了出城的行动。

所以，聪明的人懂得用智慧去摆脱"七年之痒"的困惑，将婚姻进行到底。

婚前预防

据权威部门统计，出现问题的婚姻中，当初草率结合的比例很大。因此，在恋爱的时候每个人都应该保持较为清醒的头脑，用理性的目光对待未来的婚姻生活。如果可能的话多听听周围朋友的意见，另外如果能够得到婚姻专家的指导就会使婚姻增加理性的成分。婚姻是一辈子的事，千万不可草率行事。

不要为孩子忽视丈夫

从爱情的角度来讲，婚姻是考验爱情的第一个门槛，孩子便是第二个。当很多女人有了孩子之后，往往把全部精力放在孩子身上而忽略了丈夫。其实应该发自内心地为丈夫做些什么，哪怕是很小的事情，一个拥抱，一个笑容，一个亲吻，让他体会到女人的温情，才能有效地避免男人那颗不安分的心因备受冷落而愈加痒不可支、蠢蠢欲动。同时，也可以让丈夫加入到育儿的行动当中，感受生命的乐趣。

留一点空间给自己

俗话说，小别胜新婚，距离产生美。适度的分离也许更添思念，何况现实生活中，有许多婚姻正是在束缚与反束缚中走向灭亡的，所以，婚姻中的男女应该先给自己留有空间，在婚外保持正常的事业基础、朋友圈子，在工作、交往中不断提升自己的人生智慧和工作能力，不断调整自己，不断完善自己，要知道除了婚姻还可以有其他的精神寄托。

发掘生活的乐趣

要学会知足常乐，因为婚姻不是爱情，而是一些平淡而烦琐的现实生活细节，所以要善于从平淡枯燥琐碎中发掘生活的乐趣，不要整天活在幻想之中。

创造浪漫和激情

婚姻出现"七年之痒"的关键在于人的厌倦心理。所以，你应该不断地给婚姻里注入新鲜血液，并时常为平淡的生活多创造一些浪漫和激情，才能令平静的情感湖面涌起一道道美丽的涟漪。例如在结婚纪念日的时候赠送小礼物，或共进晚餐，因为它能传递爱心，凝注爱意，表达慰藉。

学会沟通

在现实的婚姻生活当中，要注意倾听对方内心的期待和渴望。不管对错，不要先否定对方，试着了解对方的感受，告诉对方你的观点和看法，以免产生不必要的误解。在向对方提出要求时，应首先表示对他（她）的理解，比如，我知道你很累，但是你是否能把衣服放在固定的位置。

温馨小贴士

顺利度过婚姻中的"七年之痒"，有很多方法和技巧，需要双方在婚姻中慢慢地学习和琢磨。要相信，只要是真爱，跨过婚姻的"七年之痒"，一定可以将幸福生活进行到底。

五、走出婚姻的误区

我们现在都非常清楚这么一个事实：离婚率在不断上升。的确如此，面对几乎一半的婚姻以离婚的方式收场，许多夫妇开始准备重新评估自己和配偶的关系。但是在你准备分析你和配偶的关系之前，你一定要走出婚姻常见的误区，这样你就可以少走很多弯路，也避免落入陷阱，毁了自己本该是幸福美满的婚姻。

常见的婚姻误区有哪些呢？

强烈的占有欲

我们都知道，夫妻生活是一对一的排他性关系，是自私的。但这种自私只是就感情和性生活的排他性而言，是一对一的相互拥有，而不是一对一的占有。在婚姻关系中，无论是丈夫还是妻子，谁都不是对方的附属物，而是平等、具有独立人格与尊严的一个人。"你是属于我的，就得满足我的要求"，不少人都在婚后存在这样的想法。

男性是婚姻的受益者

很多人认为，男性在婚姻中，其受益程度远远超过女性，因为在婚姻中女性的付出和奉献要比他们多得多。最近的一项研究调查发现，男性和女性虽然是以不同的方式对待婚姻的，并且在婚姻中担当的角色和承担责任不一样，但是两者在婚姻中得到的好处是相当的。

儿女是婚姻中最重要的

许多夫妻在有了孩子以后，往往将爱转移到这个"第三者"身上。尤其是女性，因为伟大母爱的付出，从而忘却了爱人的需求，不经意间就伤害了对方，爱的结晶成了夫妻分离的挑拨者。

同居和婚姻的区别在于一纸证书

很多人认为，同居和婚姻的区别仅仅是在于一纸证书。其实不然，婚姻中的许多好处是同居所不能够带来的，例如身体健康，两情相悦，精神富足等。因为同居者往往更注重自身的利益和个性，而极少考虑对方的感受和利益。

婚姻是"战利品"

很多人把婚姻当做是自己征服活动的一个自然而然的结果，尤其是男性，往往认为：选择了她，追求了她，与她订了婚，然后结婚，这些都做了，现在要继续过自己的生活，却希望她来照顾一切。这样的男人把女人、婚姻看成是"战利品"，而不是宝贵的资源，结果内心、灵魂和生命都会遭受巨大的伤害。

试图支配对方

常见的婚姻过程中，随着蜜月期的结束，就会进入权力斗争期，夫妻双方开始为婚姻中的支配权而斗争。那种非要把自己的思想强加给对方、并企图改造对方的做法，常常是婚姻破裂的直接原因。夫妻之间的统一步调并非强制出来的，而是彼此在尊重对方的基础上逐渐适应的结果。

依赖感

这种误区尤其体现在女性的思维方式上。依赖于自己的丈夫，可以使自己处于被保护之下，不必对自己的行为负责，并可以将生活中出现的困难与过失归咎于对方。依赖别人的生活是容易的，但是，正是这种依赖感导致了支配与服从，从而最终造成婚姻关系的破裂。

温馨小贴士

很多婚姻中的男女，往往在婚姻的生活中一不小心就掉进了婚姻设置的陷阱。因此在生活中，一定不要被婚姻的一些误区所骗。走出婚姻误区，你会发现你的世界依旧是风清月明。

小测试：你们夫妻关系如何

夫妻关系关系到家庭的幸福和谐，那么你们之间的夫妻关系如何？不妨来测一下。

1．当你们还是恋人的时候，关于未来家庭中的一些大事，例如买房、照顾父母、孩子教育等问题，你们会：

A．偶尔商量。

B．经常商量。

C．一人决定。

2．经过一段时间的婚姻生活，你觉得和对方结婚，是你生命中的一个：

A．失误。

B．还没有什么强烈的感受。

C．最聪明的选择。

3．你认为夫妻之间意见不合时，发生的争吵、怄气、互不理睬是一种什么样的行为。

A．最大的不幸。

B．这些事情最好不要发生。

C．这不是最重要的，最重要的是要尽快和好，不要真的伤了彼此之间的感情。

4．引起你们夫妻之间争吵、怄气最多的话题通常是：

A．经济问题。

B．对家庭以及家庭以外事情的认识以及处理方法。

C．认为另一方对自己不忠诚。

5．你们夫妻对性生活的共同感受是什么？

A．不仅仅只是感情的融洽，往往也对下一次的性生活充满了向往。

B．总是可有可无，例行公事。

C．仅仅是感情较为融洽的交流。

6．你和爱人对性生活的要求是：

A．质量兼顾。

B．只看重量。

C．只看重质。

7．你们家中的家务劳动总是：

A．双方都乐意去做。

B．推给一方。

C．合理分担。

8．夫妻吵架以后，言归于好的过程一般是：

A．一方让步。

B．互相让步。

C．都不愿意让步，求助于其他外力帮忙。

9．你和你的爱人生活属于：

A．常年不在一起，一年难得一见。

B．常年在一起，从来没有分离过。

C．只在特殊的情况下才会有暂时的分离。

10．在教育孩子的方法问题上，你和你的爱人：

A．意见一致。

B．分歧非常严重。

C．很少有不一致的情况。

11．闲暇时间，你和你爱人总喜欢这样度过？

A．每次都会选择不一样的方式。

B．享受二人世界。

C．和亲友一起度过。

12．你认为最理想的夫妻关系应该是什么状态？

A．彼此都比较如意。

B．如意之中有一些小插曲。

C．平平淡淡，过得去就行。

试题 \ 答案	A	B	C
1	3	1	5
2	5	3	1
3	5	3	1
4	3	1	5
5	1	5	3
6	1	5	3
7	1	5	3
8	3	1	5
9	5	3	1
10	1	5	3
11	3	1	5
12	5	3	1

记分方法

12~22分，A型；23~46分，B型；47~60分，C型。

结果分析

A型：真是一对令人羡慕的夫妻！

很多人都说，婚姻是爱情的坟墓。但对你们来说，婚姻不是爱情的坟墓，而是更深的依恋。当然，有些时候你们也会闹些小矛盾，但只会增加你们夫妻之间的感情，不仅无碍，还会在平静的生活中增添一抹亮色，等到乌云过后，你会发现，爱的天空会更加蔚蓝，而你们之间的感情也会更加深刻。

B型：你们可以称为一对好夫妻，但如果再努力一下，就会达到更加完美的境界。

一般来说，你们之间的夫妻关系还算是比较理想，但是也存在着很多不稳定的因素，对此不能忽略。要注意：即使彼此有着相同的起点，但是不等于有着相同的终点，更不等于在婚姻生活中你们夫妻之间的感情永远美满和谐，但是面对许多不理想的因素，不必懊恼，应把它们当做是一种正常的现象。关键是要培养共同的价值观，因为婚姻也同样需要积累经验，才能够让两个独立的个体更好地交流和融合，以达到更加完美的境界。

C型：注意，你们的夫妻关系存在一些危险的因素。

婚姻，从某种意义上来说是一种爱情的升华。可能你们的婚姻缺乏爱的基础，即使相安无事，也只不过在委曲求全，即使你们已经做出了很大的努力，试图得到改变，但是仍没有什么理想的效果，长期夫妻关系失调，感情难以沟通，即使终日相处也感觉不到快乐和幸福，这样一来就很容易引起感情的外在宣泄。或是大吵大闹，或是僵持冷战，所以你们很有必要学一些夫妻相处的技巧。如果你们都还很珍惜夫妻之间的这份缘，就一定能够解开你们心头的这个结。

第三章 都市生活的变奏曲——婚外恋

如果说，阳光下的恋爱是三月的春天，让身处其中的人如沐春风，那么角落里的婚外恋就是火柴划过的一瞬微焰，剩下的就只是一点炭黑。面对婚外恋，面对爱人，面对家庭，你做过什么，你又尽了多少责任？

一、常见的男性婚外恋心理

对于许多人来说，婚外恋已经不再是一个新鲜的名词，它就如同爱情和婚姻一样，是人们永远也说不完的话题。可以说，它是都市生活的变奏曲，撞击着每一个处在婚姻中男女的心扉。

婚外恋中男女的心理是非常复杂的，不同的人也有着很多的不同。拿男性来说，他们中的很多人在发生婚外恋时往往向情人承诺，一定会与妻子离婚。然而，说过这样话的人没有几个实现了自己的诺言。很多的时候，他们就像一个迷路了的孩子，徘徊了一大圈之后依旧发现只有自己的"发妻"最好。

一般来讲，常见的男性婚外恋心理主要有以下几种。

家庭、事业、社会地位远远要重于婚外恋

在很多男性的心理，婚外恋只不过是生活中的一段小插曲，只能供百无聊赖的时候拿来消遣，而且永远也上不了台面，必要的时候，会把这段插曲甩得远远的。尤其是当婚外恋与自己的家庭，或者事业、社会地位相冲突的时候，最有可能被抛弃的就是婚外恋。因为男人是很要尊严的一种高级动物，要他们在江山和美人之间选择，他们会义无反顾地选择前者，至于婚外恋，他们往往会忍痛割爱。当然，他们更希望家庭、事业、社会地位、婚外恋能够齐头并进，这样他们将会活得更加潇洒，更加得意。

"动情"不"动心"

我们必须承认这么一个事实，很多人面对美丽漂亮的女士是不能够自持的，而且长期家庭的生活，男性面对的往往是同一张面孔，有时难免会感到厌倦。当然，很多男子并不是在婚姻发生危机时才误入禁区，不少人只是自控力较差、一时冲动而"失足"，因此他们对婚外恋人大多只是"动情"而没有"动心"，也较少全身心地投入感情。

对妻儿怀有愧疚之心

很多的夫妻，都是从共患难中走过来的，而且大多数女性在家中都是非常称职的，对家庭，对孩子，对老人都尽了她们应尽的责任和义务。对于一些有妇之夫来说，在家庭中他们大多并不缺少基本的生理和心理满足，也不缺少甜蜜、幸福。只是面对婚外恋有一种好奇的心理，有的只是抱着试一试的态度，结果当他们在情人处头脑发热或出于无奈做出"休妻"的承诺后，回到家中，看到把家里装扮得温馨的妻子，或许会突然明白，能够与自己相守一生的人并不是与自己发生婚外恋的人，而是自己的妻子。想到自己的种种，他们难免会对自己的妻儿产生一种愧疚之情。

理智大于情感

在女性的世界里，很多的时候，是情感大于理智的，一旦陷入情感的旋涡，她们就会义无反顾，但是男性不一样。我们不可否认的是，男性往往比女性花心，他们渴望情人能给自己带来如痴如醉的新鲜感和沁人心脾的罗曼蒂克，但是他们又需要一个温馨安全的情感归属，正是因为这个原因，很多的男性才会渴望产生婚外恋，有个一生一世的情人。但是，一旦情人和家庭难以两全时，他们会非常理智地做出决断，保全家庭而放弃情人。所以，在理智和情感面前，他们是非常明智的。

游戏爱情，寻欢作乐

我们不能否认有很多男性往往为了满足自己一时的私欲或者是追求感官的刺激，把情人当做临时替补和玩弄的对象，而一旦他们感觉到腻了，或是情人的存在妨碍自己利益的实现，那么他们会义无反顾地把情人踢开。

对于男性来说，人生的最终目标是事业的成功和家庭的幸福，失去了一个方面，都会产生遗憾。但他们往往为了事业的成功可以努力奋斗，在维系和发展夫妻感情上却很少用力，以至于走进婚外恋，奏响婚外恋的变奏曲。

二、常见的女性婚外恋心理

在现今这个社会，婚外恋成了都市婚姻的变奏曲，很多职业人士或许为了时髦，或许为了性爱，纷纷踏进婚外恋的怪圈。相对来说，女性婚外恋的一般历程是"厌旧喜新""弃旧图新"，而很少"喜新不厌旧"。她们在追求婚外幸福时往往比男子更勇敢、执著，不少人敢于蔑视主流文化，顶住种种社会压力，甚至放弃子女抚养和财产利益，而与丈夫毅然决裂，破釜沉舟。然而迟迟不见情人迈出实质性的一步，以至自己人财两空、进退两难。

一位女性曾经向心理医生袒露了自己的故事：

"16年前我20岁，经人介绍了一位男朋友，可以说是一见钟情。但是好景不长，不到一年的时间，我就感觉他对我的态度变了很多，没有刚开始时的温柔和激情，凭着女人的直觉我知道他动摇了对我的爱。于是，自尊心强烈的我主动提出了分手，仅仅10个月的初恋就这样结束了。然而没有想到的是，初恋对我的影响远远超出了我所估计的范围和时间，我竟然难以把他从我的心底抹去。

心灰意冷之后，又经人介绍我认识了现在的丈夫。他虽然性格内向，心胸狭窄，但是忠厚善良，踏实能干，而且对我的父母很是照顾和孝敬。几个月之后，恰逢他的单位分房，于是我们就匆匆地踏上了婚姻的红地毯。可是婚后却发现我们根本合不来，在巨大的痛苦中，我甚至想到了离婚，可是看着嗷嗷待哺的孩子，不得不放弃这种想法。

在告别了初恋情人8年后，我仍旧难以忘记曾经在一起的点点滴滴。再后来，我们邂逅在一个朋友的婚宴上。刚开始的时候，我们只是像朋友一样见面，也知道了他生活得很幸福，我不想破坏他的家庭，只满足于在他空闲的时候和他在一起谈谈心，吃顿饭，这是我最开心的时候。偶尔，我们在条件允许的情况下也有过性爱，就这样我们的关系持续到现在。

我真的很爱他，真的希望能够和他朝夕相处，可是我知道这只是我心底的一个梦，我不能为了自己的爱去伤害两个家庭，尤其是他的妻子和孩子。曾经想要离开他，可是又控制不了自己的感情，因为我曾经尝试过在没有他的日子里，我是怎样的痛苦和无奈。很多时候，我想对丈夫好一点，亲近一点，把对他的爱转移到丈夫的身上，我也努力过，可是做不到。如今我掉进了感情的旋涡里面，却怎么也不能够自拔。我想到了死，我想这可能是我解脱的唯一办法，这个念头在我的脑海中久久不能逝去，可是我真的很留恋这个世界，但是我很害怕有一天我真的会做出自己不愿意做的事情……"

其实，很多的时候，女人太容易相信自己的直觉，又总是以为情人也会对自己朝思暮想，如若这样想的话，就大错特错了。在婚外恋的恋情中，如果是女性主动投怀送抱，那么没有几个男性会大方地放送自己的感情。所以，很多时候，婚外恋不值得你要死要活地去歌颂。因为不管怎么样，婚外恋对配偶以及家庭的伤害都是非常严重的，而且很多的时候都没有办法来弥补。

一般来说女性发生婚外恋，常见的心理主要有以下几种。

女性大多把爱情当做人生的主旋律

她们也只有在对情人"动心"的前提下才会冒风险去尝试婚外恋，并在热恋中轻信心上人的承诺，从而痴迷地、忘情地投入自己的全部精力去"日吐情思夜织网"。为了与心上人再结鸾凤，她们不顾事业前程，也不惜与父母、子女反目，甚至甘愿牺牲女性最宝贵的名誉，其中一些人即使在自己的夙愿已成"黄粱一梦"时仍苦苦地等待、美滋滋地遐想，乃至终身不婚或者以身殉情。

女性往往很难把性和情相分离

女性往往不像男子那样没有爱也可消遣、没有情也可获得性快感，而只有在自己的感情需求获得满足时才愿意付出性，并达到性情相融、灵肉合一。她们在与情人间的凝聚力与日俱增的同时，与丈夫的关系则每况愈下，以至日益无法忍受"身在曹营心在汉"的煎熬，因此只有早日了断这令人难堪的多角恋纠葛，才能解除精神和肉体上撕裂般的痛苦。

女性害怕因红杏出墙而遭丈夫虐待

一般来讲，男性都希望自己的妻子专一、贞洁，所以一旦得知妻子红杏出墙，不少人会对妻子进行羞辱、虐待和报复，把妻子推到一去不复返的道路。所以，当东窗事发，就算一些妻子有想要回去的欲望，可是想起不会原谅自己的、凶神恶煞的丈夫，她们往往会放弃心中的这种想法，在婚外恋这条路上越走越远，无法自拔，最后毅然与丈夫分手。

可见，在婚外恋这个美丽的陷阱中，受罪最大，受伤最深，痛得最狠的依然是女性。因此，在婚外恋的问题上，女性应该好好地省悟与反思。

························ **温馨小贴士** ························

什么事情都不可能是一帆风顺的，所以，在婚姻的道路上，一定要克制自己，不要误入婚外恋的怪圈。同时，如果爱人发生了婚外恋，一定要保持冷静，学会妥善处理，尽量争取最好的结局。

三、婚外恋心理调适

人的一生，不管走的是什么样的路，都不可能是一帆风顺的，包括婚姻。很多的时候，婚姻之所以会破裂，会崩溃，很大程度上是因为其中的一方发生了婚外恋。面对爱人发生婚外恋，你会做何反应，是怒目以对，毅然而决然地选择离开，还是想尽种种办法，尽力把对方挽留在自己的身边呢？

下面关于婚外恋心理的调适办法，希望对你有所帮助。

冷静分析

当夫妻一方发生婚外恋时，另一方常常会因受到伤害而作出激烈的反应，如立即找律师办离婚，或者把事情捅到亲朋好友那儿。其实，这样不但于事无补，还会把事情弄得更复杂。为此，如果你还想挽救婚姻，就要让自己先冷静下来，然后再作打算。

不要到处哭诉

爱人发生了婚外恋，不管你是怎样的痛苦，但是记住不要到处哭诉，或者指控爱人的背叛。如此一来，只会让丈夫感觉自己没有面子，以至于无地自容，甚感羞辱，更坚定了离开你的决心。

以同样的方式报复

有的夫妻中的一方在发现对方有婚外恋后，往往会采取以牙还牙的方式外出找情人，以图报复。岂不知，用报复手段来对付对方，不仅表明自身层次低下，还会把事情完全搞糟。

自尊自爱

当发现对方负心后，如果一味迁就，对丈夫的出轨行为装聋作哑，自欺欺人，结果会造成丈夫在错误的道路上越走越远，直到家庭破裂。专家指出，面对对方不忠时，受伤害一方应保持自尊自爱，在严厉地向对方发出警告的同时，帮助对方一起摆脱困境。

具体问题具体分析

导致对方发生婚外恋的原因有很多，其中有心理上的，也有生理上的，有客观的，也有主观的，不妨具体问题具体分析。不少重新和好的夫妻认为，双方推心置腹地分析交谈，不仅可以帮助一方尽快结束婚外恋，还会使他们的婚姻质量得到改善，从而避免对方再次发生婚外恋的可能性。

用爱心感化对方

调查显示，大多数"负心郎""负心女"对自己的配偶有负疚感，因而此时若能向其施以爱心，将会引发出奇制胜的效果，从而帮助他（她）最终摆脱婚外恋的吸引。

学会宽容

如果你还不想结束这段婚姻，而且对方已认错，就不妨宽容些。对不少人来说，可能很难做到。但事实是，你的宽容会使你们的婚姻关系出现转机，这比吵架、殴打、冷淡、告状、警告等其他手段在挽救婚姻上更能奏效。

不要拿孩子当砝码

任何时候，孩子都是无辜的，所以关于婚外恋的争吵，最好能够避开孩子，更不要把孩子拉扯进去，当做谈判的砝码。可是现实中有很多人，为了取得孩子的信任，总是故意在孩子面前揭发配偶的丑事，这样一来，孩子的心灵会产生很大的心理阴影，对孩子的成长也将是贻害无穷。

做好"第三者"的工作

发生了婚外恋，可以开诚布公地和"第三者"交流一番，把他（她）当做自己的朋友，你可以站在他（她）的角度来看待问题，进行一次良好的沟通，同时也请他（她）理解你，这样或许会收到意想不到的效果。

当离则离

如果你已经尽了很大的努力来挽回这段婚姻，但是事实却不能如你所愿，那么当离则离，因为双方再耗下去是没有任何意义的，否则不仅自己不快乐，还会伤害到周围的人。其实在这个世界上，谁离开谁都照样可以过得很好，何况，未来还有一段很长的路。

上面的一些心理调适主要是针对你的爱人发生婚外恋之时，你应该如何应对。另外，作为你爱人的爱人，作为他（她）生命中的另一半，你也要时时刻刻保持自尊自爱，提高自己的自制力，切莫自己先进入婚外恋的怪圈。

温馨小贴士

避免婚外恋，最重要的方法就是处理好夫妻之间的感情，让夫妻关系和谐美满，这样的话一切就都不可能发生，一幕幕婚外恋的悲剧也就不会上演。

四、婚外恋，为情还是为性

婚外恋，是一个说不尽的话题，因为它与感情、道德、性和社会之间存在有很大的关系。当"红杏出墙"和现代版的"陈世美"层出不穷地演绎成为一种接近"时尚"的情感镣铐，当越来越多的家庭蒙受婚外恋的困扰，当越来越多的男人和女人在感情和婚姻的夹缝中寻求解脱之道的时候，夫妻、"第三者"、孩子以及家庭伦理关系，都在面临着前所未有的危机和躁动。而婚外恋就像一列火车行驶在崎岖不平的轨道上，一不小心，就有脱轨的危险。

但是，我们始终不能弄明白的是，为什么许多男人会爱上那些未婚或者已婚的女人，而许多女性也会在结婚之后爱上已经结婚或者尚未结婚的男性。于是就出现了一些从精神到肉体，抑或从肉体到精神的婚外恋，可是，婚外恋到底是为情还是为性，一直不能为许多人弄明白，毕竟感情问题不是一道简单的数学题，很多的时候也不能理论出谁对谁错。在很多人看来，婚外恋为的是情，尤其是对一些中年人来说，他们已经有着成熟的婚姻阅历，对待性不再像年轻人那么冲动盲目。可以说，性已经不再是男女交往最大的吸引力。巨大的社会压力，日益疏于沟通的夫妻情感摆在中年人面前，他们更加需要一种情感和心灵的慰藉，需要在对方身上肯定自己，做真实的自己，找到生活的激情，而这种激情并不是单单靠性就能达到的，而是需要靠情感共鸣来获取。可以说，婚外恋对于他们来说更多的是为了一些精神上的寄托，毕竟，精神上的荒芜是一件非常可怕的事情，同时随之而来的孤独感更容易把一个人给打垮。所以，婚外恋的出发点是感情。

然而，也有很多人认为，发生婚外恋的很多人，为的是性。因为很多婚姻的不幸，其根本原因是性的不和谐。很多人都说爱是一心一意、爱是山盟海誓、爱是生死相许、爱是不顾一切、爱是柴米油盐、爱是酸甜苦辣……可是面对婚外恋，有几个人会考虑生死相许，会承诺一心一意，即使有也是欢娱之时的胡言乱语，更不用说柴米油盐了。婚外恋的生活中，上述这些更是根本不可能存在。而且，对于婚外恋来说，我们总说是偷情，听到谁在搞婚外恋，我们的第一反应就是他们已经发生什么关系了，而很少会去想他们之间是不是存在真爱？这就是很多人认为的婚外恋，以情为幌子，以性为目的。

也有很多人认为，男性发生婚外恋为的是性，而女性发生婚外恋为的是情。

因为一个男人如果对一个女人产生了一种叫做爱情的情感时，那么他刚开始的时候，很可能是因情而发，但是相处得久了，他就会处心积虑地想如何得到女性的身体。而女性则不同，她之所以会发生婚外恋，付出的纯粹是自己最真挚的感情，而绝少是为了性。所以，男人的婚外恋多是以性为直接目的，他们寻求的是新鲜的感官刺激；女人的婚外恋多是以情为目的，她们寻求的是丈夫无法给予的精神慰藉。

于是很多男人得到女人后，会觉得累，那是因为男人得手后爱情开始变冷，而女人的爱情感觉则刚刚开始。于是发生婚外恋之后，男人想的是如何结束情缘，女人则想如何天长地久。至于把性与情分开，对男人来说，是一种人性的浪漫，而对女人则是一种人性的折磨。

于是，婚外恋对男性来说，没什么负担，拿得起放得下，回家照样对老婆亲亲热热；女人一旦着火就没救了，再也不许老公碰自己一下，她可以藐视传统，无视家庭和孩子，破釜沉舟，不知回头，一心去寻找自己心目中的伊甸园。

所以，在所有的婚外恋当中，一般而言，男人偷情，为的是得到性，而女人偷情，为的是男人对她的那份情意。许多人都说婚外恋是偷情，但对于男人来说，偷的就是偷的，偷到以后便不觉得那么珍惜了，就如同不会珍惜身边的其他东西一样。而女性则往往会失去自制力，她们希望长久地拥有偷的东西，结果最后受伤害的还是自己。

温馨小贴士

婚外恋是一场诱人上瘾的赌博，不管输赢，不管赌注是情还是性，很多人还是甘愿下注，哪怕是血本无归。

五、天亮以后说分手——一夜情

一夜情又被称为"一夜性"或"艳遇"，它是人类情感的一种存在形式，正因为它短暂，因此给人带来的情感体验经常是深刻而悠久的。

很多的时候，或许是在某次单独旅行的旅途中，因为一时的失控，你便和别人发生了一夜情；也有的时候，可能是在酒吧，在嘈杂暧昧的音乐和酒精作用的促使下，你不由自主；也可能是因为一次赌气地离家出走，为了报复和发泄，你选择了一夜情……只是，仅仅是一夜，在天亮以后就提出了分手，而后就是两个互不相识的陌生人。

当然，或许你会怀念那短暂的一夜，但是美好的东西往往是短暂的，正如那小小的流星和烟花，若不是惊鸿一瞥，有几个骚人墨客会为它们魂销肠断，吟哦感伤？从旁观者的角度来看，因相互爱慕不能自已而自然而然发生的一夜情，无疑是唯美的。但身在其中的你，或许会生出很多的痛苦和怨悔。

到底什么才是真正的爱情呢？它是一种被社会公认的、男女彼此拥有的形式，还是不同的个体在内心被自我认同的情感体验？爱的形式和体验或许是应该同时存在的，正如灵魂和肉体一样。其实，一夜情也是人类情感存在的一种形式，但是我们往往会在一夜情之后不再相信爱情，开始躲到伤心的幕后，去发展爱的免疫和防御能力。很多时候，我们迫切需要一种能证明爱情的形式，同时又对这种形式寄予太多的期待。而成熟的人会选择细细品味爱的甜蜜，因为他们不担心失去，也不会急于求成。

那么，为什么会有很多人来选择一夜情呢？他们又是出于一种什么样的心理呢？

受伤心理

一般来说，发生一夜情的人主要是那些刚刚失恋的年轻人。特别是对于女性来说，最多的情况就是被男朋友抛弃了，而这个男朋友往往是她们生命中的第一个男人，第一个以为可以托付终身的男人。所以在和他们分手后，心理受到极大的伤害，不再相信爱，于是故意放纵自己，用一夜情来弥补自己心灵上的伤口。

愤怒心理

具有这种心理的人往往脾气比较暴躁。在和恋人或者妻子发生矛盾之后，故意用一夜情来平息自己的心情。其实他们只是想要发泄一下自己心中的怒气，故意让对方生气，同时他们也可能会这样想，"反正已经没有人在乎我了"。但往往在发生一夜情之后，他们会后悔自己的所作所为，甚至可能是一失足成千古恨，因为一夜情之后得到的往往是对方的分手。

孤独心理

很多个漫漫长夜，当恋人或者丈夫（妻子）不在身边陪伴的时候，很多人心里就会产生出一种难言的孤寂，这种孤寂似乎会把他们的心给掏空。于是，许多人选择了一夜情。其实他们对性的需要并不大，只是想找个人陪陪自己，和自己度过漫漫长夜，以填补自己内心的空虚，满足自己对温暖的向往，消除自己对孤独的恐惧。

好奇心理

现在报纸、杂志、电视、网络上充斥着各种各样关于性的知识，诱惑着很多的年轻人，使他们对性产生了很大好奇心，再加上没有很强的自制力，往往成为一夜情的牺牲品。

温馨小贴士

一夜情或许只是你生活和情感的一种点缀，如同你在网上冲浪一样，你发现曾经无数次点击的网站其实并非你的期望所在，但没有关系，还有很多其他链接可以点击进入。

小测试：你家会有"第三者"出现吗

不要幼稚地认为，只要结婚就能拴住一个人的心，对方就会对自己忠诚，这个世界充满太多的诱惑，说不定什么时候你的他（她）会失足落水，这种事情在现在太常见了，你能否看得住他（她）？你们家会有"第三者"出现吗？请做下面的测试。

1. 他（她）是否一有时间，就躲在房间里看一些淫秽书籍或者是黄色录像？

A．是的。

B．不是。

C．偶尔有几次。

2. 你们两个的年龄相差十几岁，双方对这个问题都比较敏感，是这样吗？

A．是这样。

B．不是。

C．不确定。

3. 很长时间了，你们的夫妻性生活极其不和谐，是吗？

A．是这样。

B．不是。

C．有点。

4. 你常常会因为忙工作、忙孩子、忙老人的事情而忘记关心一下对方吗？

A．是。

B．不是。

C．不确定。

5. 他（她）是否经常瞒着你到外面逛街或者去歌舞厅？

A．是。

B．不是。

C．不确定。

6．在谈恋爱的时候，你觉得对方很有吸引力，可到结婚后想法变了？

A．是。

B．不是。

C．不确定。

7．如果他（她）手里有钱，就会无节制地花，一点也不管家里的事情吗？

A．是。

B．不是。

C．有时候。

8．你们的夫妻关系本来很好，但是由于种种客观原因把你们之间的距离拉得越来越大，甚至出现了感情淡薄的现象吗？

A．是。

B．不是。

C．不确定。

9．你和对方常常因为与异性的交往而吵架，每次吵完后，都很难平静下来。是这样吗？

A．是。

B．不是。

C．不确定。

10．他（她）是否常常喜欢拿孩子撒气？

A．是。

B．不是。

C．有时候。

11．对方很少主动提出要求和你过性生活，是吗？

A．是。

B．不是。

C．不确定。

12．最近一段时间，你的丈夫（妻子）时不时会在你的面前夸奖某个女人(男人)，是吗？

A．是。

B．不是。

C．不确定。

记分方法

选择A得2分，选择B得0分，选择C得1分。

结果分析

0～8分：你家不会有"第三者"出现。你们的家庭关系很稳固，没有谁能轻易攻破你们的城池，所以，你不用着急，也不用心慌。当然，这个世界千变万化，你最好是防着点儿，发现端倪，及时解决。

9～16分：你家会有"第三者"出现的可能。所以，现在的你应该多注意防范，对他（她）多一些关心和爱护，要笼络住对方的心，要不然，说不定哪天就会有一些条件优异、手段高明的"第三者"乘虚而入。

17～24分：你家很有可能有"第三者"的出现。你家现在的情况有些危险，你们的婚姻已经快到分手的地步，也许你还没有觉察。建议你及时消除你们之间的误会，弥补感情上出现的危机，不要给"第三者"留下任何落脚之地。

第四章 不要和陌生人说话——家庭暴力

很多人以为步入婚姻的殿堂就可以过上王子、公主般的生活。但千年修得共枕眠的那个人一夜之间就变成一个青面獠牙的陌生人。昔日的温存顷刻之间化为乌有，拳打脚踢代替了贴心呵护，冷嘲热讽代替了甜言蜜语……面对家庭暴力，你会怎么做？

一、家庭暴力的含义

提到家庭暴力，或许大家都不会感觉陌生，几年前的一部电视剧《不要和陌生人说话》讲述的就是家庭暴力，如今想起，我们还是心有余悸。那么，什么是家庭暴力呢？

我国最高人民法院在《关于适用〈中华人民共和国婚姻法〉若干问题的解释》中明确规定了家庭暴力的含义。家庭暴力，是指发生在家庭成员之间的，以殴打、捆绑、禁闭、残害或者其他手段对家庭成员从身体、精神、性等方面进行伤害和摧残的行为。家庭暴力直接作用于受害者身体，使受害者身体上或精神上感到痛苦，损害其身体健康和人格尊严。家庭暴力发生于有血缘、婚姻、收养关系的生活在一起的家庭成员间，如丈夫对妻子、父母对子女、成年子女对父母等。妇女受丈夫的暴力侵害是最普遍的，她们受到的身心伤害也最大。一般来讲，家庭暴力主要指丈夫对妻子施暴。

家庭暴力具有如下特征。

（1）加害方与受害方属同一家庭成员，双方具有特殊的血缘关系或姻亲关系。

（2）加害方往往在家庭中、在经济上、体力上等方面占有优势。

（3）一般情形下，家庭暴力不是一次性实施的，具有经常性。

（4）加害方往往在主观上认为自己的暴力行为没有违法，把暴力行为视为自己的"权利"。

近年来，我国家庭暴力问题在一些地方比较突出，因家庭暴力导致离婚和人身伤害的案件逐渐增多。家庭暴力的直接受害者主要是妇女、儿童和老人，因此，我们必须严厉打击家庭暴力的违法犯罪行为，有力地保护妇女、儿童和老人的权益。

为了明确禁止家庭暴力，加强对受害者的保护和救助，并考虑到与《婚姻法》和其他法律有关惩治家庭暴力违法犯罪行为的规定相衔接，我国《婚姻法》增加了下列规定：

（1）在总则中明确规定禁止家庭暴力，禁止家庭成员间的虐待和遗弃。

（2）实施家庭暴力或虐待家庭成员，被害人提出请求的，由公安机关依照治安管理处罚条例的有关规定予以行政处罚，构成犯罪的，依法追究刑事责任。

（3）对正在实施的家庭暴力，受害人有权提出请求，居民委员会、村民委员会应当予以劝阻，公安机关应当予以制止。

（4）一方以暴力或虐待、遗弃家庭成员，另一方要求离婚的，调解无效，应准予离婚。

（5）因暴力、虐待、遗弃家庭成员导致离婚的，无过错方有权请求损害赔偿。

虽然家庭暴力已经纳入法制轨道，但它并没有随之消除。家庭暴力后果严重，危害性极大。其危害主要表现在以下几点：

（1）严重影响家庭的和谐。在一个家庭中，如果经常发生家庭暴力，肯定会影响夫妻之间的感情。当受害者无法忍受施暴者的暴力时，很可能就会诉诸法律，或者选择离婚、离家出走，甚至通过以暴抗暴等途径摆脱遭受的暴力，致使家庭破裂、毁灭。近年来，越来越多的家庭暴力案件说明了这一点，离婚率的极大提升，也跟家庭暴力有着很大的联系。

（2）对子女的正常生活和健康成长有着很大的不利影响。经常发生家庭暴力的家庭，对孩子的身心健康有着严重的影响。特别是直接对孩子施暴时，更容易使孩子产生恐惧、焦虑、厌世的心理，轻者影响孩子的情绪，使他们自卑、孤独，讨厌学习和生活，严重者使孩子们离家出走，荒废学业，甚至走上犯罪的道路。

（3）家庭暴力严重侵害了受害人的人格尊严和身心健康，甚至威胁生命。在很多具有家庭暴力的家庭，受害者往往受到不同程度的伤害，其人格尊严、身心健康，甚至生命都不被施暴者放在眼里。

（4）家庭暴力是社会的一种不稳定因素。在我国一些闭塞、贫困和人们思想相对愚昧的地区，受害者往往不知道用法律保护自己，在忍气吞声、长期遭受暴力的扭曲心态下，采取了法律禁止的手段——故意杀人等一些非常残酷的行为，酿成恶性事件。因此，家庭暴力是现代社会的一种隐患，极大影响着家庭的和谐与社会的稳定，是社会中一种极不稳定的因素。

那么，产生家庭暴力的原因是什么呢？从心理学的角度来讲，主要有以下几点原因。

婚外情

据调查，由婚外情引起的家庭暴力占家庭暴力的30%。这是因为一些人在各种传统的、现代的、本土的、外来的思想、文化、观念、习俗的激烈碰撞中，迷失了方向，道德观念特别是婚姻道德观念发生了错位。一些男性视糟粕为时尚，以拥有"婚外情"作为向人炫耀的资本，有的在外与"二奶"长期非法同居，生儿育女。回家则对妻子"横挑鼻子竖挑眼"，使妻子"左右不是"，以种种借口逼迫妻子离婚，更有甚者，将所包"二奶"带回家中居住，把妻子赶出家门，妻子稍有反抗，则会招致家庭暴力。

男性心理变态

一些男性性格扭曲，心理变态，常常无端怀疑妻子生活作风不检点，不许妻子和别的男性说话，不许妻子为贴补家用外出打工赚钱，妻子若有反抗，就会遭到家庭暴力，另有一些男性具有很多不良习惯，同时认为妻子既然嫁给自己，自己就具有占有权，因此把妻子当做奴隶来用，稍不顺心就拳打脚踢，威逼恐吓。

大男子主义

严重的大男子主义思想作祟引发的家庭暴力在很多家庭中也较为常见。一些男性大男子主义思想根深蒂固，总是以居高临下的心态任意摆布和欺侮妻子，以打骂妻子为能事，常常因为一点点生活小事，对妻子大打出手，以此来满足自己"男子汉大丈夫"的自尊心。

受害者的忍耐心理

有很多受害者，在遭受家庭暴力之后，往往不知道反抗，更不会拿起法律的武器来拯救自己，他们选择忍气吞声，妄图以此来感化对方。而施暴者也正是抓住了他们的这一心理特点，变本加厉地对对方进行虐待和施暴。

·············· 温馨小贴士 ··············

根据世界卫生组织的调查，全球48个国家都存在着程度不同的家庭暴力，各国妇女受暴力的比例有所不同，我国有30%妇女都遭受过家庭暴力。

二、男性病态心理与家庭暴力

近几年来，家庭暴力现象已经成为一种不可忽视的问题，并且在我国呈现逐步上升的趋势。在家庭暴力中，施暴者往往是家庭中的统治角色的丈夫或者父亲，受害者常常是妻子和儿童。面对家庭暴力中施暴者的残暴的行为，人们往往会感到愤怒，觉得此人真是野蛮，简直不可理喻。然而，根据心理医生的临床经验以及心理专家的研究发现，家庭暴力中的施暴者，尤其是男性，往往具有如下病态心理。

自尊心较强

通常，施暴的男性当中有很大一部分自信心不足，但是自尊心又比较强，他们没有办法接受配偶比自己在社交上活跃、事业上成功，更不能忍受家庭的顶梁柱是妻子。于是，他们不是有意无意地贬低妻子，就是关起门来修理收拾妻子，以获得心理上的某种平衡。

强烈的妒忌心

有的丈夫见不得妻子打扮，更不允许妻子独自去参加聚会什么的，更不允许妻子和男同事，以及陌生人说话，他们会无端地怀疑妻子有外遇，于是用暴力来发泄心中的不满，导致这种家庭暴力的主要原因是夫妻之间的不信任。其实，只有信任对方，才能够让对方信任自己，从而得到和谐的夫妻关系。

责任过重

有的丈夫因为肩上担负的责任过重，因此要承受比别人更大的工作压力。同时，由于在外的时间较长，难免会遇到挫折打击，加之没有恰当的发泄途径，而自己又不会调整自己的情绪，酒后无法控制情绪，所以就容易对妻子和孩子实施暴力行为。

家庭影响

很多施暴男性，其父亲往往就有着极强的暴力倾向，而他们的母亲包括他们自己，又没有进行反抗。于是，他们从小就目睹了家庭中的暴力事件，潜移默化地学会使用暴力处理家庭问题。

自以为是

在家庭暴力案件中，其中有很多是高级知识分子、高社会地位者。他们认为是自己为家人提供富裕的物质生活，家人理应照自己的想法行事，当自己的权威受到挑战时，他们往往不顾自己的身份和地位，选择用家庭暴力来捍卫自己的权威。

大男子主义

虽说现在社会思想观念已经十分开放，但是有很多人还是大男子主义特别严重。他们认为女性嫁给自己，自己就拥有了占有和使用权；孩子也是一样，自己有权利对他进行任何方式的管教，别人无权干涉，因此就出现了家庭中的暴力事件。

心理专家指出，现代社会竞争日益加剧，男人不可避免在工作、生活中有各式各样的压力、困惑和烦恼。但是必须学会调节控制自己的情绪，不能因为自己的情绪不好，而把责任迁怒于他人，更不应该使用武力进行解决。其实调节情绪的方法有很多种，例如闲暇的时候，可以去爬山，去游泳，找朋友谈心，聊天等，如果实在控制不住自己，可以选择离开自己生活的环境，暂时避开自己生活的世界，以免导致令自己后悔的结果。

·················· 温馨小贴士 ··················

健康的心理对一个人很重要，因为它不但对自己的成长和健康有利，同时也会使你周围的人少受一些伤害，尤其是对那些具有病态心理又具有暴力倾向的男性更是如此。

三、常见的家庭暴力有哪些

家庭暴力的表现形式是多种多样的，一般来讲，主要有身体暴力、精神暴力、性暴力、约会暴力等。

身体暴力

身体暴力是家庭暴力中最易被认定的一种形式，通常受害者是在身体和精神上都处于弱势的女性。身体暴力是指女性在婚姻家庭生活中受到男性一方的恶意殴打，给身体造成严重的伤害，身体暴力又被称为"肉体暴力"。

王静莹是台湾地区著名的模特，但不幸的是她却遇到了一个具有暴力倾向的丈夫。一次记者招待会上，王静莹向记者出示了自己的验伤报告，哭诉婚后曾经六七次遭受丈夫暴力殴打的事实。但是，她的丈夫则回应说，她的指控纯属虚构，并且他希望王静莹不要精神紧张，要赶快回归家庭。

电视剧《不要和陌生人说话》中，男主人公安嘉和就是一个典型的施暴者，而其妻子梅湘南就连在怀孕期间也不能摆脱他的魔掌，不过最后向来软弱的梅湘南还是用法律保护了自己。而现实生活中有很多人却不知道用法律武器来捍卫自己的权利。

一般来讲，造成身体暴力主要有如下三种原因：

（1）男权思想：现代社会，男性至上的大男子主义思想仍旧统治着很多人的思维，使得他们动不动就用武力来解决家庭生活中出现的各种问题。

（2）家庭经济原因：婚后双方在经济收入上常常会失去平衡，也有很多女性在经济上过分依赖男性，因而在家庭内部失去了发言权。

（3）心理学原因：如偏执型变态人格（易怀疑配偶不忠并采取暴力的方式来"教育"妻子）、无情型变态人格（子女往往成为家庭暴力的主要对象）、暴发型变态人格（情绪自控力差，极易暴怒）。

精神暴力

精神暴力又称为"冷暴力"，表现为双方长期互不理睬、互不交谈，或者互相出口伤人、冷嘲热讽，或在精神和心理上威胁、恐吓对方，甚至停止性关系。特点是不发生激烈的肢体冲突，表面上看似双方相安无事，因而又称其为"冷暴力"，但是实际上被动一方则受到了慢性的精神折磨，最终导致了精神上的紧张、恐惧，对婚姻生活产生了绝望，严重者可能罹患精神疾病。

看过《中国式离婚》的人都知道，其中的男主角宋建平有着很高的医术，却屈居一家国营医院，但是他的妻子林小枫却受不了他的平庸，经常冷嘲热讽，几乎离婚。后来，宋建平辞职去了一家薪水很高的外资医院，两个人却又陷入了宋建平感情"出轨"的真真假假、重重疑云之中。于是，冷战，互相折磨，所有的感情交流被沉默、猜疑、遮掩和躲闪取代，整个家庭的气氛降到了冰点。

家庭"冷暴力"还包括轻视、冷淡、疏远和放任，最明显的特点就是忽视对方的存在，两个人的语言交流降低到了最低限度。它的存在并不因宗教、文化、教育背景的不同而不同。

性暴力

性暴力是指男女双方在有实质性婚姻关系的情况下，男性在女性非自愿的情况下强行与之发生性关系，或以暴力手段对女性的性器官实施虐待和摧残。这类家庭暴力在法律和伦理上的定性有一定的难度。

《今夜无人作证》讲述了这么一个故事：房地产商吴强是一个具有多重人格的心理变态者，他新婚不久的妻子霍红不能接受其变态的性行为而提出离婚。吴强不想离婚，企图与妻子霍红重归于好，被妻子拒绝后，恼羞成怒，殴打妻子并强行与妻子发生了性关系。

夫妻间的性行为长久以来都被认为是"合法"的"权利和义务"，是难断的"家务事"。很多女性生活在丈夫性强迫、性虐待的阴影下，却因为传统的观念而难以启齿。在这类家庭暴力的案例中，男性的性心理往往比较自私，完全为了满足自己的欲望，或维护自己的面子。性心理的变态，"多重人格"的心理扭曲，都是导致家庭性暴力的因素。

约会暴力

约会暴力是一种新形式的家庭暴力形式，暴力双方大多为尚未组成家庭的恋人关系，在相处或约会的过程中产生矛盾，发生暴力冲突，于是一方对另一方进行暴力伤害。

2003年，在北京一所著名学院读书的张某在学校对女友大打出手，使其鼻骨骨折，视力下降。事情发生不久，张某即被勒令退学，而其女友在此事件发生之后性格大变，心理受到了严重的打击和伤害。

客观来说，在尚未建立婚姻关系的男女之间发生的暴力行为与一般意义上的暴力行为毫无区别。但是有一点比较特殊，在男女恋爱的关系中，一方常因此而放松自我控制，在一种近似"占有"的心态下缺乏对对方正常的身体尊重，导致行为过敏，完全丧失了平时的理性态度。同时另一方也可能因为恋爱关系而放松戒备，在一定程度上降低了自我保护能力，受到伤害也往往不能及时反抗。

另外，约会暴力中也存在着严重的约会性暴力，但是这一类案件的定性也同样存在着一定的复杂性。

温馨小贴士

　　家庭"冷暴力"可以说是一种全球公害，它不分种族，不分国界，不受地域、宗教、文化背景的限制。它像注入空气中的细菌一样从东至西，从南至北，没有任何一个角落可以幸免。

四、我的野蛮老婆

　　长期以来，我们看到的家庭暴力的受害者几乎全是女性，于是我们便习惯于把家庭暴力中施暴者的帽子戴到男性的头上。但殊不知，有很多的女性也是家庭暴力的施暴者，而男性却变成了受害者。

　　一位姓马的小伙子讲述了他遭遇过的真实的故事：

　　他28岁的时候，经人介绍认识了陈某。陈某比他小4岁，两人一见钟情，很快确定了恋爱关系。4个月后他入赘陈家，没有多久，两人正式举行了婚礼。"结婚前，她的父母就提醒我说，她的脾气有点怪，我还满不在乎。结婚后我才发现她左手臂上文了个老鹰，左手腕上还有烟头烫的一大片伤疤，我开始觉得以前不够了解她。"

　　"果然结婚才十三天，我的噩梦就开始了。那天半夜，老婆突然把我推醒，说我裹了铺盖，冷着她了，接着就动手打我，咬我。我不敢还手，又不敢声张，结果她把我满身抓咬得稀烂。第二天我要回我父亲那边去，她怕我父亲看到脖子上的伤，特地买了件高领T恤要我穿。出于爱面子，我照办了，也没给家里人讲她打我的事。她打了我不许我哭出声，还拉床被子蒙着我的头！"

　　"从那以后，她经常为一些琐碎小事就动手打我咬我，经常抓咬得我浑身没一处好的。我心想自己是个上门女婿，在这儿人生地不熟，一个亲戚朋友都没有，如果还了手肯定没我的好日子过，就一直不敢还手，每次挨了打就穿那件高领T恤遮丑。"小马承认自己的性格非常懦弱，每次挨打除了以泪洗面不知道该怎么办。有时老婆打了他连哭都不准他哭……

就这样，小马一直遭受妻子的虐待，直到有一天，他终于忍无可忍，选择了离婚。

从小马的角度来看，他感觉妻子比自己小，社会经验和阅历都比自己少，但是有些时候他的妻子非常任性，双方根本没有办法进行沟通。同时他妻子家里就妻子一个女儿，从小就娇生惯养，受不得一点委屈，而且在她的家中，母亲是一家之主，凡事均由母亲决定。虽然她的父母之间几乎没有发生过暴力事件，但是她的头脑中已经形成了固定思维，认为在家庭里面，妻子是"老大"。同时，他妻子以前结交的朋友多是一些街头混混，这无疑助长了他妻子的暴力倾向，再加上小马的懦弱性格，难免会发生家庭暴力。

其实很多的时候，家庭暴力是可以避免的，关键是你要学会如何与自己的"另一半"进行沟通。在这里有三个方法可以供你借鉴：首先是学会倾听，其次是学会表达，最后是学会商讨。学会倾听，这是夫妻相处中最关键的一个环节，可以先认真地听取一下对方是怎么想的，这是对对方一种最起码的尊重，同时也是一种爱的表示。在具体的操作上，夫妻要沟通顺畅，表达也是非常重要的。不是我认为好，那你就要听，你就要服从，而是我尊重你，我说什么，让你注意听，你也能够听得进去，并且能帮我分析解决问题。夫妻双方都注意对方在说什么，会减少很多不必要的误解，甚至冲突。最后一点是商讨，有一部电影的名字叫做《有话好好说》，既然两个人能够走到一块，夫妻之间要白头偕老走过一生，还有什么事不能够好好商量呢？如果注意了这三点，或许会减少很多家庭暴力。

温馨小贴士

现代社会，女性的社会地位已经得到了很大的提升。但是，这种提升不是让女性反过来压迫男性，而是要求女性能够与男性和平共处，建立良好和谐的人际关系、家庭关系、夫妻关系。

小测试：你可能使用家庭暴力吗

假如午夜你从噩梦中醒来，但是恰巧又遇见停电，此时，你最害怕的是下列哪一种情形?

A. 走廊上传来沉重的脚步声。

B. 朦胧的夜色下，窗外突然闪过一个黑影。

C. 沉沉的黑夜中，隐约听见有人哭泣。

D. 不知道因为什么原因，房间的门突然被打开。

结果分析

选择A:

你把婚姻中的暴力看得很简单，甚至认为是一种正常的举动，很多的时候，你往往只在乎自己的利益，不管对方的感受。但有一点，当对方忍无可忍时，你们的婚姻将面临解体! 夫妻之间是以尊重为根本的。

选择B:

你不喜欢表达自己的感受，包括你所爱的人。你对婚姻暴力深恶痛绝，同时你对家庭暴力行为怀有一种恐惧感，也可能是一个不幸的受害者，原因是你非常自卑，不信任任何人，要想结束你的恐惧感，就要试着把心中的话说出来。

选择C:

有时你会把家庭暴力当做你发泄苦闷的一种方式，你的潜意识里有种渴望暴力的倾向。也许你在家庭中受到的压抑太多，总之，你认为家庭暴力是解决问题的途径之一。但是，一旦实施，你就会感觉后悔，下决心不再重犯。但这样只会更加影响夫妻之间的感情，所以你一定要克制自己的暴力倾向。

选择D:

你对家庭暴力持谴责的态度。你认为暴力是一种非常野蛮的行为，因此主张用和平的方式解决问题。不过你是一个脾气很大的人，当对方试图向你施暴时，你会大发雷霆。所以，通常你的婚姻中不会出现家庭暴力。

第五章 怎一个"离"字了得

当婚姻走到尽头，当爱情到了什么也不留的时候，"把这份感触，写一份情书，送给我自己，感动得要哭……"的确，离婚是一块伤疤，是让人永远也无法消除的痛。但我们不应该因为这块痛，就放弃了追求幸福的机会。

一、离婚原因透视

"洞房花烛夜，金榜题名时"，结婚是人生中的一件大事。然而，随着社会的发展和时代的变迁，人们的婚姻观念却在不断地发生着变化，尤其是现在，离婚现象已经不足为奇。

如今，离婚案件在法院民事案件中已经占到很大比例。以重庆市合川区人民法院为例：2003年该院受理的离婚案件占整个民事案件的31%，2004年受理的离婚案件占整个民事案件的36%，2005年受理的离婚案件占整个民事案件的42%，到2006年上半年，离婚案件的比例已经上升到了48%。

从以上数据，我们可以以点带面地看出中国离婚现象的基本情况。另外还有一组历史数据：1980年中国内地结婚7 166 000对，离婚为341 000对，离婚率为0.7%。至1995年，结婚为9 297 000对，离婚则达到1 055 000对，离婚率为1.8%。15年间，离婚率上升了近三倍。1997年，中国内地离、结婚比率为13：100左右，而1980年这一比率仅为4.75：100。

我们知道，结婚以后，衣食住行，生儿育女等家庭琐事随之而来，在平淡而烦琐的家庭生活中，在丈夫的眼里，妻子再也不是那个体贴入微、温柔多情的小妹妹了，而在妻子的眼里，丈夫也不再是那个百依百顺、总献殷勤的男孩子了。恋人间浪漫的爱情故事，被实际的生活所代替，久而久之，夫妻之间便容易产生冷漠感，所以很容易走进婚姻情感的误区。

　　淑雅和丈夫结婚已经有十年了，他们活泼可爱的女儿也已经上小学了。从谈恋爱开始，两个人几乎没有吵过架，在大家的眼里，他们夫唱妇随，琴瑟和谐，是大家眼里的模范夫妻。

　　走过了"七年之痒"，他们的婚姻生活虽然很平淡，没有了以前的激情，但淑雅感觉这样生活下去未尝不是一种好的归宿。可是，在最近一次的很小的争执中，淑雅的丈夫竟然提到了离婚，这让淑雅大吃一惊，因为这完全在她的意料之外。问及原因，丈夫说对这种平淡的生活"烦透"了，而且对婚姻充满了厌倦，对淑雅也已经没有了感觉，已经不再爱她了。

　　原来，淑雅在心理上还像个孩子，处处依赖着自己的丈夫，不管是工作还是生活，她离开了丈夫就感觉自己不能够自立，这让淑雅的丈夫感觉很累，好像他是家里的保姆，一下子需要照顾两个孩子，所以不堪重负。

　　不可否认，淑雅很爱自己的丈夫，但是生活了十多年，她竟然不知道丈夫平常最喜欢吃的是什么菜，而且她甚至从来没有对丈夫表示关心，也从来没有为他买过衣服和礼物，包括生日，结婚纪念日等一些很重要的节日。更让丈夫感觉不可思议的是，每当丈夫出差回来给她带些什么礼物，她都不是欣然接受，而是嫌丈夫浪费钱，花一些不必要花的钱。久而久之，丈夫的话越来越少，如果不是因为这次的争执，她甚至都感觉不到。

　　虽然没有"第三者"，虽然从某种意义上来说，两个人都没有做错什么，但是他们的婚姻不得不走到了尽头。

　　那么，是什么原因导致了现在的离婚率如此之高呢？从心理方面分析，主要有以下几点。

夫妻性格不和

　　据一项不完全统计表明，在离婚的家庭中，因夫妻双方无法沟通，性格不和，感情冷漠而离婚的占60%左右。所以，性格不和在很大程度上是离婚的主要原因。

缺乏爱的基础

　　在婚姻咨询中经常遇到这样的案例。缺乏爱的婚姻是指维系婚姻关系的不是爱情而是其他因素。如，草率结婚者和实用型的婚姻，当事人贪图对方的社会地位、金钱或是违背自己意愿的婚姻。此种类型的婚姻发展到一定阶段，一般会以离婚收场。

对婚姻质量要求的提高

由于婚姻道德观念的变化，社会和经济发展的冲击，现代人对婚姻品质的期望值远远高于他们的父辈，一旦婚后的现实与婚前的期望产生矛盾且不可调和，离婚就是必然的选择。在独立自我和婚姻家庭这架天平上，平衡的指针则更多地指向了自我。

不懂相处技巧

在夫妻生活的过程中，很多人不懂得如何满足对方的需求，彼此感受不到对方的爱，误认为感情已经破裂而导致离婚，此种原因引起的婚姻破裂占很大的比例，而且多以年轻夫妻为多。

经济原因

家庭是建立在一定经济基础之上的社会细胞，一旦缺少了必要的物质条件，其稳定性就会动摇。另外，从经济学的角度讲，婚姻是一种体现成本与收益之间关系的社会现象。一旦收益与成本不相符合，必然会导致婚姻的破裂。

婚外情

据调查，在美国外遇者的婚姻有65%以离婚收场。我国现在因婚外情导致的离婚案件呈逐年上升的趋势。据北京某区的调查，由"第三者"插足引起的离婚案件，1982年为14%，到1988年已达40%左右。

性生活不和谐

在今天这个社会，人们已经不再谈性色变。在婚姻生活中，性生活不和谐也是导致夫妻双方离婚的重要原因。

当然，导致离婚的原因还有很多，例如草率结婚，家庭暴力，离婚手续的简化，费用的降低也为离婚现象起到了推波助澜的作用。当然，不可否认的是相当部分人群尤其是年轻人，对婚姻缺乏责任感，甚至认为离婚是一种时尚，发生矛盾后，意气用事，草率离婚。

········· **温馨小贴士** ·········

　　常言道，"百年修得同船渡，千年修得共枕眠"。能够结婚，成为一对夫妻真的很不容易，不是一个"缘分"就能够解释了的，所以，请好好珍惜你的爱人，珍惜你的婚姻。

二、离婚后的心理困惑

　　离婚，是从法律意义上解除夫妻之间的婚姻关系。人们常常简单地把离婚看成是旧生活的彻底结束，把离婚作为解脱心灵痛苦的唯一有效的措施。其实，事实绝非如此。虽然通过离婚这个法律手段，割断了旧的婚姻关系，但是这并不意味着痛苦从此一去不复返，也不是幸福就要来到你的身边。恰恰相反，一些离婚者的现实生活清楚告诉人们，离婚，无疑使人陷入新的感情和心理危机。如同航船沉没对航海者来说总是一件痛苦的事，离婚，也意味着家庭航船的沉没，它给夫妻双方带来很多意想不到的心理困惑。

自卑心理

　　多体现在女性身上。由于几千年封建传统文化在其中作梗，如今还有相当一部分人对离婚不问青红皂白，一概加罪于女人，即使女人是离婚的受害者，也常被周围的人指指点点，甚至遭到冷嘲热讽，致使离婚女人的自尊心受挫、声誉下降，一时抬不起头来，背上"低人一等"的自卑自贱的沉重心理包袱。

　　另外，离婚会加重孩子的自卑感，因为父母离婚不可避免地要影响孩子们。在父母的婚姻破裂中孩子本是最无辜的，可是他们却要无端地承受家庭破裂的巨大痛苦；要忍受缺爹少娘的心灵创伤。而且，父母的离婚必然会使孩子们的人格、尊严、名誉都受到影响，使孩子觉得在同学中抬不起头。这时孩子幼小的心灵会产生自卑感，孩子的自卑感会进一步加重其父母的自卑感。

孤独心理

一般来讲，离婚解决了眼前婚姻生活的矛盾冲突，获得了暂时的安定感。但是，过去形成的家庭人际关系也随之崩溃，对夫妻双方来说，就容易产生凄凉、孤独的感觉。这种精神上和心理上的孤僻感，对心理健康和以后生活会产生很大的危害。而且，离婚后如果长期地生活在这种状态下，不仅会严重摧毁离婚者的身体健康，同时也会使离婚者丧失斗志，缺少生活信念，产生逃避现实以至厌世的情绪。

失落心理

在决定离婚之前，一般来讲，都已经有了一段漫长的、痛苦的、艰难的思索过程。可是，离婚后，他们的一系列社会心理需求得不到满足，如失去了家庭成员之间的爱抚、柔情、温存，因而极易产生失落感，往往由此导致心理变态而逃避人生和背叛人生。

悔悟心理

很多人离婚之后，会发现单身生活的艰辛，也会感觉到再觅婚姻的曲折。同时，很多人尤其是女性，往往被子女的感情所牵挂，后悔当初离婚的草率，意识到"还是原来的好"。但是，"好马不吃回头草"。于是，在内心她们会非常痛苦，并由此产生一种悔悟心理，只是这个世界上没有卖后悔药的。有很多时候，错误是不能挽回的，而"破镜"也是不能"重圆"的。

畏惧心理

经历了一次婚姻的破裂，很多人往往不敢再次走进婚姻的殿堂，所谓"一朝被蛇咬，十年怕井绳"。对于婚姻，他们从心底就产生了一种畏惧心理，害怕再次受到伤害，于是他们情愿在以后的日子里一个人来过，虽然孤独，虽然痛苦，但至少不会再次受到伤害。

当然，离婚产生的各种心理问题因事因人而异。一般来说，那些非常深爱对方，而且对自己的婚姻生活充满信心的人，离婚造成的心理创伤和痛苦则比较大；而那些对爱人的行为彻底失望，自己主动提出离婚的人，则痛苦较小。虽说时间是治疗痛苦的灵丹妙药，可是离婚带来的创伤对有些人来说永远难以磨灭，特别是已经有了孩子的母亲，或者是深爱对方的人。

离婚本是一件非常无奈的事情，但是既然已经成为事实，就要勇敢地去接受，因为此时逃避、后悔都已经不能够解决任何问题了。你所要做的就是调节好自己的心理，迎接人生中的另一个春天。

三、离婚后的心理调适

我们知道，离婚给许多人带来的是无以言说的痛苦和苦闷，严重者甚至会产生心理障碍，影响今后的人生。但是，对于感情已经完全破裂、婚姻修复无望的夫妻来说，勉强维持即将倒塌的围城，长期忍受同床异梦的折磨，对当事人的身心也是有着很大的危害的。

所以，事情的关键是如何使离婚者尽快从婚姻的痛苦中走出来，还给自己一个健康的人生。

下面的几种调适方法对离婚者是非常实用的。

认知平息法

一般来讲，人的行为往往受情绪的影响，而人的情绪可由认知来平息。所谓认知平息法，就是说人的情绪可经由认知的改变而修正，通过改变认知思考方向，用理性思维处理消极情绪。例如，由于丈夫发生婚外恋而离婚的女人，总觉得前夫有负于自己，常常生活在痛苦和烦闷的阴影中，假如她能反问一下自己，同一个和自己没有感情、又背叛自己的人继续生活，还有什么意义呢？这样，便可以理智地控制情绪，从而敢于突破婚姻的束缚，赢得更多更长久的解脱和幸福。

坦率交谈法

坦率交谈是保持心理健康的秘诀之一。在你心情不爽的时候，可以找你信任的知己，跟他聊聊天，谈谈心，把你离婚后的喜怒哀乐尽情地展示在他面前，不让内心积存任何消极不利的情感和情绪。就像倒脏水一样，把你心中的郁闷、烦恼统统发泄出来，便可以避免因为消极情绪而带来的刺激。

环境脱敏法

爱一个人，往往会爱他身边所有的物和人，可谓是触景生情，爱屋及乌。当离婚者不能很快地摆脱自己内心的烦闷，不妨暂时离开自己长久以来生活的熟悉环境，通过改变以前旧的生活环境或生活方式来排解自己内心的不顺。所以，当情绪低落的时候，可暂时访友探亲，或出外旅游等，这样就可以不同程度地转移或消除苦闷烦恼的情绪，从而获得一种新的感情体验。

情感取代法

所谓情感取代法，是指通过觅偶再婚，寻找新的生活，进而消除孤寂，保持心理平衡，维持心理健康的方法。所以，离婚者不妨采用情感取代法，使自己找到另一份情感归属，这样与心理和生理，都有一定的好处。

另外还有如下一些调试方法，我们也不妨试用一下。

心存感激

或许，你的那个他（她）曾经发誓与你相伴终生并以身相许，但是从概率的角度分析，一个人可选择的婚姻对象数以万计，真正适合的却很难遇到。更适合你的那个他（她），一定还在什么地方等着你，前一个他（她）的离去既让你积累了重要的经验，又使你多了一次重新选择的机会。所以，不论从哪个意义上讲，你都该心存感激。

接受专业辅导

离婚是人生的重大事件，打击与伤害使得当事人渴望有人能了解他们的情绪。尤其是对一些表面上坚强无比，维护着虚假面子，但内心却承受着煎熬的人来说，更需要有专业人士帮助理清。而且当周围缺乏能了解、倾听的朋友时，心理咨询师的专业辅导就能提供有力的支持。

坦然面对现实

离婚后，离婚就已经是既定的事实，作为当事人的你，一定要坦然地接受，然后以积极的心态来面对，将更多的精力放在事业和工作上，同时分一些爱给家人，不要整天把自己关在自己的小天地里，自我封闭、长吁短叹、难以自拔。

对孩子多加关注

作为孩子的父母，离异之后一定要对孩子的身心多加关注。因为离异家庭中的孩子身心都比较脆弱，更容易受到打击，所以就更需要双方用爱心去抚慰孩子受伤的心灵。一旦发现孩子出现了不良心理反应，要及时请专业人士对其进行诊治。

离婚是一种解脱

其实对于离婚的人来说，应把离婚看成是一种解脱，因为离婚之后，你可以不必再和一个自己不喜欢的人一起生活，也不必再受同床异梦的折磨；更为重要的是，你可以重新选择自己未来的生活。

温馨小贴士

面对无望的婚姻，解脱有时候是一种最好的办法，所以，离婚者不必为一次婚姻的破裂而耿耿于怀，勇敢地走进新的生活，才是人生新篇章的开始。

四、尝试"婚内离婚"

美好的爱情、婚姻、家庭是人生的港湾，是人生苦苦追求的永恒主题。但理想归理想，现实归现实，既然夫妻感情破裂，苦不堪言，离婚或苟且忍合都是两个极端的办法，并不一定是最好的办法。于是，现代社会又出现了一个折中之法——"婚内离婚"。所谓"婚内离婚"，就是指夫妻双方表面上还依然保持婚姻的形式，甚至在外人看来是美满和谐的，但实际上夫妻间却是貌合神离，同住一个屋檐下，却彼此不相往来的一种婚姻现象。

今年26岁的小王曾经讲述了发生在他身上的真实的故事。

小王和妻子结婚已经7年了，他很早就听说婚姻有"七年之痒"的规律，但是他一直不相信，可是当他走到这个门槛时却发现，真的是这么回事。当所有的浪漫和情趣被厌倦所代替，小王和妻子把离婚提上了日程。因考虑到在一起生活了这么多年，而且孩子才刚刚上小学，他们决定来一个"婚内离婚"，等孩子懂事了再去办理。

于是，决定的当晚，他就和妻子分床而眠。但是第二天，当他还一如既往地等着妻子叫他起床催他吃饭的时候，时针已经指向了九点，他突然想起，已经"离婚"了；当他踏着夜色回到家习惯性地以为妻子会给他端上热腾腾的饭菜时，却发现妻子在用冷锅冷灶来迎接他……这样的事情还有很多，而妻子也是一样，遇见灯管不亮了却束手无策，还得求小王帮忙，更没有力气去做一些力气活……

结果，不到一年的时间里，两个人倒是相安无事，而且还都体会到了对方的难处。不用说，他们的离婚也夭折了。

一般来讲，婚内离婚是有一定的好处的。

首先，它有利于双方感情复苏。夫妻感情破裂、心理离异是男女双方心理挫折的极端表现，而"婚内离婚"可以给夫妻情感回复留有余地。期间能让夫妻双方冷静、清醒地回忆往昔共同相处之欢乐，体会分开的不易。便容易在新的起点上达到新的和谐，待新的感情基础加厚了，旧裂缝也就不补自弥了。

其次，"婚内离婚"有利于孩子的成长。无数事实证明，夫妻双方在未来生活中，不管失去她或他，都会给孩子幼小的心灵以重创。许多社会学家研究青少年犯罪根源时指出"在破碎家庭中生活的青少年犯罪率最高"。而"婚内离婚"依然有一种完整的家庭气氛在延续，孩子可享受到父母之爱，这就减少或避免青少年因缺乏家庭温暖和教育而误入歧途。

再次，"婚内离婚"可以使夫妻双方站在一个旁观者的角度更好地理解自己爱人的辛苦和不易，从而心生一份内疚之情，会以加倍的温情来回报对方。从一定意义上来说，"婚内离婚"就是将婚姻冷冻起来，也是解决婚姻困扰的一种相对理性的方式，有助于矛盾双方婚姻解体后的生活适应和心理调适。

当然，"婚内离婚"也是一把双刃剑，它有着很多的缺点和不足，特别是对那些感情已经无法挽救的人来说，"婚内离婚"更是束缚了他们的身体和心灵，使他们不能够很快地开始自己的新生活，严重者甚至会产生一些心理障碍。同时，对孩子来说，如果他发现你们的秘密，更会增加一份内疚，给他们的心灵带来不可磨灭的阴影，从这个角度考虑倒不如早一些让他知道你们之间发生的种种，早一些面对或许还会早一点使他们成熟。

温馨小贴士

婚姻就像拔河，要想取胜靠的是耐心和信心。而在婚姻生活中，双方难免会犯点错误，因为怕你认真，所以先找好台阶给自己下。只要你宽容大度，对方跑得再远也会像高飞的风筝，线始终牵在你的手里。

小测试：测测你的婚姻是否存在危险

也许，你感觉自己的婚姻很幸福，但殊不知其中已经暗含着一些危险的因素，只是很微小，你还没有感觉得到而已。下面这个小测试，或许会帮你察觉到你的婚姻中是否存有危险的因素？

1. 对你来说，婚姻最重要的是什么？

A. 婚姻本身，认为作为一个有家的人，是非常自豪的一件事情。(1分)

B. 自己的配偶，两个人一起生活，互相帮助和照顾，感觉非常愉快。

(0分)

2. 你是否认为婚姻是人生的一种游戏？因此对待它也就非常轻率，不屑一顾。

A. 是。   (1分)

B. 否。   (0分)

3. 你在经济问题上是否仍旧非常依赖自己的父母？

A. 是。   (1分)

B. 否。   (0分)

4. 你的婚姻是不是和你期望中的非常相似，甚至是完全吻合？

A. 是。   (0分)

B. 否。   (1分)

5. 在一些有关婚姻、家庭和孩子的看法上，你与配偶的观点是不是很相似？

A. 是。   (0分)

B. 否。   (1分)

6. 你的家庭生活中是不是整天硝烟弥漫，战火不断？

A. 是。   (1分)

B. 否。   (0分)

7. 你们是否有共同的兴趣、爱好和观点？

A. 有。   (0分)

B. 否。   (1分)

8. 你们想要几个孩子？

A．两个（或更多）。 (0分)

B．两个以下。 (1分)

9. 你的孩子都是什么教育程度？

A．高等。 (0分)

B．中等或中等以下。 (1分)

请你算一下总分，并据此判定家庭"离婚危险"程度。

0～2分：

说明离婚基本上威胁不到你的家庭。你们具备克服困难并形成巩固的家庭关系的各种条件。在个别情况下也会发生争吵，但对夫妻关系基本上不会有太大影响，而且在不断的吵闹和争执中，你们的感情也得到了不断升华。

3～5分：

说明你们的夫妻关系有时有些紧张，你常常对自己、对配偶不满意，常常不能压抑自己的不满情绪和愤怒。这些最具有离婚危险，最好加以避免。家庭生活有时使你产生忧郁，但总的说来你对家庭生活满意。多注意夫妻之间相互让步，相互关心。

6～9分：

说明你的家庭里正在形成离婚险情。为消除这种情境，必须从公正的、相爱的观点重新考虑家庭责任的分工。夫妻双方都要搞清不满意对方的原因及消除这些原因的可能性和方式，加强联结夫妻感情的因素，孩子、未解决的问题、共同的愿望和需求等。

第六章 另类婚姻的苦恼

生活中，闪婚、试婚等另类婚姻已不鲜见。其实，另类婚姻是一场残酷的赌博，尤其是女性，她们是拿自己的青春做赌注，拿自己的身体做筹码，拿自己的感情去冒险，稍有不慎就输掉了自己的一生。

一、试婚，该支持还是该反对

"试婚"一词，对于当今的中国人来讲并不陌生。早在几年前，试婚就形成了一股不小的潮流，它虽没能汹涌澎湃，但却在一些时尚、开放的青年中"实践"着、"流行"着。从某种意义上来说，试婚是以结婚为指向的未婚同居，它可以增强未婚男女双方的了解，减少家庭因婚后缺少了解而出现的矛盾。所以说，试婚成为当今社会的一种时尚也就不足为奇了。而且，从一定程度上来讲，试婚也为婚姻奠定了一定的基础，因此，受到了很多年轻人，甚至老年人的推崇。

但从另一方面来讲，试婚是与中国传统道德相悖、与国家法律相左的，为世人侧目又无法律保护。在很大程度上是一场残酷的赌博，是拿自己的青春做赌注，拿自己的肉身做筹码，拿自己的感情去冒险，稍有不慎就输掉了自己的一生。因此，也有不少人对此持反对态度。

1. 试婚，社会的一种"时尚"

"试婚"一词最早是1894年由美国法官本·B·林赛在《伴侣婚姻》一书中提出的。他是研究少年犯罪问题的权威，在《伴侣婚姻》一书中提出青年应当采取一种新的结婚形式，也就是所谓的"试婚"。

而"试婚"，顾名思义就是实验婚姻，它不是正式的婚姻，只是男女双方在正式步入婚姻殿堂前的一次实验，在此期间，男女双方可在一起生活，以求彼此相互熟悉、相互适应，并且允许自由发生性关系。在中国的儒家文化里，试婚是被谴责的，因为它打破了人们对于婚姻的严肃性，抛弃了一夫一妻婚姻制的性道德。

但是在本·B·林赛认为，试婚是一种值得推广的婚姻形式。当然，试婚之前青年男女要掌握一定的避孕知识和技巧，在没有孩子而且"妻子"尚未怀孕的情况下只要试婚双方同意"离婚"，就能够立即解除这种婚姻形式，不需要通过法律途径，而且在"离婚"时，"妻子"无权要求赡养费。当时世界各地的很多青年男女都维护这种观点，因此"试婚"现象逐渐流行开来，同时，社会和家庭也都对这种现象持一种默认的态度。

罗素也对这种现象予以支持。他曾经在《婚姻革命》一书中这样写道："试婚是一个明智的保守主义者的建议，其目的在于巩固青年的性关系，根除现存的乱交现象"，"如果要求人们在不知道他们在性的方面是否和谐的情况下就进入一种终身的关系，那是荒唐的。这就像一个人要买房子，但不能获许在成交之前先看到房子一样荒唐"，"无论男女，如果他们从未有过性经历就想进入以孩子为目的的庄重婚姻，我是不敢苟同的。"可见，在罗素的眼里，"试婚"是一种进步，代表着社会的一种文明，应该推广和流行开来。

事实也的确如此。"试婚"在现代社会已经流行开来，而且得到了推广和普及。我们不难发现，大学校园的旁边以及一些工厂等的旁边，可以看到到处都是"租房"的字样，而在这些租房的人群中，有很大一部分就是未婚的青年男女，他们大都是以"试婚"的名义大大方方地住在一起，而且看起来真的好像是"夫妻"。很多人认为，"试婚"已经是现代社会的一种时尚。

据调查，上海五个区20～35岁的青年中，未领结婚证书的"夫妻"占19.8%；在上海100对具有大专文化程度的新婚夫妇中，有30%曾有过"试婚"生涯。同时，福建省某市妇联调查表明，试婚者已占婚龄人口的22.8%，而且这种趋势也越来越明显。

在中国古代，这种先同居、后结婚的婚姻缔结形式就已经存在。中国唐时敦煌文献中有试婚的侧面记载。《优先婚前同居书》便足可说明，试婚期间男方到女方家，与未婚妻同床而眠，但只能背靠背，不能性交，可以认为是试验对方是否忠贞的办法，这与北美印第安人、阿富汗的某些部落、芬兰某些地区普实行的"床昵"试验风俗颇为接近：未婚夫妻和衣同床，不得性交。而更多的试验则是婚前有性交的同居，如新西兰毛利人，马来西亚的沙捞越和埃塞俄比亚一些地方的人，菲律宾内鲁润岛上的伊罗人，尽管试婚时间与方式不尽相同，但允许试婚期间有性交关系。而现在社会流行的"试婚"形式，则为"性"的随意性提供了更大的方便，"试验夫妻"、"临时夫妻"已经成为一种较为普遍的时尚风俗了。

另据了解，试婚不仅在年轻人群体中出现，而且一些老年人也看好试婚。一名正在"试婚"的老人告诉记者，老年人毕竟不同于年轻人，因为是再婚，所以特别要讲究满意度和幸福度。如果因为性格不合再离婚，由此造成的身心伤害比单身更可怕，所以，他们决定试婚。他们认为：合得来，一起过；合不来，散伙也干脆。

温馨小贴士

"试婚"与当前社会中高离婚率、婚外情、单身贵族相关，已经逐渐成为大都市文化中的一种奇异现象。但是，它带给当事人的伤害常常是一辈子都很难弥补。

2. 试婚心理分析

现代社会里，身边的离婚故事蓦然间多了起来，家庭的崩溃、儿童的不幸，不禁让人在婚姻的围城外驻足观望。旧式的洞房花烛夜掀开盖头才识新娘，是一种希冀的赌博，而一纸婚书却俨然一具牢固的枷锁，束缚的不仅仅是他们的身体，还有他们的心灵，于是很多人选择了离婚。

对于婚姻，曾有过一个绝妙的比喻：婚姻好比鞋子，舒服不舒服只有脚知道。这是否意味着婚姻也应该像买鞋一样，先试试才能保证婚姻的长久和谐？

某杂志社曾对此问题做过有1731人参加的大型问卷调查，结果是：38%的人对试婚这种婚姻序曲表示理解，46%的人反对试婚，另有16%的人不置可否。对试婚现象，真的是"仁者见仁，智者见智"。

那么，对于一些试婚者来说，他们是出于什么心理选择试婚的呢？

好奇心理

对于很多选择试婚的人来说，他们对婚姻充满了好奇，确切来说，是他们对两性关系充满了好奇，但是结婚的条件又尚未成熟，于是就选择了试婚。然而，抱有此种心理的人往往没有意识到试婚带给他们的危害，尤其是女性，随便地把自己交给一个人，会对自己的婚姻造成很大的阴影。

试验心理

男女相恋之时，总是用美好的形象取悦对方，一旦进入夫妻角色，生活在锅碗瓢勺中，双方就会恢复自身的本来面目，相互间才有机会对对方的性格、爱好和优缺点进行深入了解，而等发现对方不是自己很理想的配偶时，则木已成舟。于是，有人为避免婚后的痛苦，便选择试婚来检测双方能否进行婚姻的"磨合"，如能契合，说明婚姻能成，反之，终日磕磕碰碰，难以同甘共苦，倒不如趁早解脱。

害怕性生活不和谐

单从性的角度而言，现代人倾向于试婚，否则连对方的身体也不知晓，就踏上婚姻的红地毯，婚后性生活的和谐、生活的幸福根本就无从谈起；婚姻毕竟是人生的重头戏，没有彩排哪来成功？然而，没有责任感的试婚同居，只会导致性放纵和性泛滥，引发整体道德的沦丧，受伤的将是弱者。

游戏享乐心理

我们不能排除有一部分人，尤其是男性，打着试婚的幌子，来诱骗一些女性，骗钱骗色，从中作乐享受。对此，准备试婚的人一定要睁大自己的眼睛，用心体味一下准备和你试婚的人是不是真的爱你？他是不是将来你要嫁的那个人？不要盲目地就开始试婚的生活，否则后悔的还是你自己。

3. 要试婚，就要付出代价

对很多人来说，婚姻是围城，会带来经济和心理负担，而进入围城后又想要再冲出来双方都要受到伤害，因为一旦离婚会给任何一方造成极大心理影响或财产损失。于是很多人徘徊在围城边缘，玩起了试婚——像夫妻一样先试着过过看。一时之间，"和则聚，不和则散"的试婚方式在一些人群中蔓延。

韩小姐是某城市一家公司的公关部主任，今年只有26岁。上大学的时候，受试婚潮流的影响，她先后同两个男朋友同居试婚，但是因为种种原因，他们最终都没有走到一起。参加工作之后，经人介绍，她认识了在地方税务局工作的赵寒，赵寒为人正直，深沉含蓄，风流偶傥。韩小姐当即对他一见钟情，暗暗感激上苍给她安排了一位称心如意的伴侣，而赵寒面对美丽温柔的韩小姐，也非常高兴，因此，两人的感情发展很快。因为是农村出来的孩子，所以赵寒的思想还是比较保守，所以婚前韩小姐几次主动提出与赵寒共枕同眠，双戏鱼水之欢，都被赵寒拒绝，在赵寒看来，生命中最神圣的事情留给洞房之夜才更有意义，因为金榜题名让他欣喜过，他相信洞房花烛更会让他体会到人生大喜的天伦乐趣。

2000春节过后，两人欢欢喜喜地领取了结婚证书。在一个风和日丽的日子里，他们走进了婚姻的殿堂。洞房花烛夜中，当赵寒发现自己的新娘已非处女时，犹如五雷轰顶，曾经在他脑海里的清纯女神形象骤然坍塌。

不管韩小姐怎么解释以前的种种，赵寒都不为之所动，他痛苦地对着满面泪水的韩小姐说："我是一个传统的中国男人，骨子里非常保守，容不得自己的妻子有半点尘埃。所以，今天是我们的开始也是我们的结束，我们都好自为之吧！"

一切都不可避免，他们办了离婚手续。望着赵寒远去的背影，韩小姐终于明白：试婚没有给她带来幸福，反而酿成了苦不堪言的悲剧。

美国曾有一项调查，在对二千多名女人所做的研究表明，曾与男人同居的人中三分之二最终没与同居对象结婚。她们在退出交往几年后，曾经的男朋友多已结婚，一时很难找到新的男朋友，而自己年龄日增；曾和一位男子同居的经历像年轮一样刻在自己的心理和身上，很难很快地走出以前的同居生活的阴影，摆脱不掉其带来的影响。一切重新开始十分艰难，最关键的是，妇女在同居关系中很可能放弃了结婚的机会。同时在大家认为性关系态度比较开放的美国，有20%的25岁以下的年轻姑娘认为同居具有婚姻的一切好处，但当她们成长到40岁之后，就只剩下4%的人仍如此认识了。这个简单的数字变化，不知包含了多少深刻而痛苦的教训。

但我们不要以为试婚只给女性带来苦果，它也会给男性带来伤害。小李的一次试婚就让他备受伤害。

大学毕业在市区工作的小李是苍南灵溪人，在市区一家较有名气的鞋业公司做管理人员。由于他外表帅气和性格朴实赢得了老总表妹的好感，两人热恋之后，自然而然就搬到了一起住，但两个人都觉得还年轻，不想结婚。他们约好先试婚，看看自己是不是合适婚姻生活。

试婚过程中，"妻子"总是以一副统治者的姿态自居，居高临下，颐指气使，刁蛮任性，大手大脚，这些习惯让从农村出来的小李看不过去，但他以为在两人过了磨合期后会好。再者，小李觉得"妻子"其他条件都不错，小李尽量迁就她，把工资交给"妻子"保管，计划着以后结婚时用。

没想到，过了一年多，"妻子"却冷冰冰地对他说："我们分手吧，我觉得跟你已经没有什么感情了，而且你没有什么本事，给不了我想要的那种生活。"而小李为了她近一年半来没存下一分钱。谈到钱的问题，她很有"道理"："夫妻之间，丈夫挣钱妻子花，这是天经地义的事情啊！"

可以说，试婚是一种冒险的行为，很多人都认为不应该轻易尝试。如果不适合，在试婚这一段时间所花的钱就容易使两人产生矛盾，甚至对簿公堂，给双方的伤害都会很大。但也有人认为试婚也是正确选择人生伴侣的一种方法，它可以让大家更深入地了解对方，弄清楚对方是不是适合跟自己过一辈子的人。

但是，从很大程度上来讲，试婚往往不能使婚姻稳固，因为很多试婚的男女往往免不了分手的结局，可能在瞬间就把美好的爱情演变成相互的抱怨。很多时候，同居关系并不比婚姻关系简单。长期生活在一起，男女之间不可避免地产生感情和财产的纠葛。而分手之后，这些纠葛就会发展成争端，甚至反目成仇。同时，很多人认为，试婚毕竟不是买鞋，它关系到两性关系，不是想脱就脱，想换就换的，试婚失败后的分手也不会像事前想象般的那么轻松洒脱。失败的试婚对于个别人来说也许无所谓，但对大多数人来讲，肯定也是一种伤害，也容易让一些道德沦丧者利用"试婚"钻空子。

温馨小贴士

对于每一位要选择这种方式的男女来说，一定要学会避免为试婚付出的不能承受的代价，走上试婚路之前，不妨多些理智，少些冲动，多份责任感，少份游戏态度。毕竟，试婚不是儿戏。

二、再婚，放胆再爱一次

当离婚成为一种时尚，再婚也被提上了日程。最近，网上有调查说，随着离婚率的不断上升，再婚的家庭也越来越多。但再婚者的婚姻更容易破碎，再婚离婚率占离婚总数的70%以上。结婚—离婚—再婚—再离—又再婚。

有首歌唱得好："有多少爱可以重来，有多少人愿意等待，当爱情历经桑田沧海，是否还有勇气去爱？"那么，面对一次又一次的失败婚姻，你还有勇气再次走进婚姻的围城吗？

1. 再婚心理及调适

有人认为婚姻中再婚率逐渐上升，已成为当今婚姻中的一个新趋势。然而，某市民政部门的有关统计资料却令人深省：再婚家庭的离婚率比初婚家庭要高。其原因是多方面的，但重要的原因是这些人经历过心灵创伤，而传统道德观念和生活习惯又对他们产生了深刻的影响，使他们仍存在着种种心理障碍，导致感情隔阂而再度离婚。因此，有关婚姻心理学者研究认为，重新穿上结婚礼服的人，必须防范可能产生的"心理障碍"，才能获得幸福美满的家庭生活。

一般来讲，再婚夫妻常见的心理问题主要有如下几类：

怀旧心理

一般来说，夫妻双方如果感情深厚，但是夫妻中的一方因病或者因意外事件去世，这样的再婚者在再婚后便时常流露出对前婚配偶的怀念之情，以至于引起再婚配偶的痛苦和忌妒，从而导致再婚中双方的痛苦。当然，我们不是指再婚者不应该存有这种思念之情，只是要采取正确的方式和方法，尽量不要在再婚配偶面前过分流露这种感情，因为现在你要面对的是自己的再婚家庭，不管以前夫妇之间是多么幸福，那毕竟都已属于过去，最重要的是不要让过去的人和事影响到现在的生活。

比较心理

再婚夫妻尤其是女性，容易犯的一个毛病就是用前夫的优点与现在丈夫的缺点相比较，事事挑剔，处处不满。这就会伤害对方的感情，也使自己对重建的家庭失望，导致婚姻的再度破裂。要知道，每个人都是一个独特的自己，各有所长也各有所短，所以，再婚者应该全面、积极、客观地来评价自己的再婚配偶，了解对方的长处和优点，并帮助其克服不足和缺点，使对方成为自己理想中的配偶。切记，再婚中的对方最忌讳的就是将其与你之前的配偶进行比较，因为他就是他自己，不是别人，更不是你之前的配偶。

报复心理

不少被动离婚者，对前配偶心怀怨恨，在重新选择对象时只要求外貌或某些方面超过前配偶，达到报复的目的。由于这种选择常有盲目性，感情基础不牢固，非但不能使自己的心理得到平衡，而且也使再婚后家庭基础不稳固。所以，不管你之前的婚姻是因为什么原因遭到了失败，一定要正视你的第二次婚姻，不要使其蒙受之前婚姻的阴影，更不应该因为报复而随便对付，这样丧失的是你一生的幸福。试想一下，你已经品尝到了不幸的滋味，何必再让自己和无辜的人继续品味呢，只有幸福和快乐才可以让你重新找到自我。

忌妒心理

许多再婚者常忌妒或计较对方的前婚生活，不时地揭其隐私、捅伤疤，亵渎对方人格，挫伤对方自尊心，日久必将影响双方的感情。因此，再婚夫妻必须防范忌妒心理，特别是性爱型忌妒，重视对方的心理贞操，珍惜对方爱的感情，抚慰对方饱受创伤的心灵，这样才能使两颗心紧紧地结合在一起。

习惯心理

一般来说，在第一次婚姻中就已经形成了各自的兴趣、爱好和生活习惯，再婚后相互之间一时不能适应，特别是性生活习惯，所以就需要双方互相去了解和熟悉对方的欲望、要求和技巧。同时，双方都应有足够的宽容精神，扬长避短，互相协调，逐步建立起新的生活习惯。

自私心理

初婚家庭的子女用血缘这条固有纽带，把父母黏合在一起，而再婚家庭的子女因无血缘关系，容易滋生矛盾而起离间作用，易使各自父母产生自私心理偏袒自己子女。其实，血缘不能完全超越后天的感情，关键是再婚后双方要以高尚的道德情操，大度博爱的胸怀，处理好与继子女的关系，如果视对方的孩子如自己的亲生儿女，甚至更胜一筹，那就可以大大缩短再婚夫妻的心理距离。

戒备心理

再婚夫妻双方都有一些过去家庭中的财物，鉴于前次婚姻的破裂，常会产生戒备心理，实行经济封锁、要心眼、留后手、闹独立，这会使现实家庭名存实亡。其实，既然重建了家庭，就应该毫无保留地共同使用一切财物，这样才能密切夫妻感情，才不至于重蹈覆辙，重复以前的错误，重复以前的不幸。

温馨小贴士

心理学专家认为，第二次步入婚姻殿堂的人，必须防治可能存在的各种不良心理，只有认识到并进行克服，才能使你的再婚生活幸福美满。

2. 离婚女性缘何再婚难

现在社会，离婚女性再婚难已经是一个不争的事实。

王女士今年36岁了，在她23岁那年，嫁给了与自己两小无猜、青梅竹马的男子李帅。可是，天有不测风云，在他们婚后的第三年，因为一场车祸，李帅突然离她而去，此时他们的儿子才刚刚会走路。

在丈夫去世的第二年，王女士在母亲和姐姐的张罗下，嫁给了比自己大三岁的张明。可是外表看起来斯文的张明，却是一个十足的暴力狂，稍有不顺便对她拳打脚踢，有时候对她的儿子也不放过。王女士忍无可忍，第二场婚姻又走到了尽头。

如今，儿子已经长大了，而且她一个人也经常感觉孤独和寂寞，可是两次不幸的婚姻，让她对再婚望而却步，她真的不敢相信婚姻能够再给她带来什么幸福。

的确，经历了一次噩梦的侵袭，很多女性都对再婚产生了一种畏惧的心理，只能远望围城中的风景，却没有勇气走进围城享受其中的点点滴滴。

如今社会上流行一句话：离婚难，再婚更难，女人再婚难上难。因为随着离婚率的逐年提高，女人再婚难，已成为一种普遍的社会现象。因为相比男性来说，女性再婚的时间比较长，而且再婚率也比较低。究其原因，主要有以下几点。

错误的婚姻观念

我们都知道，婚姻应以感情为基础，以爱情作保障。但现在有很多女性，受拜金主义思想影响较重，尤其是离婚的女性，更容易受这个方面的影响。于是男方的收入、财产成为择偶的首要条件。但是，有很多实事表明，即使男方的经济条件好，女方勉强与他组成新的家庭，婚姻幸福美满者也甚少。因为性格、爱好不同，就算是有再多的金钱，也无法挽救新的家庭。

高不成低不就

离婚后的女性，因在工作、学习、年龄、相貌、生活条件、人生阅历、思想行为等方面都不同于前，在重新选择生活伴侣时，往往不能正确估计自己，如果对方的条件比较好，则看不上自己，而如果对方的条件不如自己，则感觉自己不能亏待自己，最终导致高不成低不就，贻误了时机。

子女拖累延误婚期

许多离异后的女性，拖儿带女，特别是那些孩子尚小的女性，担心自己改嫁后孩子受委屈，因而错过了再婚的许多机会。殊不知，等到孩子大了，自己也老了。而有的男性则嫌女方携儿带女是累赘，故一口拒绝。此外，还有些子女，对自己亲生母亲的感情很深，担心母亲再婚会产生不好的影响，坚决反对母亲再婚，宁肯赡养母亲终生，却不允许母亲改嫁。一般来讲此类情况，多发生于年龄偏大的女性身上。

家庭暴力

《不要和陌生人说话》就讲述了一个有关家庭暴力的婚姻故事，令许多人看起来胆战心惊。的确，生活中某些男性，唯我独尊，稍不顺心便借酒施暴；有的喜新厌旧，道德败坏。承受过肉体和精神折磨的女性，离婚后宁肯终身不嫁，也决不愿意再遭受同样的痛苦。

再婚者的现实令人失望

现实生活中，再婚后的许多家庭，生活并不美满，甚至夫妻双方在夫妻收入、子女教育、老人赡养及性格爱好等方面，存在着很大的矛盾。因此，很多的离婚女性看到这一现象，就感觉非常恐惧，所以她们宁愿单身，也不想再踏上婚姻的红地毯。

另外，再婚女性还需要克服一些再婚者常见的各种不良心理，例如本节所提到的怀旧心理、比较心理、忌妒心理、报复心理、自私心理等。也只有克服这些再婚的不良心理，才能够使自己的婚姻美满幸福，不至于像第一次婚姻一样遭遇失败。

温馨小贴士

不能因为有了一次失败的婚姻，就对婚姻抱有不信任的态度，生活中也有很多再婚幸福的例子，漫漫的人生旅途中，只有"有了伴的路"，人生才会不孤独。

3. 老年人再婚的心理调整

和世界上许多发达的国家一样，我国的老年人口也在不断地增长，并逐渐进入到一个老龄化的社会，于是许许多多的老年人问题也随之而生，其中老年人恋爱和再婚的问题也越来越受到社会的关注。

近几年来，老年人再婚的事例在我国已经逐渐地增多。在我们的身边，我们也经常听到或者看到某个丧偶的老人找到了合意的老伴，过上了幸福的晚年，但是也有很多老人，因为各种现实的原因，不得不一个人孤苦伶仃地走到生命的尽头。其实，老年人再婚，不仅仅是一种生理上的需要，更是一种心理上的需求。

常言道："天意怜幽草，人间重晚晴"，老年人的再婚本来应该像黄昏夕阳般美丽、宁静，因为在老年人的内心最怕的是孤独，而再婚恰恰可以减少这种孤独，并减轻因为年龄带来的心理压力。

但是，在现实生活中，有很多老人对这份"迟来的爱"举棋不定，因为在再婚的道路上存在着很多的心理障碍。

老年人自身的心理障碍

有的老年人头脑中存有陈腐的伦理道德观念，认为自己这么大年纪了，再寻找配偶觉得脸上不光彩，怕邻居和过去的同事议论。尤其是女性老人，怕别人说自己"老不正经"、"老来俏"。有的老人怕再婚带来新的家庭矛盾，怕添新麻烦，所以宁可忍受孤独，也不再寻配偶。个别老年人患得患失，论地位，讲条件，过分计较利害，左顾右盼，始终迈不开再婚的步子。还有的老年人由于过去与原来的配偶感情很深，如果再找一个，感到对不起过世的老伴。

子女反对

子女反对是老年人再婚的主要障碍之一。据某单位对86名再婚老人的调查，遭到子女不同程度反对者竟达91%。子女反对自己的父亲或母亲再婚，原因有多方面。有的担心自己应该继承的遗产得不到；有的怕别人议论自己对长辈不孝，迫使长辈再婚；有的不愿与继父或继母相处，更不愿意将来伺候继父继母；还有的认为长辈再婚是给自己丢了面子，因此宁可让老人受罪，也决不让其再婚。

世俗和舆论的反对

现在的社会，封建伦理思想在一些人的心目中，仍然根深蒂固的。如果有哪一位老人要再婚，一些好事者会将这个消息传得飞快，舆论会顷刻而起。他们不是支持再婚老人，而是冷嘲热讽，胡乱猜测，甚至造谣中伤。什么"春心不老"、"越老越花俏"、"财迷心窍"、"薄情忘恩，不顾晚辈"。

在他们眼里，"从一而终"的思想仍然是衡量人的感情的标尺。

生老病死乃自然规律，无论人们的愿望多么美好，夫妻多么恩爱，到了老年，丧偶成为无法回避的问题。传统观念认为，老年人丧偶后，就应该独善其身，自己独居或者跟子女住在一起，寂寞地度过余生，不应再有"非分"之想。显然这一观点不正确。著名华裔科学家杨振宁教授的黄昏恋就向我们证明了这一点。

只是对于很多的再婚女性，往往不能够很好地调适自己的心理，以至于在再婚的过程中产生了很多的心理问题。那么，如何调适老年者的再婚心理呢？

正确认识爱的价值

不少老年人再婚后并不幸福或速配速离，原因就是缺乏坚实的爱情基础，草草结婚，结果给老年人再次造成伤害。因此，老年人再婚前必须矫正不良的再婚心理动机，只有从爱的需要出发，才能在再婚后得到真正的幸福。有些老年人认为自己人生最美好的时光已过，再婚只不过是找个"伙伴"，打发日子而已，忽视了再婚的爱情价值。这种认识显然是片面的，应该说爱情是没有年龄界限的，爱情永远是婚姻的基础，无论青年、中年还是老年人的婚姻，爱情始终是第一位的。

克服回归心理

有很多老年人，他们总喜欢沉湎于对过去的回忆之中，这种行为在心理学上称此为回归心理。而再婚后，他们往往不自觉地把前后两个家庭加以比较，尤其在日常生活中双方遇到不顺心的事或发生矛盾时，就会追忆过去爱情的甜美，产生后悔和怨恨情绪，在感情上拉开了再婚夫妻的心理距离，影响夫妇和睦相处。

适应对方心理特征

一般的老年人都有比较稳定的性格、兴趣和爱好。这就要求老人再婚后尽快了解对方的心理特点，正确对待不同个性、性格和习惯，注意互相尊重、互相谅解。身体较好的一方要耐心安慰、体谅、理解和容忍对方，不要由着自己的性子做事，丝毫不顾对方的感受，同时要避免感情上的冲突。

转移注意力

为了减少生活中的悲伤，不妨把老伴遗物收藏起来，将注意的重点转到现在和未来的生活中，不要老是沉迷于过去的回忆。积极的生活方式可减轻这种孤独感。建立新的家庭模式，应与新配偶及子女建立新的关系，以减轻悲痛情绪。

温馨小贴士

老年人再婚本来是社会文明、进步的表现，而老年人也有追求自己幸福的权利，所以应该勇敢地追求婚姻幸福。尤其是作为儿女，在孝敬老人的同时也要支持他们再婚。

三、闪婚，是时尚还是悲哀

在这个追求效率的时代，就连恋爱、婚姻的程序也可以变得更简单更快捷。应运而生的爱情速配公司和电视节目一时间吸引了不少人的眼球，"闪婚"也成了热门话题和高频词。对于闪婚一族来说，3秒钟足以爱上一个人，8分钟足以谈一场恋爱，13小时足以确定自己一生的伴侣。然而，闪婚究竟是时尚还是悲哀？很多人都不能够给一个确切的答案。

有人认为，"闪婚"好比川菜的爆炒，热锅下去，炒熟后即刻就能盛出来享用，这样的婚姻图的是个新鲜感，只要好吃，不在乎时间长短。而通常的婚姻则像煲汤，用文火慢慢地加温煲，要的就是味道醇厚，这样煲出来的汤最有营养，这样"煲"出来的婚姻也更别有一番滋味，且保鲜期更长。从情感上说，各有所长。从家庭的稳定性上看，"汤"肯定比"爆炒"要强。

也有很多闪婚族之所以选择闪婚，是因为他们不愿跑爱情"马拉松"。现在有很多青年，从最初一见钟情到登记结婚所用时间极短。而经过调查发现，他们除了一见倾心，选择闪婚多少也有点"多快好省"的意思。巨大的压力、日趋激烈的竞争和生活的琐碎，让一些青年不愿再跑爱情马拉松，彼此看着合适，就将爱情快餐吃到极致。同时，不少麻烦也接踵而来，由于婚前缺乏足够的了解和磨合，闪婚后难免有磕碰摩擦，很多人都在闪电结婚后又闪电离婚。

物质条件的丰富，使作为新新人类的我们，根本就不知道计划经济时代父辈们生活的艰辛。物质的丰富，也使我们远离了过去那种夫妻关系终其一生的感情配给制。婚姻手续的简化，也给我们提供了更加轻松出入"围城"的便利。结了离，离了又结，就像是在感觉有点饥饿的夜晚，前脚踏进"七十一"买了只热狗，觉得不合胃口，后脚又跑进"快客"去买一个汉堡换换口味一样。

前段时间电视里曾经播放了一对新人仅认识13小时就喜结连理的新闻。记者就闪电结婚问题采访了他们。新郎说："我的婚姻并非一时冲动与激情。"新娘回答说："如果我没把握，不会这么做。"但当记者采访了参加婚礼的来宾时，来宾们对闪电结婚还是持怀疑的态度——毕竟了解一个人需要时间。

因为在婚姻的天平上，一端放置的是感情，另一端放置的是时间，为了确保感情的牢固以及质量的可靠，人们通常会增加时间的筹码。然而现在的闪婚现象却如流行感冒一样蔓延，侵入了都市中时尚男女的心扉，打破了婚姻天平固有的平衡：于是天平的感情一端急剧上翘，而另一边却是极度下降，颤颤悠悠，失去了固有的牢固和平衡，但当事人依然进行着这场"勇敢者的游戏"。然而"勇敢者"需要知晓的是，"闪婚"再"闪"，它也是正式的婚姻，是婚姻就要直面责任，遵守规则。"闪婚"不是一夜情，一夜情是路边的野草，而"闪婚"却是要登堂入室的家花。所以，"闪婚"不能始乱终弃，也不能亵渎成露水夫妻。

电视剧《101次求婚》中金泰曾经这样承诺——"加上你的爱一起好好地爱她一辈子"，这样的话语往往会使自己心中洋溢着暖暖的感动。虽然很多人都渴望一见钟情的浪漫，接受风靡而又时髦的"speed dating"，但是对"闪婚"我们应该坚定地说"不"，因为"闪婚"毕竟是一种勇敢者的游戏，是一种充满时尚的悲哀。而我们所需要的是一份稳定的感情，一个牢靠的家。

温馨小贴士

　　霎时间激情碰撞的电石火光，片刻的两情相悦，这一切，是否真的足以照亮通往婚姻殿堂的大道？在一时之快和一世之福中，"闪婚"的洒脱真的能抵挡住风雨的侵袭吗？这一切，也许只有身处其中的人才能品味和把握。

小测试：是谁在破坏你们的婚姻

当婚姻出现问题时，夫妻双方常常相互指责是对方的错。"是他不负责任，到处拈花惹草"，"是她不对，经常出入酒吧、歌厅，一点也不顾家"。其实谁也推托不掉导致离婚的责任。每个人都有自己的错误，我们为什么不从自身找找原因呢？发现自己的缺点，改正自己的错误，对你以后的婚姻生活会有很大帮助的。甚至有时候，你回头想想，原来离开的那个才是最适合自己的一个。到底是谁在破坏你们的婚姻呢？让我们去找找。

测试一：（男性做）

如果让你必须在下面的选项中选择一个能够与你共同生活、白头偕老的女人，你最先排除掉哪一个？

A．喝酒的女人。　　　　B．抽烟的女人。

C．化浓妆的女人。　　　D．目空一切，清冷孤傲的女人。

结果分析

选择A：一个无法容忍女人喝酒的男人，你也可能是一个顽固的人。像你这样的人一般都比较传统，处理问题时，总是固守着一定的法则。要是和一个自己讨厌的女人分手，就会狠狠地说一句："走开，我再也不要看到你。"丝毫不顾及对方的感受。

选择B：你对婚姻的破裂所承担的责任比较小。你这样的人，可能是从小就被宠爱，习惯了接受，而不会表达自己的观点和看法；面对问题时，也很难独立，总想去依靠别人的帮助。当你讨厌一个女人抽烟的时候，你可能会想到与她分手，但是你会犹豫不决，此时一定要果断，这样对谁都有好处。

选择C：你是一个非常冷酷的人，很容易让对方对你心生恨意。所以一旦和对方分手，你们很难有和好的可能。你对女人的爱恨情仇表现得十分明显，而且会不断要求对方满足自己的意愿。你跟讨厌的女人分手时，会把所有的问题都弄得一清二楚，分得很彻底。

选择D：你同样是个高傲的男人。如果要与对方分手，你会给对方施加精神压力，从中获得一种优越和满足感，进而使对方达到难以忍受的地步，到最后，不得不离婚。然而离婚后，你会在心底产生一种很强烈的失落感，想要努力挽回，此时就需要你表现出一种最真挚的情谊了。

测试二：（女性做）

如果在下面的选项中必须选择一个男性作为你的丈夫，和你共同组织一个家庭，你会选择哪一种类型？

A．嗜赌成性的男人。　B．风流成性的男人。　C．嗜酒成性的男人。

结果分析

选择A：你相当有理性，而且精明能干，做什么事情都有自己的主见。结婚之后，你往往会尊重对方的观点和建议。如果需要妥协才能解决问题，你会毫不犹豫地选择妥协，而且绝对会自觉地照顾对方的感觉，维护对方的自尊心。当然，你们的离婚可能性很小，即使有离婚的可能，绝大可能是你丈夫提出来的。在离婚时，你会很干净利落地解决问题，绝对不会对自己的选择感到后悔和遗憾，所以一般情况下也不会回头。

选择B：你是一个自信心和自尊心都非常强烈的人。而且往往喜欢命令和控制别人，结婚之后，对丈夫、对自己的孩子要求十分严厉。有时候，你野蛮的态度会逼得家人走投无路。如果达到忍无可忍的地步，对方会率先提出离婚的，所以你们的离婚可能性很大。但离婚后，你一样不会反省自己，认识不到自己的错误。所以，你应该及时地反省自己、检讨自己。

选择C：你是一个具有宽容心的女人。如果你觉得和自己的丈夫性生活比较和谐，或者说你感到满足的话，你就会死心塌地地跟着这个男人。有时候，你还会有一点儿自虐的倾向，不管在丈夫那里受到了多大的委屈，也只会一味地忍耐，并且能够宽容他的缺点和不足。当丈夫不忠，甚至对你实施暴力时，你也从未想过进行反抗。即使是你忍无可忍的时候，你可能也不会选择离婚，而最大的可能就是离家出走。

性爱篇

让"性"福从心开始

性，无论是为了生殖还是为了欢娱，都能够给人带来回味，带来满足。性是人的一种本能，它使我们的身体更健康，婚姻更美满，生活更浪漫。不管是传统、保守、腼腆、矜持的女性，还是向来具有独立地位和权力的男性，都一样拥有追求性爱的权利。懂得性心理，营造和谐完美的性爱，是生活中不可或缺的一部分。

第一章　常见性心理特征

性心理是指人类关于"性"的心理活动，它随着一个人生理发育的成熟而发展，随着人类性观念的演变而不断完善。但是因为性别的不同，男性和女性的性心理特征存在着一定的差异。

一、常见男性性心理特征

女性常常埋怨男性花心，尤其是在美女面前更加走不动路。其实男女有别，男女在性心理方面也有着很大的不同。男性对性爱的期盼，永远比女性多，但很多的时候，期待越多，受伤也越大。因此，很多人都说我们应该进入"关爱女性的同时也关爱男性"的时代，医学家也首次正式提出了"性商（SO）"的概念。

1. 青春期男性性心理特征

儿童开始意识自己的性别，大约是在一岁半到两岁的时候。这是从大人教他们上厕所和小便的姿势以及学习语言等过程中逐渐学来的。但是，性心理的觉醒是在青春期开始的时候，这跟性生理的发育成熟密切相联系的。

那么，青春期是从什么时候开始的呢？一般来说，月经初潮通常被视为女性青春期开始的最明显而可靠的标志；男性青春期一般比女性晚一年。按这个标准，女性青春期从12～13岁开始，男性从13～14岁开始。

一般来讲，男性的青春期的性心理发育大体可以分为三个阶段：

疏远异性阶段（初期）

不管是男性还是女性，在刚刚发育的时候对性的差异特别敏感，即使原来经常在一起的异性同学或邻居，这时也变得彼此疏远起来。这一点往往表现得很突出：男女界限分明，见面谁也不打招呼。这一普遍的现象有两种变异形式：一种是厌恶同龄的异性，在学校里男女同学互相指责攻击；另一种是喜欢接近年龄很大的异性，似乎是一种代偿。

接近异性阶段（中期）

对异性怀有好感，甚至欣赏，愿意跟异性彼此接近。这是因为随着性发育渐趋成熟，在男性激素的作用下，会有性行为的冲动，于是从对异性的排斥到对异性的爱慕和欣赏。这时的男孩子倾向于向异性卖弄知识，显示自己的体力或运动技巧，在集体活动中，总希望能设法引起异性对自己的注意，并且非常在意异性对自己的评价，更不愿意在异性面前遭到其他人对自己的指责和批评。但是，我们应该认识到这个时候的男性往往会伴随着一种紧张的心理状态，产生这种紧张心理的原因有很多种，如世俗观念、外界舆论等，但最重要的是不能因为紧张而降低对自己的自信。

爱慕异性阶段（末期）

一般来说，初恋就是在这个时候开始发生的。因为这个时候的男性身体发育已经完成，他们开始把感情寄予在自己喜欢的异性身上。常常会有意无意地和对方待在一起，在工作和学习上互相帮助，生活上互相体贴照顾，并憧憬着以后的美好生活。

我们知道，青春期是大脑日趋成熟的时期，青年男性由于生理的发育成熟，逐步产生了性意识，渴望了解性的知识，对异性产生了好感，向往异性的爱抚，伴随着性心理的发育，其性心理反应也逐渐强烈，主要有以下几种。

性好奇心强

由于生理、心理上的需要和性知识的贫乏，产生了强烈的好奇心。他们渴望了解性知识，不仅想知道自身性发育情况，更想弄清异性的奥秘；他们希望与异性接触，直接对异性有所了解。

性欲望强

对性的欲望虽然是每个青年人性生理成熟的一种生理和心理反应，是一种自然现象，但这种自然现象是可以用意志加以调节和控制的。一个思想健康、意志坚强的人，能很好地调节自己的性心理，能控制自己的性思维和行为，从而保证自己的身心健康；相反，一个意志薄弱、追求低级趣味的人，很容易受性欲望的驱使，做出一些有损自己身心健康的事，甚至导致性犯罪行为。

求偶心切

求偶心，是人类生长发育到一定年龄，产生的对异性追求的性心理。由对整体异性的爱逐渐转移到对个体异性偶像的追求，是恋爱的前提。处在青年时期，渴望自己得到性爱，希望得到一个理想的配偶，这种心情是人之常情，是可以理解的。但作为一个有理想、有志气的青年人应坚持事业至上，正确处理个人欲望和社会要求的关系，使自己保持良好的心理状态。

温馨小贴士

发育，就像战场上冲锋的号角一样，唤醒了人体的所有细胞。这个时期的男性，开始强烈地意识到两性之间的差别和两性关系，于是就会产生一些特殊的心理变化，而其中最为显著的就是性心理特征。

2. 男性的性爱心理分析

在性爱中，男女的性心理是有一定差异的，如女性注重体验温情，而男性则陶醉于性刺激和快感等。

那么，对于男性来说，他们具有哪些性爱心理呢？

拒绝作孩子

女性的母性在很多的时候都会被男性视为一种美，她可能会像母亲一样关心男性的冷暖，照顾他的饮食起居。但是，如果在夫妻生活中，女性还要充当一个母亲的角色，处处把丈夫看做自己的孩子，那么此时你身上所具有的母性特征会削弱你作为女性的性吸引力。所以，一定要记住：你是他的妻子，不是他的母亲，尤其是在性爱中。

喜欢女性主动

男性往往渴望在夫妻生活中成为主角，但是在做爱的过程中则更渴望女性能够积极主动地配合自己。几乎有90%的男性都说："如果她表现得更狂一些，我会更加兴奋，而且我认为如果能够那样的话，做爱给两个人带来的感觉会更好。"所以，女性不必因为羞涩而不敢表达自己对性的要求，更不必担心会被男性视为放荡而表现得过于矜持。

喜欢听到赞美

在夫妻生活当中，不管男性的体质如何，他们往往都会有一种担忧的心理，即对自己的性能力会无端地产生怀疑，害怕自己不能够成为女性理想中的"威猛先生"，同时也非常担心妻子低估自己的表现。此时，如果夫妻双方缺乏必要的沟通，那么男性就无法得到妻子的肯定，也就会更加的茫然无措。

做爱关灯

一般来讲，绝大多数男性都希望亮着灯做爱，因为他们喜欢视觉上带来的刺激，但是也不能排除一些男性喜欢关灯做爱，这是因为他们害怕兴奋过度，而关灯则可以去除一些视觉刺激，可以更好地来进行自我控制。

喜欢强暴式做爱

一般来讲，强奸者大多是思想古板、头脑简单的人，从很大程度上来说，主要是因为他们对自己缺乏信心。例如有很多男性在做爱时往往喜欢拍打女方的臀部，这表明他专攻女方身体上催生性兴奋的刺激点，有试探性爱的态度，而这种男性就有可能演变成为虐待狂。

有自慰的习惯

有很多女性如果看到丈夫在自慰，往往会产生强烈的厌恶感，甚至觉得丈夫是变态、是流氓。其实不管是男性还是女性都可能会有自慰的行为，而且婚后也不一定就会消失。通常来说，男性的性欲要比女性的强烈一些，而如果他在做爱的过程中不能得到满足，就会采取自慰的行为。

喜欢刺激

有很多男性都喜欢寻求刺激，例如他们往往喜欢在可能被人发现的地方做爱。比如坚持在街角或电话亭里，或者车里，电影院里等，并且从中可以得到无穷的乐趣；另外，他们可能喜欢看黄色光碟等，这在很大程度上是因为他们喜欢追求一种新鲜刺激的感觉。

喜欢肛交

对于男性来说，尝试肛交的男性是十有三四。不过我们要认识到，肛交不是变态，也并不表示喜欢肛交的人就一定具有同性恋的倾向，他们只是在追求一种比较激烈的动作，也试图向对方表达一种无限的爱。

喜欢听女性的过去

处在恋爱或者婚姻中的男性，常常会直截了当地，或者装作若无其事地询问女方的过去。为什么会如此呢？因为男性的独占欲强烈。他们往往有这样一种心理，当他爱上一个女性的时候，他既希望从目前到以后独占她，也希望她的过去也是自己独占的。

喜欢触摸女性

男性的心理特征决定了男性喜欢触摸女性的性心理，因为男性先天就有强烈的"接触异性欲"。这符合动物学上的一个原理："性爱的行为，只有雄性发挥其积极性，方为可能。"所以一般来讲，恋爱中的男性特别希望能触摸到女性，这是由于他希望能把双方的亲密感具体表现出来，希望在内心得到确认。

喜欢猥谈

现实生活中，我们不难发现，几个男青年凑在一起，往往会出现猥谈的现象。这不能简单地视之为低级下流，因为一般来讲，这是常见的男性性心理反应。因为他们想借此打发无聊，松弛日常生活的紧张，增进闲聊气氛和谐而融洽；而且当附近有女性时，有很多男性会故意语言猥亵，借以看女性做何反应。绝大多数的时候，这都是一种很正常的行为，所以我们不应该进行指责和批评，更不应该视为变态。

温馨小贴士

"爱"在性生活中起着重要作用，只有建立在爱情基础上的性交，才是真正幸福的结合。换言之，感情越深，性爱带来的快感也就越强烈。

3．常见男性的性恐惧心理

我们知道，现在这个时代，性科学知识较为普及，但是我们不能否认这么一个事实，很多男性对性行为存有种种的恐惧和忧虑，以至于因为这些心理原因，使他们不能够享受到性爱带来的种种乐趣，并因此而为之苦恼和困惑。

那么，常见的男性性恐惧心理有哪些呢？

担心自己阳痿

很多男性都非常担心这么一个问题——阳痿，然而耐人寻味的是这种担心正是造成阳痿的主要原因之一。一般来讲，当男性饮酒过度、身体疲惫或者思想压力过大的时候，他们的性欲望就不是很强烈，此时多数男性就会出现阳痿的现象。一旦这种阳痿现象出现之后，就会给他们以后的性生活带来极为不良的影响，可以肯定的是下一次性生活的时候，他们同样会担心阳痿现象的出现。

担心自己早泄

如同担心阳痿一样，这一问题几乎困扰过所有的男性，尤其是中老年男性。一般来说，造成早泄的原因大都是心理原因，不过这一问题并不可怕，不少性治疗专家在解决这一问题方面已取得惊人的成就。一些男性，尤其是那些拥有满意的性伴侣的男性，通过分析自己的困境，确认生理因素进而学会自控的办法已经能够自行解决早泄问题。

担心性器官的大小

男性对性器官大小的担心，正如女性对乳房大小的担心一样，他们往往因为自己的性器官小而惴惴不安，更担心女方会因此而嘲笑、轻视、看不起自己。其实阴茎在勃起后7～20厘米之间都属于正常的范围，相对较长或者较小的阴茎，只要在性生活时注意性交的体位，是无损于双方性体验的，所以，男性不必因此而担心，否则只会徒增自卑感。

害怕勃而不坚

一般来讲，男性18～25岁是性欲最旺盛的时期，然而超过30岁，很多男性的性欲就会下降，偶尔会出现勃起不坚的现象，这属于正常的生理规律，所以对于很多男性来说，大可不必无端地怀疑自己的性功能，只要身心健康，比任何壮阳补肾药都要更为有效。

害怕女性伪装高潮

"结婚不久，妻子告诉我，她有时会伪装高潮，这使我很懊恼。现在，我不知道她何时是真的，何时是伪装的。我害怕她伪装高潮，因为这代表她潜藏着不满，而我又不自知。"形象点说，女性往往将伪装高潮，和对别人说客气话等同看待。其实，二者是不同的，你不应伪装高潮，你可以说："对不起，因为我太疲倦了。"

害怕女性得不到多次性高潮

多次高潮的传说，不仅使男性，也使女性为之疯狂。其实，两人从性爱中分享快乐、亲密就已经足够。一次高潮，甚至没有高潮，也是无所谓的。所以，如果你对目前的性爱满意的话，请清楚地告诉他。因为，不少男性都执著于伴侣能否得到高潮、或多次高潮是他的责任。你应向他解释，夫妻关系中的任何事，包括性，都是要共同负责的。

害怕做爱时间不够长

据调查发现，一般夫妻做爱时间大多在5～9分钟之间，能够持续几十分钟甚至一个小时以上者是非常少的。同时，女性的性满足和性交时间的长短是不成正比例的。对于男性来说，不要迷信于性交时间越长越好，如果不可以持续时间太长，增加前戏和后戏的时间，或在性爱中加入一些新的成分，性爱是同样会充满乐趣的。

温馨小贴士

很多时候，男性的性恐惧大都是因为心理上的原因，而且这些恐惧大都是可以克服的，关键是要保持一份豁达的胸怀，一份良好健康的心态。

二、常见女性性心理特征

自古以来，女性就具有保守、矜持、腼腆等特征，然而现代社会随着女性经济地位的独立，使得她们拥有了更大、更自由的空间，于是她们也就拥有了和男性一样的性权利。但与男性相比，女性也具有与之不同的性心理特征。

1. 青春期女性性心理特征

据多项调查研究表明，现在我国青少年性成熟已经比20世纪五六十年代提前。随着性成熟的提前，性心理也提前出现。再加上现代社会关于性的信息大量增加，人们的性观念也随之发生了很大的变化，所有的这一切都对少女们的大脑和生殖腺体产生了很大的刺激，提早催生了性心理的花蕾，也催动了性心理的发展。

但是，我们不能否认的是，现在的社会生活日趋复杂，导致了少女社会生理成熟的推迟。于是在社会生理不成熟的情况下，对生理的发育以及由于生理的发育而萌发的性心理，缺乏科学的理解，因此就很容易陷入误区。

一般来讲，少女性心理的发展，大概要经历以下几个阶段。

性意识的觉醒

在最初的时候，少女的性意识开始朦胧觉醒，并非常渴望能够与异性进行交往。此时的少女，为了吸引异性的眼球，非常在意自己的装扮和形象，甚至一天能换好几次衣服，并且想要在众人中表现得与众不同。

想入非非期

经历了性意识的朦胧觉醒，这一时期的少女就开始进入了梦幻与自慰阶段，并进一步开始想入非非，白日做梦，甚至进行手淫自慰。很多人认为手淫现象只存在于男孩子当中，其实这种现象在很多女孩子当中也存在。不过我们要认识到，适当的手淫是没有过错的，但是不能过于频繁和严重。

模仿与尝试阶段

我们知道，在少女性心理发展的每个阶段，少女的内心都会呈现出一种矛盾与复杂的心态，即希望得到异性的青睐，又害怕自己表现得过于明显，因此处处表现出羞怯、冷淡和矜持。从传统观念看来，手淫是一种不正经的事情，这种观念使得她们对自己的行为感到羞耻，但是性的冲动与欲望又使她们处于难以抑制的状态，因此很多的女孩开始进行模仿与尝试，此时如果不能进行正确的调适和教育，少女就很容易撞入误区。

人的性心理的成熟有赖于性生理的成熟，但是性生理的成熟并不代表性心理的成熟。性心理成熟的标志是发生性行为是以性爱为基础的，是性与爱、灵与肉的结合。

而处于青春期的少女正处于性心理不成熟的状态。据一项调查表明，卖淫妇女大都发生过早期性行为，她们甚至在十三四岁就有过性行为。之所以会产生这种现象，其主要原因就是少女的性心理不成熟，因此在性欲的驱使下就与男性进行性生活，没有任何情爱的基础。

既然认识到青春期少女的性心理处于不成熟的状态，作为家长、老师就应该给予正面的教育，适时的指导，如果任其自由发展，就有可能陷入性罪恶的深渊。

温馨小贴士

处于青春期的少女必须懂得自尊自爱，以防不必要的伤害。当在情感等问题上遇到困扰的时候，可以选择向父母、朋友、老师倾诉，或者到心理咨询室找心理医生寻求帮助。

2. 女性婚前性心理特征

现在已经是一个性观念开放的社会，于是未婚同居，婚前发生性关系，对很多人来说已经不足为奇，而他们也不会讳莫如深。虽然婚前性行为可以使男女双方在性欲和其他方面得到一定程度的心理满足，但很多年轻人慢慢会发现乐极生悲，祸起于喜。

琴和鸣从小学到大学，从朋友到恋人，一起走过了十多年的时间，可结婚不到一年，就感觉到了隐隐的不和谐。他们都不满意目前的夫妻生活现状，琴说鸣温柔、体贴，表现很好，就是持续的时间不长；鸣说妻子很体谅自己，是自己不能让妻子更满意。

到底原因出在哪里呢？原来琴和鸣在婚前就很早有了性行为，那时怕被人发现，于是每次就相约"速战速决"，时间长了以后就成了一种习惯，婚后也一直改不了这个毛病。琴怀疑丈夫是不是有了生理上的问题，如果这样发展下去，也许婚姻就会出现破裂。

所以，一般来说，婚前性行为往往会给双方带来意想不到的危害，很有可能导致以后婚姻的不幸，尤其是对于女性来说，婚前性行为带来的危害是毋庸置疑的。据心理专家分析，危害有以下几点。

给女方心理带来压力

婚前性行为的发生，一般情况下都是由男性提出来的，但是也有的是女性主动要求的。事后往往会给女方造成的心理压力，如会产生恐惧、自卑、抑郁等心理。调查发现，有27.3%的人性交后怕怀孕，21.3%的人很懊悔，

21%的人惧怕败坏名誉。在接受人流手术时，怕手术痛苦者48.4%，不敢告诉家长者17.3%，不在乎者13%，手术后怕产生后遗症者62.3%，怕失恋后不易再找对象者20.7%，无所谓者17%。

身体健康受到威胁

婚前性行为，最直接的危害就是导致女性怀孕，而此时的她们也往往会拒绝这个小生命的出现，于是往往会采取人工流产手术。对于女性而言，人工流产的后果是严重的。一是身体的健康状况不能很好地恢复，二是容易损伤生殖器官，三是引起许多并发症。

恋爱关系出现倾斜

一般来讲，恋爱期间双方是相互平等的关系，可发生性行为之后情况则有所不同：一是双方的吸引力逐渐减弱。因为恋爱的时候，会感觉性爱非常美妙，可是发生性行为之后却发现不过如此。二是女方再选择机会减少。恋爱期间男方一般都十分迁就女方，自女方委身于他之后，大男子主义便会出现，故对女方开始态度随便、任意支配。反之，女方"已经是他的人了"，对男方一再迁就、容忍。三是使男方对女方的猜疑开始萌生。恩格斯曾讲："性爱是排他的"，女性如此，男性也不例外，男子总希望女友只信任自己，对自己开放，一旦与之发生关系，便又开始猜疑女方是否对其他人也一样随便。于是，这个时候，恋爱的砝码便会出现倾斜。

使新婚蒙上阴云

"洞房花烛夜，金榜题名时"，所谓新婚是人生最快乐的事件之一。但婚前有过性行为或新娘子已有孕在身，这样的新婚就会失去应有的欢乐，蒙上一层阴云。对新婚夫妇而言，双方已没有新鲜感，只不过是走走形式；况且周围人也会议论、看不起，以为"有伤风化"，从而造成沉重的心理负担。

影响婚后生活

婚前性行为往往是在提心吊胆、唯恐别人发现的"犯罪感"心理状态下进行的，缺乏良好的性生活环境，双方不仅难以从中体验到性快感，反而留下了痛苦的性经验，容易造成夫妻中的某一方出现性功能障碍，如性冷淡、阳痿等，导致夫妻性生活不和谐。婚前性行为没有法律保证，女方因被抛弃而受"哑巴吃黄连"之苦，就会对男方怀恨在心。婚后将此苦诉诸丈夫，丈夫就会愤愤不平，就会找"负心汉"讨公平，因而造成纠纷、违法事故，甚至引火烧身，导致家庭不幸。

面对着婚前性行为带给女性的诸多危害，我们必须提高警惕，不要随便委身他人。但是，婚前性行为，目前正呈现着数量愈来愈多、年龄愈来愈小的发展趋势，它已成为世界性普遍关注的社会性问题之一。近十年来，国内外大范围调查表明，社会对婚前性行为的认可程度，在国外比例为60%~70%，国内比例已高达30.5%。

虽然婚前性行为已经得到了很多人的认可，但在我国，婚前性行为是被社会舆论、道德所反对的，在很多人看来"是一种性罪错"。大量资料表明，其中最直接的受害者是女性，由于这种行为是男女双方自愿进行的，各自都存在一定的心理动机，对于女性来说也是如此。

那么，面对婚前性行为，女性都存有那些错误的心理动机呢。

性观念的开放

近几年来，随着西方文化思潮的涌入及我国性文化的时有泛滥，冲击了有着很深文化积淀的传统性道德。有些青年人盲目崇尚西方的种种性自由观念，想冲破所谓传统性道德观念的自我意识非常强烈。有的女青年说："常规的爱不完整。真正的爱，应该体现出博大。既然爱他，那我什么都可以给他。"于是道德和舆论的压力已经不能束缚现代年轻人的思想和肉体，有的时候她们的性观念已和原始本能需要画上了等号。

据一项调查研究表明，有32.67%的女性认为"贞操不很重要"，有19.7%的女性认为性交后根本无所谓，并说"就那么回事"等。观念一变，行为随之而变，于是就发生了不该过早发生的性行为。

"性"好奇心

在当今文化环境中，性已经渐渐撕去了遮遮掩掩的面纱。对于某些女性来说，谈性欲如同谈食欲似的轻松、正常。同时许多书籍、刊物以及电影电视偏重于性器官、性生活内容的介绍，性心理、性道德的教育贫乏，使很多人对性具有朦胧意识和好奇心理。于是，她们有的开始不满足一些视觉和听觉感受，而是要亲自去尝试、探秘，甚至在恋爱期间，会主动提出或不拒绝男方提出的性要求。调查表明，有64.3%的女性一时好奇冲动发生了性关系，直到怀孕不得不流产时，才后悔莫及。

被男友爱恋之情感动

虽然很多女孩子也懂得女子贞操十分重要，绝不应该轻易奉献，但在男友倾慕爱恋之情的不断激荡下，便坚守不住防线。有的或因男友对自己殷勤倍加，在学习、生活上给自己以极大的帮助，或因男友为自己亲属解决了许多困难而做出了很大的牺牲，于是常常感到内心不安，感激之情油然而生。当男友提出性要求时，担心拒绝会伤害他的心，于是把满足男友的性要求当做感激他深情厚谊的回报，这类情况在调查中占18.3%。

消除男友担忧感

有的女性感到男友符合自己的择偶条件，是理想中的"白马王子"，一见钟情，大有"过了这村没有这店"之感，在恋爱过程中表现主动。然而，对于有些男性来讲，女方越主动，他反而自视过高，甚至产生对女方不放心的担忧感，显得模棱两可、过于谨慎起来。为了表示真诚，有的女性便急匆匆以身相许，采取了这种所谓的"以性锁情"的既不成熟又不明智的拙劣之举，但是最后往往是"赔了夫人又折兵"。

使爱情关系升级

许多女青年把"性"作为衡量爱情的尺码，认为只有性才是维持爱情、发展爱情的钥匙。有的甚至认为，婚前发生性关系是恋爱的程序化要求，提早发生，可以早日确定关系，使爱情升级、深化，加固双方凝聚力。在这种性爱观念的支配下，她们过早地献出了自己的全部。

维持婚约关系

据北京的一项调查表明，在发生婚前性行为的青年男女中，有90.7%是明确了婚约关系，但因种种缘故，如无住房、经济困难、工作不在一起、不到法定的最低婚龄等，迟迟不能结婚。为了维持这种婚约关系，双方经常发生性行为。

了解男友的性功能

存在这种心理的女性多是开放的女性，而且多见于大龄未婚者。她们深感择偶之不易，也期望婚后能美满幸福，因而对结婚持慎重态度。她们愿意与自己满意的恋人在婚前性交，以了解对方的性功能，在她们看来，一生的"性趣"不是小事。

排除阻力

这是爱情心理发展过程中的反响效应。恋爱中的青年男女，当经过一番了解确定下爱情关系后，总希望得到周围环境中的人、特别是父母亲朋的支持和赞许。但如果遭到意外的粗暴干涉，如他人干扰、父母竭力反对、亲友百般阻挠等，他们不但不终止恋爱关系，反而更热情、更密切，以"生米煮成熟饭"的既成事实来抗拒这些阻力，促使恋爱成功。

虚荣心在作怪

当今社会，随着商品经济大潮的不断冲击，部分女青年虚荣心极强，产生了严重的攀比心理，其"恋爱"标准趋于"郎财女貌"，有些男人为了讨取美貌女子而不惜挥金如土。于是，有的女子为了满足自己的虚荣心，不惜以肉体换取财物，很快献出了女性"第一次"；也有的在金钱的诱惑下，"爱情"不断地转移，导致"来历不清"的怀孕。

温馨小贴士

面对这个欲望弥漫的世界，女性不应该被"性爱"的欲望冲昏头脑，任何时候都应该保持一颗平淡的心，一颗冷静的头脑，要学会对自己负责，任何时候都要保持自尊自爱。

3. 入夜后女性性心理变化

如果你身为一个男子，看着自己心爱的女孩每天在自己的周围走动，然而却怎么也走不进她的内心；如果你是丈夫，平淡的婚姻生活让你感觉就如同一潭死水，激不起半点涟漪；如果你是单身的流浪者，看着身边的朋友和同事都是成双成对的，而你却为找不到自己的另一半而黯然神伤……你为此而苦恼，而郁闷，不知道自己错在哪里，是哪里做得不好？其实，很多的时候不是你做得不好，也不是你做错了什么，而是你不能够很好地把握女性的内心世界，搞不懂她到底在想些什么？那么请阅读下面的一些文字，了解女性入夜后的性心理变化，或许会对你有所帮助。

夜晚展示一个别样的自己

对于女性来说，白天化妆是化给别人看的，而夜晚的妆才是属于自己的。夜晚化妆可以使女性踏入一个幻想的、感性的世界，因为化妆是创造幻想的神秘武器。很多女性到了夜晚往往比较偏好浓妆，渴望能够创造出另一个自我，展示一个与白天不一样的自己。另外，他们还喜欢穿着薄薄的衣服，尤其是那些花花绿绿，大胆而新潮的，因为只有这样，她们才感觉发泄了白天工作带来的不满，并展示了自己的独特魅力。

夜晚的汽车是女性向往的床

有一位影评家说："对年轻女子而言，汽车是要抛弃处女所用的床。"因为，汽车可谓是只属于他们的二人空间，而且其隐秘性也非常好；再者汽车可以任意移动，也因此会刺激年轻人的性冲动。此外，汽车可以给女性相当的安全感，进而让她在无形中放开了心胸，陶醉在仿佛依偎对方怀中的浪漫气氛里，并情不自禁。当汽车所含有的非日常性和夜晚的非日常性组合在一起的时候，俨然成为会移动的"双人床"了。因为，在夜晚兜风的话，目的意识变得比较淡薄，同时往往也看不到四周的景物，而在黑暗的小空间里（汽车）孤独感会使二人变得更亲近，很快就会建立起"只属于两个人"甜蜜世界了。

夜晚的女性兴奋而大胆

白天的女性往往会表现得比较矜持和羞涩，但是夜晚则不同，她们往往会表现得大胆而兴奋，尤其是在酒精、香槟和灯光的作用下。因为微薄的烈酒可达到让她放松心情的目的，使她敞开心扉，拿掉内心的障碍；而在舞厅的音响之下，随着音乐的旋律，则会使她们兴奋高涨，这种兴奋一经挑起，就容易转变成性兴奋，也容易做出越轨的行为。而音乐的强烈节奏，光线造成的幻象和身体的跃动所造成的心理兴奋，再加上夜晚的"非日常性"所带来的陶醉状态，则会使人的逻辑性思考能力减弱，感情也会变得更加亢奋。

夜晚配合戏剧性，扮演热情的情人

女性大都喜欢算命，而且被暗示性比男性要强，也就是较为被动，这是由于女性认为一切事情的发生、发展都在命运的安排中。如果女性是沉迷于幻想性的夜晚世界中，则其被暗示性与被动性就会更为强烈。

例如，置身于极富幻想性的浪漫海边，就会迷恋那种类似戏剧性般的状态，而扮演起热情的情人角色，并视此为相当自然的事。可是，如果这种戏剧性发生在白天，女性则会扮演贤淑的角色，这对女性也是一种很自然的反应，千万不要以为一旦发生了关系，她必然成为自己的情人，所以遭到她的拒绝时不必感到意外。

夜晚为求集体化强调自己的魅力

女性之所以喜欢结伴而行，可能源于群体比个人更为有利；或者说，当女性单独一个人时往往缺乏足够的自信。女性似乎也知道结伴而行可把各人的优点结合为一，让男人产生"她们真美！"的奇妙错觉。何况，如果几个人在一起，遇到陌生男性的搭讪，紧张的情绪不会太过于严重，虽然会有些危险性，可是彼此可以分散这种危险，又因为大家在一起行动，更容易吸引男性的注意。

夜晚的性兴奋易受外界刺激

女性的心理似乎会受到颜色的刺激，而产生相当强烈的变化，尤其是鲜艳的色彩。男人看到红色会感到兴奋，而女性由于有生理上的体验，所以看到红色时，不至于太兴奋。由于人体黏膜的颜色与紫色很相近，所以女性可能会由紫色而联想到"黏膜"或"性器"，性兴奋会得到提高。另外，情侣谈情说爱选择在点着烛火或光线昏黄的地方，男人的甜言蜜语才易于打动女性的芳心，攻破女性的城池，因为微亮的光线可使女性的心充满温暖与踏实感，但在阳光的照耀下，其紧张感会增加，即抑制自我。因此，在会发出自然光的灯类下，皆不适合男女谈情说爱。

> **温馨小贴士**
>
> 越是想追求变化的女性，也是最懂得增加生活情趣的女性；相反，到了夜晚，那些没有任何变化的女性，心情会变得急躁，情绪也会变得日益不稳定。

4. 妊娠期女性性心理特征

怀孕，是每一位女性的骄傲。有人说过，如果一位女性没有做过妈妈，那她就不是一个完整的女性。这话是有一定道理的，因为做了妈妈，才可以显示出女性的特殊贡献，才可以激发女性的魅力和潜藏在心底的母爱。妊娠期的女性，往往会表现得和以前有很大的不同，她们仿佛进行了一次蜕变，完全变成了另外一个人。

这时期的她们，把更多的精力给了肚子里的胎儿，用自己的整个身心，去真切地体验着神秘的生命孕育过程，那缓缓蠕动的小生命更是神秘地将孕妇带入了一个神奇的幻想世界。但是，正是因为她们过分关注那个尚未出生的小生命，进而忽视了生命中的另外一个人，那就是自己的丈夫，当然也由此带来了很多不必要的心理负担。

再有几个月，小玉就要当妈妈了，她每天都沉浸在做妈妈的喜悦中，可是近来的一段日子，她却有些闷闷不乐，在医生的面前她道出了原因，原来问题出在性隐私方面：她担心性生活会导致流产或对胎儿不利，所以拒绝了丈夫的性要求，时间一久，被冷落的丈夫开始埋怨她，而且少了刚刚怀孕时对她的关心和呵护，甚至还朝她发了两次火，弄得小玉心里非常地难受。

其实像小玉这样充满苦衷的准妈妈并不鲜见，她们经常会提出：怀孕期间能过性生活吗？对胎儿有无影响？一般来讲孕期女性有不同程度的性疏远。但我们不能够否认的是，女性，从怀孕一开始，便感到性兴奋增加。可是，令许多男人感到困惑的是，尽管女性在孕期性兴奋提高，但却并不对性生活表现出实际的积极态度。

那么，产生这种现象的原因是什么呢？

害怕对胎儿有不利影响

孕期女性对性生活的畏缩可以起因于自身以往的流产经历，也可来自他人的流产经历。她们害怕因为性生活会导致胎儿的流产，所以当对流产的恐惧压倒了性欲要求时，孕期女性便会尽量避免实际的性生活。但是，有的丈夫不能理解妻子的"苦衷"，反而认为妻子是杞人忧天，因此妻子便可能渐渐地弱化性欲望，导致夫妻的性生活的不协调。

担心自己的形体会降低丈夫的性欲

尽管孕期时女性为自己的形体变化感到骄傲，但却害怕别人尤其是丈夫不喜欢自己的形体。有些丈夫会无意中流露出对妻子形体的讥笑，这就更刺伤了孕期女性的自尊心，使她们没有信心轻松自如地投入性生活。久而久之，她们便会压抑自己的性欲求，对实际的性生活表现出疏远或淡漠的态度。实际上，这是对男性的误解。一个男性对于自己妻子孕期的形体往往觉得很美，至少觉得不难看，更不会反感，也不会因之而影响他们对妻子的性兴趣。而关于因怀孕后形体变化影响性生活的看法，完全是孕期女性自尊心上升的结果。

有报道说，许多孕妇，在妊娠1～3个月性欲低下，而妊娠4～6个月性欲上升，妊娠7～9个月性欲再度下降。妊娠1～3个月性欲低下的原因主要是因为妊娠反应，如乏力、恶心、呕吐或食欲不振等，妊娠7～9个月由于体重迅速增加、腹型膨大，以及全身负荷加重，从而性欲低下。

不少专家认为，在孕期，孕妇性欲因个体不同有降低也有提高。但是整个妊娠期间都可以进行性生活，除非有阴道出血、疼痛、羊水漏出，特别是有宫缩等现象应禁止性交。一般来说，孕期的性交是安全的，不会造成对胎儿的伤害。那些因性交而导致的流产或孕期出血的情况，多是动作过于粗暴所致。这种粗暴的性交即使在非孕期也是应该避免的。对于一位健康的女性来说，孕期是可以进行性生活的，而且仍然保持着性高潮的反应能力。

当然，对于孕期性交，一定要遵循科学和安全的原则，并且要减少性交的次数，这样才能保证孕期的"性趣"盎然。对此，在性交过程中，一定要注意以下几点。

（1）进行清洁的性生活，避免由于不注意卫生导致孕妇感染并危及胎儿。虽然某些感染可能不会给怀孕的母亲带来严重后果，但却可能对胎儿产生致命的影响。

（2）注意性交体位，上下位和屈曲位绝对应避免，建议采用丈夫从背后抱住孕妇的后侧卧位。但要注意不要对孕妇腹部增加负担，不要对子宫强烈刺激。需要提醒的是，有人误以为肛交能够避免感染，从而妊娠期进行肛交。实际情况是，肛交能促进细菌扩散，引起羊膜炎、胎膜早破和宫内感染等，应当禁止。

（3）动作宜轻柔，忌粗暴。因为孕期女性的阴道和子宫黏膜血管变粗、充血，如动作过猛，易受伤和出血，甚至导致流产。

（4）在孕期应尽可能多地采用非性交方式的性生活，如用拥抱、亲昵等来达到性满足。但也有人为了避免妊娠期性交，采用手淫的方式，事实上手淫引起的宫缩比性交更为强烈、持久。因此，妊娠期不应有频繁手淫，以防止流产、早产等。

温馨小贴士

对于那些有习惯性流产的孕妇，就应该注意孕期避免性生活，而采用非性交的性方式来满足自己的"性趣"，这样就不至于对胎儿造成危害。

三、新婚之夜性心理调适

新婚，乃人生的头等大事。新婚之夜更是"一刻千金"，这种时候没有"经验"的新人，如何使良辰美景伴"销魂"，真的很重要。因此，作为新婚之人，就很有必要了解新婚之夜的性心理特征，并进行适时而正确的调适。

1. 新婚之夜女性性心理调适

"久旱逢甘霖，他乡遇故知。洞房花烛夜，金榜题名时。"是人生的四大喜事，然而对于女性来说，最为兴奋的也就是"洞房花烛夜"。可以说新婚之夜是女性一生中最甜蜜最幸福的时刻，是既激动兴奋，又感到神秘羞涩，处于一种渴望、朦胧的状态。在她们的心底有点羞怯也有点害怕，对从女孩转变为女人的这一过程，她们大多是充满了好奇。

新婚之夜是性生活的开始，更是夫妻双方进一步深入了解和相爱的最重要途径。但是，因为是初次性交，不管是成功还是失败，她们都将铭刻在或是甜蜜或是苦涩的难忘回忆里。

一位女性曾经这样讲过她新婚之夜的经历：

"我至今难忘我的新婚之夜。嫁给他之前，我没有任何有关性的经验，我害怕极了，越是到晚上，这种恐惧的感觉越强烈。我甚至不敢和他回家。我的丈夫很了解我，那一晚，我们就像谈恋爱时一样，坐着聊天。他跟我讲了很多我以前不好意思听的话，实际上，他是在对我进行性的启蒙教育。第二天晚上，我才知道原来'性'是很美妙的东西。我们现在的性生活很和谐，我们也因此很恩爱。为此，我要感激我的丈夫。"

一般来讲，由于生理特点的不同，男女新婚之夜的性心理存有很大的差异。一般男性在婚前就有强烈的从肉体上与自己心上人结合的愿望，新婚之夜，便容易表现得迫不及待地要与妻子进行性交。在这种强烈性欲的冲动下，他们几乎毫不例外地处于主动地位。而女子则不然，她们大都比较羞涩，而且更注重陶醉在精神上的交流和心灵的融合上。另外，因为女性的天性使然，她们容易产生羞涩感和紧张感。

羞涩感

因为传统观念的制约，即使是长时间热恋的情侣，初次性交时，面对男性也都会带有一定程度的羞涩感。所以，丈夫应该主动通过动情的话语和温柔的爱抚打破这种羞涩的气氛，排除性交前的心理障碍。

紧张感

新婚夫妇初次性交，因缺乏性知识和性体验，再者女性大都害怕因为处女膜破裂会带来巨大的疼痛，所以在心理上很容易产生一种自我紧张感。如性交不顺利，则会进一步加强这种紧张感。女性这时应尽量排除情绪干扰，学会自我放松。

满意感

新婚夫妇初次性交，如果顺利，凡是和谐、欢愉的，就会获得满意感，品味到新婚的幸福和甜蜜。如果不顺利或难以实现，有人就会产生失望感。如果反复如此，就会影响甚至动摇美满婚姻的情感基础。

一般来讲，新婚之夜初次性交不顺利是常事。新婚夫妇一般要经过3~4周之后才能达到满意性交的程度。所以，千万不要因一时不顺利、不满意就灰心失望，抱怨妻子不行或丈夫无能。正确的态度是，双方应降低初夜期望值，通过不断总结经验，改进方法，密切配合，在最短的时间完成性爱的完美结合。

有关研究机构对已婚女性新婚之夜的感受进行了调查。结果发现，竟有相当多的新娘没有感觉到甜蜜和幸福，而是用"哭笑不得"、"惊骇万状"、"莫名其妙"、"手足无措"、"愤恨交加"等词进行了描述。

所以，掀开夫妻性生活第一页的时候，一定要注意以下几点。

（1）在结婚之前一定要学习一些基本的性知识，了解男女性器官的结构、功能和生理特点，这样对性生活的开始有一定的帮助。

（2）对大多数女性来说，面对第一次的性生活，都会有严重的紧张感和羞涩感，有的因为受传统观念的影响，甚至不知道性为何物，所以这时作为丈夫的就要学着对妻子进行启蒙性教育，帮妻子消除紧张和不安感。

（3）作为男性，在新婚之夜进行性生活时，一定要体贴、关怀、爱护女方，而女性也要注意配合自己的丈夫。刚开始进行性生活时，双方的精神都比较紧张，都或多或少会产生一种羞涩感。特别是女方更明显一些，心理状态也比较复杂，带有某种恐惧感，通常处于被动地位，男方应主动拥抱、爱抚对方。另外，处女膜破裂时会产生轻微的疼痛和少量出血，这是正常的生理现象，此时男性动作要温柔一些。如果只顾自己而不顾对方，粗暴性交，不仅会给女方精神上带来不快和痛苦，甚至会使对方产生对性生活的厌恶。

（4）在初次性生活中，女方也不要完全处于被动地位，要主动配合。女方要尽量放松自己的情绪，把两腿弯曲向两边分开，使阴部稍向下用力，使双方很快地进入性兴奋和性高潮，分享性快感。一般来讲，这样做通常会减轻处女膜破裂带来的疼痛感。

（5）第一次性交时，女性处女膜会发生破裂、出血，所以，下一次性生活就要多隔几天，待裂伤愈合后再进行性交，否则会给女方增加痛苦。但处女膜破裂时对疼痛的敏感性，因人而异，有的很敏感，有的则不敏感，对疼痛感觉强烈者，最好停止数日后再性交。处女膜破裂后，裂口边出现红肿，并可能有黑色凝血小块，一般经过2～3天后逐渐吸收消退，若遇到这种现象，最好在第一次性交后隔2～3天再进行性生活，以防止伤口发炎。若处女膜破裂时出血很多，则应急诊就医，以免发生意外。

温馨小贴士

新婚之夜，是夫妻生活的开端。作为女性，一定要克服与生俱来的羞涩感，只有双方好好地交流和配合，才会为你的一生留下难忘的瞬间，在若干年后，回忆起你的新婚之夜，也定是充满了甜蜜和幸福。

2. 新婚之夜，如何面对紧张的妻子

结婚之前，你发现自己的未婚妻真的是一个百里挑一的人，她温柔善良，关心体贴，下得了厨房，入得了厅堂，在任何方面几乎都无可挑剔，于是心中暗喜。然而没有料到的是，在新婚之夜做爱时，她紧张不安，瑟瑟发抖，虽然你试图与她结合，而且她也知道将要发生什么，并没有明确反对，可还未挨到她，她竟大汗淋漓，尖叫着就要昏死过去。看着可望而不可即的妻子，你感到非常难受，但是却又无可奈何，只能遗憾地看着"一刻千金"的新婚之夜慢慢消失。

新婚之夜，男性常常是理智被热情所淹没，往往试图采取突击式的方法接近，但是这样通常会使新娘的不安和恐惧剧增。其实，新婚之夜，女性因房事而紧张、恐惧、不安是一种常见的心理现象。我们不能排除的是，有一些女性因为在童年或者以往的生活经历中受到过"性伤害"，也因此在心理上产生了心理障碍，对于绝大多数女性来说，她们都对"性"充满了好奇和向往，但是，由于在生理、心理、性观念等方面与男性存有一定的差异，不仅性唤起较迟，而且对性生活的羞涩感也比男性重。因此，在新婚之夜难免会产生一种紧张不安感，并因此而产生胆怯和踌躇。

如果面对紧张不安的妻子，男性不顾妻子的痛苦还想要与之进行交合，一定会伤害妻子的心理，严重者可能会因此而形成心理障碍，如果真的到了这样的地步，那么在以后的婚姻生活中，你们一定不会品味到性爱带来的种种幸福和快乐，而且会为以后的婚姻生活埋下某种隐患。

所以，新婚之夜，新郎要了解新娘这些心理特点，理解新娘的心情，用理智控制自己的热情，用爱情博得新娘的完全信赖，化解她内心的不安。当然，这并不是一件容易的事情，需要你有耐心和信心。

首先，当婚礼进行完之后，所有的客人也都陆续离去，此时你先不要急于就寝，可以陪新娘说说话，交流一下今天的感受，借此缓解一下劳累紧张的身心。或者暂时离开一下洞房，让新娘有时间来进行沐浴，并借此洗去一身的疲劳。

其次，就寝之后，可以先俯在新娘的旁边，轻轻地抚摸她，温和地用手摸她的脸，双手和肩部，一定要让她感觉到触摸带来的欢愉和幸福。在她没有任何反感的时候，身体悄悄向新娘挨近时，可以继续向她叙说一些甜言蜜语，告诉她你是如何地爱她，娶到她是你一生的幸福，永远对她不离不弃等。这些话语和抚摸在很大程度上能够帮助新娘克服羞怯和恐惧，释放内心的不安。

最后，经过了交谈和爱抚，此时新郎可一步一步地将身体与新娘紧紧挨近，使她感到新郎的温暖，相信这时她的性欲亦逐渐为这样的挨近所唤起。当这些温和的动作、甜美的语言和亲密的接吻，越来越激烈时，你肯定可以觉出新娘对于你的情爱和逐步的逼近已经起了反应，此时你不要急于与她结合，可以再继续抚摸、接吻、拥抱，等新娘也有了强烈的性欲时，再与之结合，这样就会彻底消失新娘的紧张不安感。

只有这种双方达到性唤起时进行的肉体结合，才是灵与肉的巧妙结合，才会使双方都享受到那种难以言状的快乐和甜蜜。等到性交圆满完成，那么新娘所有的羞涩和惧怕便会完全自然地消失，存留在脑海里的便只有爱丈夫的心和应尽做妻子义务的感觉了。至此，便为家庭生活的幸福奠定了良好的基础。

温馨小贴士

面对紧张的妻子，作为丈夫的要有理智，有耐心，有技巧，有信心，切不可鲁莽行事，否则，带给你的可能将是你一生的痛苦。

3. 男女新婚性心理差异

我们知道，没有结婚之前，男女对于性生活的体验是不一样的。对于女性来说，她们知道的往往比较少，一些保守、传统的女性甚至对性一无所知，认为"性"是一件讳莫如深的事情。然而男性却不一样，他们从进入青春期开始，就一直在伴有性梦、遗精或者手淫等活动中，不断地出现和体验着性高潮。虽然没有结婚，但性活动却是早就有过了。因此很多人认为，在新婚之夜，新郎更多的是在"验证"自己过去的经验，而且他们其实早就知道，性的"果实"肯定是快乐。

但是新娘却往往是在从头开始"发现"自己的"性"。大多数的女性在初为新娘时往往对性充满好奇和新鲜感，但是因为对性知识知之甚少，又对性充满了不安和恐惧。因此对于女性来说，在结婚之前，一定要学习和掌握一些科学的性知识，这是非常重要也是非常必要的。

另外，在新婚性生活中，男性往往是主动的"进攻者"，而女性则常常是被动的"承受者"；因此女性在心理上总会比男性更为敏感和脆弱，对于男性的失误，在很多年之后还是会心存芥蒂，不能彻底消除。因此，男性在进行性生活之前，最好先征得女性的理解和谅解，而作为新娘的女性，也应该"得饶人处且饶人"，只要自己的新郎确实做了努力，就应该给他机会进行联系和学习，这样在以后的生活中才能取得较为完美和谐的效果。

从视觉刺激上来说，男性往往比女性更为敏感，常常一看到新娘宽衣解带就迫不及待。而对于触觉刺激，女性则比男性敏感，她们往往喜欢极其充分的爱抚，喜欢抚摸带来的舒适和惬意。因此，对于新婚之夜的男女来说，男性一定要对女性进行充足的抚摸，并说一些含情脉脉的情话，如同热恋时期的那些山盟海誓一样，此时的甜言蜜语和温和抚摸更能捕获女性的内心。至于女性，此时最好穿得暴露一些，拣一些性感且鲜艳的衣服，这样更能满足男性的视觉刺激。

·········· 温馨小贴士 ··········

新婚之夜，男女的性心理存在着很大差异，面对这些差异，身处其中的你所要做的是正视这些差异，并努力认同这些差异，只有这样才能达到性生活的和谐美满。

四、夫妻性生活心理

近年来，在心理学家和婚姻咨询工作者的调查中，均将性生活问题排列在夫妻生活的首位。据有关人员调查表明，造成家庭生活不和睦的因素很多，例如家庭暴力、经济问题、家庭成员关系处理不好等，但夫妻性生活的不协调，则在造成夫妻矛盾的诸多因素中占了一半的比例。很多夫妻都因为性生活的不和谐而日夜苦恼，轻者唉声叹气，互相抱怨，重者则使婚姻走到了尽头。那么，怎样才能使性生活和谐，尤其是成年期性生活和谐呢？对此我们应该注意以下几方面的问题。

1. 夫妻性和谐的心理准备

我们知道，与热恋期和新婚期相比，成年期夫妻双方性爱的程度有所下降。由于负担较重，对性生活的要求强度也减弱，需要进行感情的再调适，而其中，性生活的调适是必不可少的。它主要体现在夫妻性生活过程的心理准备。夫妻双方应了解在什么情况下，容易唤起对方的性爱，使其愿意过性生活，并达到与自己"同步"。

一般来讲，下面几种情况比较容易唤起彼此双方的性欲，对营造完美和谐的性爱有着很大的帮助。

心情舒畅

心理专家指出，当人的心情舒畅时，身体内的荷尔蒙分泌就会旺盛，性欲相比平常就比较高；同时，当你的心情舒畅之时，你会发现周围的一切都是美好的，对方也显得比以前妩媚动人，亲切可爱，因此往往容易产生性要求。

身体健康

不管任何时候，身体健康都是生理和心理活动的基础，因为只有你拥有了健康的身体，才能够拥有高涨的情绪和振奋的精神，也才会拥有旺盛的性欲。

温度适中

我们知道，在太冷或者太热的天气里，不管做什么事情，都往往难以燃起激情，性生活也是一样。天气过冷或者过热，都会影响人的性欲。

环境安静

一般人在嘈杂的环境中往往会心情烦躁，情绪低落。试想，如果你的住宅周围是一片嘈杂的环境，严重影响着你的生活和休息，此时你还会对性生活充满欲望吗？答案肯定是否定的。

外界影响

现实生活中我们不难发现这么一个事实：一些色情电影、书籍等往往能够赢得很多人的青睐，为什么这些电影和书籍会有这么广阔的市场呢？其原因就是这些外界的事物往往能够给一些人带来某种满足，而他们往往在看完之后也会情不自禁。这也就体现了这么一种现象，现实生活中的人往往容易受到外界的影响，如电影、电视中的某些镜头、某些画面，小说中的某些情节，容易使夫妻产生性冲动。

浪漫氛围

很多时候，在一些快乐的节假日或者一些值得纪念的日子，例如生日、情人节、结婚纪念日等，夫妻双方往往会尽心营造一种浪漫的氛围，或是一束花，或是一件渴望已久的礼物，或是一次烛光晚餐，在这种氛围的影响下，夫妻双方的性欲很容易得到提高。

但是，我们也知道，不是在任何时候，夫妻双方的性欲都能够同时得到提高。那么当夫妻中的一方有了性要求后，怎样才能够合适地传达给对方？怎样才能使配偶的"性"欲也能与你的节奏同步呢？也就是说，在你产生了性要求时，你将会如何把你的性信号传达给对方？

所谓性信号指夫妻在性生活中，其中的一方因为性欲高涨向对方发出的"性事信号"或"交媾信号"，另一方则接收信号并做出同意、不同意或不置可否的表达。这类信号的发出方式，对于不同的夫妇来说也有不同的形式，但一般都是大同小异。至于性信号的形式，有的是语言的，有的是非语言的；有的较明确，有的较为暗示，不少夫妇在长期性生活的实践中，会形成一套属于自己的特殊信号，使相互间得以了解和配合。

一般来讲，对于女性来说，则多会采取一种比较含蓄的方式，比如她们往往会把卧室布置得芬芳温馨，或者会在吃完晚饭后早早地哄孩子入睡，或者在洗完澡后穿上性感的睡衣和内衣，抑或是喷上丈夫喜欢的香水，或者是向丈夫撒娇发嗲。而对于男性来说，则往往比较坦率和直接，他们往往会主动向妻子大献殷勤，主动帮助妻子打扫房间，收拾家务，或者对妻子说一些甜言蜜语，或是进行一些调情的动作等。

总之，性信号不仅因人不同，也会因地域、文化等的不同而有所差异。而对方在接收到信号后，则往往会用笑容和点头表示可行，用摇头或瞪眼表示不行。但是夫妻之间，尤其是中年夫妻之间传达性信号是非常丰富而广泛的，一举手、一抬足、一抹意味深长的微笑、一个深情的眼神，都能准确地表达用意，并使对方深刻理解。

温馨小贴士

恩爱夫妻常把晚餐作为向对方表达爱意的良好时机。妻子为丈夫做几个可口的菜肴，为丈夫斟满一杯酒；丈夫为妻子夹菜，夸她的菜做得好。称赞妻子做家务辛苦等。夫妻二人情意浓浓，在相互惦念、疼爱之中，爱情得以深化。

2. 夫妻性和谐的心理原则

对于性生活，我们不能简单地理解成为是一方对另一方的"给予"或一方简单地"接受"。因为在性生活中，男女双方都有责任和义务成为"闺房"中的主角。因为要想获得一份完美而和谐的性爱，需要双方来共同营造。心理专家指出，在夫妻的性生活中，夫妻双方一定要遵循一定的心理原则，因为它对营造一份完美和谐的性爱有着必不可少的帮助。

那么，在夫妻的性生活当中，我们都应该遵循哪些心理原则呢？

不要急于求成

这一点对于新婚的年轻夫妻来说尤为重要。因为对于新婚夫妇来说，夫妻双方都缺乏性经验，不是一次两次就能够达到和谐的，这需要一个观察、学习、练习和不断改进完善的过程。

不要过分看重性技巧

晓露是一位30岁的小学教师，和丈夫结婚时，才23岁。她觉得别人都会做爱，过性生活，就是她不会，为了使丈夫满意，她读了很多书学习性交的技术。她每天晚上都提出两三种不同的性交体位，心想这样丈夫也许会满意。恰恰相反，丈夫觉得什么地方出了问题。一天晚上，便坦率地问道："你是否喜欢和我做爱？"晓露感到很窘，想了想后也坦率地说："不，不喜欢。"丈夫问她："你希望我做些什么改变来使你满意呢？"晓露顿然醒悟，问题的关键在自己这方面，做爱时只是刻板地按照书中写的程序去做，而不是按照自己的感觉、欲望去做，所以在整个做爱过程中，自己太紧张、太呆板了，根本没有享受到那种自然的欢乐。

接受自己

白天，不管在任何时候，任何场合，人们都会打扮自己，尽量做到衣冠楚楚，明艳照人，举止得体，彬彬有礼，给人一种良好的印象。但是，在性生活之中，难免会对自己平时的形象有所损害。我们应当把这些超乎"寻常"的表现看成是"性趣"的一部分，切不可以日常的举止容貌作为判断标准。另外，很多人对自己的身体不满意，害怕会在对方面前过分暴露自己的缺点，其实，每个人都有吸引对方的魅力，所以一定要使自己保持良好的情绪和状态。

学会宽容

在夫妻的性生活中，难免会出现这样的状况，即其中的一方表现不好会使另外的一方感到不满意。这本是一种很正常的情况，所以切不可因为对方偶尔的表现不佳而去埋怨和猜疑，甚至是谩骂和侮辱。这样的话只会起到相反的效果，此时最重要的是要保持一颗宽容的心，给对方以支持和鼓励，这才能取得你想要的结果。

坦诚相待

在夫妻生活当中，性生活是一项必不可少的内容，同时性也是人类最基本的生理需求。所以，一旦你对性有什么需求时就应当坦诚地告诉对方，在性生活当中有什么不适或者不满，切不可隐瞒和回避，否则只会使问题越来越糟糕。

不要每次都能够完美

有的人（特别是男子）总期望每一次性生活都完美无缺，否则不是自责就是"怪罪"。须知道，各种原因都有可能影响你在性生活当中的表现，如情绪、天气、周围环境等都有可能导致你某次性生活的失败，对此你不应该感到内疚和自责，最重要的是总结原因，找出问题的症结所在，这样才能为下一次的完美做好准备。

温馨小贴士

在性生活当中，夫妻双方是平等的，不存在"男尊女卑"的状况，因此夫妻双方一定要认识到宽容、坦诚、平等的重要性，同时再加上理解和配合，只有遵循了这些原则，才有助于营造更完美的性生活。

3. 夫妻性和谐的心理条件

夫妻性生活的过程，既包括生理反应，又包括心理反应。它绝不仅仅是为了满足性欲需要。人类性行为之所以异于动物，就是因为它是爱情感驱使的。在这个过程中，许多复杂的心理活动表现出来，使性行为有明确的选择性和指向性，并且能预见到这种性行为所可能产生的后果。在夫妻关系的诸因素中，爱情和性行为的联系应该是最密切的，夫妻之间通过性生活进一步增进彼此之间的感情，使爱情能够永远在婚姻中保持新鲜如初。

科学研究表明，夫妻间对婚姻感到满足的程度和获得性满足的水平是相互影响的。在夫妻生活中，性生活不谐调不满足，很难感到婚姻的幸福。反之，如果夫妻关系处理得好，则必定能够得到满意的性生活。

那么，怎样才能达到性满足呢？有哪些心理条件影响夫妻间的性满足呢？

爱情是性生活的基础

在任何情况下，爱情都是婚姻的基础。夫妻间的性生活源于爱情，两个人相亲相爱，最后以性交使性要求达到最大的满足。在没有爱情而结婚的基础上所进行的性生活，是不可能达到心灵和肉体完美结合的，因为无爱的性和简单的性欲发泄是没有什么区别的。同样，即使在由爱情缔结的婚姻关系中，性交行为如不为爱情所驱使，有时也仅仅是一种性欲的发泄，是不完美的，不能得到性满足。性行为在本质上是一种心理现象，如果心理处于不平衡状态，整天在猜疑、恐惧、忌妒和厌倦中生活，是不可能拥有和谐的性爱的。

沟通在性生活中必不可少

因为人与人是不同的，在任何方面都有着差异，包括在性生活方面。例如夫妻双方对性要求的强烈程度，对性愉快的看法，性交的频度、性偏好等问题的看法，不可能是完全一致的。因此在夫妻生活中，彼此应该相互体谅对方，不能过分苛求或勉强，更不能求全责备，无端地猜疑和否定，否则不可能得到性和谐。对此，双方应在生活中通过学习、交流，使对性生活方面的认识一致起来，并认识和接受对方性反应和性偏好的不同特点，从而加强向对方提供快乐的能力。

保持经久不息的吸引力

很多人认为结婚之后就不必注意自己的形象了，其实这个想法是完全错误的，因为只有保持永久不息的吸引力，才能够永远保持自己在对方心目中的位置，所以要时常带给对方一种新鲜感。如夫妻都要保持肌肤和内衣的清洁，不随便在配偶面前赤身裸体，性接触不要过于频繁，适度分床就寝，或者换一种方式表达"我爱你"……具有吸引力才能挑起对方的性欲，进而共同创造和谐的性生活。

········· **温馨小贴士** ·········

除了以上必备的心理条件外，夫妻双方应尽量表现自己身上的积极品质，克服消极品质，使夫妻永远保持炽热的性爱和情爱，这样性和谐就容易达到了。

小测试：测测你的性成熟度

有人认为，只要人的年龄到了一定的岁数，性自然就会成熟了。但是，事实并不是这样。性的成熟度不仅仅是一个年龄的问题。有很多成年人在性方面就长期处于一种很幼稚的状态，在与异性的交往中总是唯唯诺诺，结果会在求偶或者与异性朋友的交往中失败。你是否想知道自己在性成熟方面的程度呢？来看看下面的小测试吧！

女性回答的问题：

1. 你喜欢比你年龄大的男人吗？

A. 喜欢，特别是有钱的男人。

B. 如果没有年轻一些的选择，年龄大的也可以。

C. 我不是太看重对方的年龄，关键是他的品行。

2. 当你的性伙伴出现性冷淡时，你会怎么做？

A. 骂他真是没用。

B. 故意夸奖另外一个男人，使他妒忌。

C. 使用你的性技巧，让他在精神和肉体上放松下来，直到唤醒他的性。

3. 你是否会夸奖你的性伴侣相貌堂堂？

A. 从来不会。

B. 有时候会。

C. 经常会。

4. 当你的性伴侣与别的女人勾肩搭背的时候，你会有何反应？

A. 给他难堪。

B. 当面指责他，然后走开。

C. 任由他去，反正他最爱的还是自己。

5. 如果有别的男人向你表示爱意的时候，你会有什么样的反应？

A. 让他离开。

B. 笑笑，当什么也没发生。

C. 享受那份自豪。

6．你最能迷恋男人的是什么？

A．能做出一手好菜。

B．穿比基尼。

C．懂得如何展现自己的美丽。

7．你觉得自己在男人心中留下深刻印象的是什么？

A．性感的身材，高耸的乳房等。

B．贤惠。

C．精明，富有幽默感。

8．当你感觉自己在性方面有问题的时候，你会怎么做？

A．在妇女杂志上查找相关内容。

B．求救于最好的朋友。

C．直接告诉你的性伙伴。

9．你认为一个男人最大的优势是什么？

A．很多的存款。

B．强健的身体。

C．雄心壮志。

10．当你的爱人很快达到性高潮，而你还没有满足的时候，你会怎么做？

A．下次再也不搭理他了。

B．寻求治疗，学习性爱技巧。

C．使他再次冲动，来满足你。

11．如果一个陌生的男人在公交车上对你进行性骚扰，你会怎么做？

A．叫警察。

B．假装没注意。

C．当场指责他。

12．假如你已经过好几年的婚姻生活了，对待性生活你会持什么态度？

A．再也不会在性生活上花费太多的脑筋。

B．如果他需要的话，由他决定。

C．将仍然保持性生活的质量。

13．你认为爱情和性是联系在一起的吗？

A．我觉得还是单纯的爱情好。

B．当爱情发展到一定程度时，才能有性关系。

C．两者难以区分。

14．在什么时候你会为丈夫做他最爱吃的菜？

A．对他有所求的时候。

B．要向他坦白某些事情的时候。

C．想让他特别高兴的时候。

15．如果你不慎怀孕（怀的是你所爱的男人的孩子），你会怎么做？

A．要求和他立即结婚。

B．继续怀孕，直到替他生下孩子。

C．立即把孩子打掉。

16．如果你心爱的男人要和你试婚，你会怎么做？

A．明确地拒绝他。

B．答应他，但是感觉有点委屈。

C．做分手的准备。

17．如果你的皮肤很不细腻光滑，你会怎么办？

A．你不在乎，既然他爱你，就得接受你的一切。

B．好好保护皮肤。

C．做皮肤健美。

18．在什么时候，你最有可能对你心爱的男人撒谎？

A．他对你撒谎的时候。

B．觉得他肯定发现不了的时候。

C．在想和另外一个男人说话的时候。

男性回答的问题：

1．如果刚和你的性伴侣做过爱，你会干什么？

A．抽支烟。

B．很快睡觉。

C．继续爱抚自己的性伙伴。

2．如果有一个还没有成年的幼女对你提出性方面的要求，你会怎么办？

A．答应她，完事后马上走人。

B．告诉她的父母，以后要多加教育。

C．告诉她不能这样。

3．如果你的爱人因为其他原因而丧失了过正常夫妻生活的能力，你会怎么做？

A．对她表示同情，但是还会离开她。

B．感觉自己受了骗。

C．寻找相互能满足的新方式。

4．如果让你带一个成熟的女性去看电影，你会选择哪一类？

A．喜剧片。

B．惊险片。

C．爱情片。

5．你什么时候会送礼物给自己的伴侣？

A．在你想和她和好的时候。

B．在节假日或者她生日的时候。

C．当特别想她的时候。

6．你对避孕问题怎么看？

A．这些东西都是女人的事情。

B．你会每次都戴避孕套。

C．在没有谈好双方的责任之前，不会与她发生关系。

7．你心爱的女人如果认为结婚是很落后的一种方式，你会怎么做？

A．不能忍受她的这种看法。

B．不结婚但是和她一起共同生活。

C．高兴地与她自由同居。

8．你如何注意你的个人卫生？

A．你认为女人喜欢男人身上的这种气味。

B．在约会的时候，会在身上喷一些香水。

C．在做爱前总是先洗澡。

9．如果妻子发觉了你隐瞒她的事情，你会怎么做？

A．找一个理由，为自己的过错开脱。

B．避免提到此事，以免伤害夫妻间的感情。

C．让她相信你对那件事情根本就没有放在心上。

10．你怎么看待年龄比较大的女人？

A．在性方面不能与她们发生任何的联系。

B．她们在性方面仅次于年轻的姑娘。

C．她们有丰富的性经验。

11．当你性欲高涨，而对方却很冷淡时，你会怎么做？

A．发脾气，指责她的冷漠。

B．自己去看黄色录像。

C．耐心而温柔地抚摸她。

12．你经常夸奖妻子的美貌吗？

A．很少正眼看她。

B．当你特别喜欢她某一点的时候。

C．经常找她的优点并加以赞赏。

13．如果你的性伙伴和其他的男人在一起很长时间，你会有什么反应？

A．禁止她和他们过多接触。

B．尽可能跟着她。

C．你认为她最爱的人还是你。

14．你认为现在的女人的特点是什么？

A．喜欢男人在性方面很粗俗地对待她。

B．她们在所有方面都要求平等。

C．喜欢男人把自己当做贵妇人对待。

15．你觉得最能让女人感到刺激的是什么？

A．关上灯抚摸她。

B．亲吻她并轻声地呼唤她的名字。

C．注意她的情感。

16．你认为自己留给女人印象最深的是什么？

A．英勇。

B．性技巧。

C．体贴入微。

17．如果你在性方面有问题，你会求助于谁？

A．好朋友。

B．询问医生。

C．自己的爱人。

18．你认为女人最重要的优点是什么？

A．贞操。

B．性欲强。

C．热情大方。

记分方法

选择A得0分，选择B得1分，选择C得2分。

结果分析

0～9分：你在性方面还处于朦胧的阶段。你根本不能了解健康向上的性究竟是什么样的。没有一个理智的人会愿意和你这样的人生活在一起。所以，你在婚姻问题或与异性的交往中会很失败。你应该向自己的朋友、家人或者医生多了解一些有关方面的知识和经验。

10～19分：你在性方面还不够成熟。你在与异性或者情人交往的时候会显得很幼稚。别人是不会喜欢你这种年轻又天真的情人的。纵然会有人喜欢你那种幼稚的恋爱方式，也只是极少数人。

20～29分：你在性方面基本成熟。你在爱情方面有很强的控制力，你能很轻松地把握住爱你的或你爱的女性。当然，你的情感方式在有些方面还需要加强。

30～36分：你在性方面非常成熟。你对异性的了解非常清楚，可以说是了如指掌。在爱情方面，你不需要再更多地学习什么经验和知识，只要你愿意，很少有被你盯上而又逃脱的异性。

第二章　跨越不良性心理的阴霾

　　有人说："新婚之夜是一个使人激动、兴奋而又难忘的时刻。"因为在这一刻，一切关于男性和女性的最后一帏神秘的轻纱将被褪去，一切关于男性女性的神秘传说将被证实。然而，当性爱变得不再神秘，各种各样的不良性心理也随之而来，以致影响夫妻之间云雨之欢的愉悦，严重者甚至会导致婚姻的破裂。

一、性冷淡

　　这是一种最常见的不良的性心理。有这样一个触目惊心的数字：女性性冷淡的发生率约为30%～40%，也就是说，将近三个女性中就有一个性冷淡。

　　通常来讲，性冷淡是指性欲缺乏，即对性生活无兴趣，无要求，对性交表示冷漠、不喜欢，甚至厌恶。在性交时常常感觉焦虑、疼痛，有的女性甚至回避性交，有的即使不回避也不能在性交时享受到快感和满足，以至从来没有体验过性高潮。

　　或许大家都很熟悉颇受争议的电影《世界中心》（又译《私人红灯区》），其中脱衣舞女郎弗罗伦斯的职业就是取悦男性，让男人在她的舞蹈中完成性高潮。可是，当富有的电脑工程师理查德真正爱上她，不愿接受她的服务，而与她进行真正的男女交欢时，却发现她其实是个十足的性冷淡，这也是她千方百计拒绝理查德的真实原因。而调查表明，在大多数地方，超过25%的女性通常会表现出性冷淡的情况。

　　有一对年轻的夫妻，他们结婚6年，尚未生育，问及为什么不要孩子，女子说是工作忙，没有时间，而男性向心理医生诉说了妻子的苦衷。

自幼父母双亡的妻子从小在保育院长大，16岁那年的一个傍晚，她从学校回家，在一条偏僻少有人走的小巷，一个男人走在她的前面，那个男人突然转身朝她脱开裤子，露出阴茎，她被吓得掉头就跑。

自此以后，她就对男性产生了一种莫名其妙的厌恶感和恐惧感，对于婚恋和性爱方面的事更是闭口不谈，而与丈夫结婚是在领导和同事的撮合下才勉强答应的。婚后丈夫对她非常非常照顾，温存有加，可是她却不愿意与丈夫亲热，偶尔的几次性生活完全是在履行义务，她根本没有情感上的需求，所以结婚6年未孕。经医生检查不是生理上的原因。后来经心理医生诊断是心理因素引起的性冷淡。

可见，性冷淡在很大程度上已经引起了婚姻的不和谐，甚至是不健全。

那么，造成性冷淡的原因是什么呢？

性骚扰的影响

社会上一些道德败坏者，一见女性犹如狂蜂浪蝶。由于不时地受到性骚扰，这些女性渐渐地对男性产生一种憎恶的潜意识，尤其是如果小时候教育不当，加之受性骚扰留下了心理疮疤，日后，即使是与她最爱慕的丈夫过性生活时，也会因潜意识突发而出现性冷淡。

婚姻缺乏爱情基础

现在有不少女性追慕或囿于权钱，自愿或被迫与自己不喜欢、甚至憎恶的人结婚，这种没有爱情基础的婚姻，其性冷淡的发生是顺理成章的事。

对性爱期望值过高

一般的情况下，女性尤其是漂亮的女性常被人恭，所以对各种事物，包括性方面的期望都较高。但是由于性爱有其特殊性，有时男方难以在性爱上达到女性的要求，这时，她们非但不从关心对方的角度出发，反而感到委屈，这种不正常的心理，久而久之，也会导致性冷淡。

害怕怀孕

女性往往非常注意自己的体形，而怀孕、生育、人工流产会不可避免地改变形体，因此有些女性害怕生育，更担心意外受孕，在性生活中提心吊胆，情绪不稳定，大大地影响了性生活的质量。

担心有损容颜

研究表明，正常的性生活非但不会影响容貌，反而会促进雌激素的分泌，使皮肤增加弹性而维持美貌。然而，一些女性对性生活有着某种偏见，错误地认为性生活的劳作和性生活后的疲乏，将影响美貌，故而拒绝性生活。

不良的手淫习惯

有的女性由于有较严重的手淫习惯，并且婚后性交时带来的快感不够强烈，或者因为男方有阳痿、早泄等性功能障碍，导致得不到性满足，久而久之就容易形成性冷淡。

面对女性的性冷淡，不管是女性自己还是女性的爱人，都需要从多个方面来进行矫治，这样性冷淡才能够悄悄地走开，夫妻性生活也才能够和谐美满，双方方可尽享鱼水之欢。

一般来讲，消除性冷淡需要从以下几个方面着手。

消除性骚扰的影响

有很多女性是因为受到不同程度地性骚扰才导致性冷淡，所以就需要消除性骚扰所带来的阴影。在这方面，作为丈夫应该承担起很大的责任，尤其是要帮助女性走出心理阴影，从不同方面进行开导。实在不行，可以向心理医生咨询，请求心理医生的帮助。

改善夫妻感情

要积极地改善夫妻之间的感情，尤其是要消除夫妻间的心理隔阂和各种消极情绪，协调性生活的节奏和频率，经常进行交流。生活中要互相配合，互相理解，尤其是男性，要学会照顾妻子的情趣，提高妻子的性欲，帮妻子达到性高潮。

做好避孕准备

因为害怕怀孕带来的可怕后果，很多女性就会开始有意无意地回避性生活，所以夫妻之间一定要做好避孕的准备，减少女性的担忧。

另外，女性也可以通过一些自我调适的方法来消除性冷淡，切莫让性冷淡影响夫妻之间的感情和生活，否则就是得不偿失。

除了以上常见的消除性冷淡的方法，近年来，又有一种新的方法
得到了很多人的认同和推崇，即性感集中训练法。

二、性自慰

"手淫"又称为"性自慰"，是指人类性成熟后，为了寻求性快感，而
用手、衣物或器具摩擦自身外生殖器或其他性敏感区，以达到性高潮，使性
紧张彻底消退的行为。20世纪50年代后期性学专家金赛研究了16 000例美国
男女的性行为，发现92%的男性和58%的女性有性自慰行为，但是并没有产
生大众所说的恶劣后果。

同时据国外有关资料报道，女性的手淫率为63%～85%，并曾经至少有
一次手淫达到性高潮。我国学者刘达临在1992年的研究资料显示：城市已婚
男性手淫率为33.1%，女性为12.2%，农村已婚男、女性手淫率分别为9%和
10.5%。可见，自慰已不仅仅局限于男性当中，在女性中也已经较为普遍。

有这么一个故事：

安妮17岁那年，在床上做俯卧撑时，因为摩擦突然感到大腿内侧一阵颤
动，接着全身感到不可名状的快感。这种感觉让她既惊奇又向往，常常不由
自主地重复那天晚上的动作，希望能够再次感受到那种快感。到后来，安妮
便开始了有目的的自慰。婚前，她已经非常了解自己的身体，知道哪些部位
是最敏感的。

婚后，安妮和丈夫的夫妻生活还算和谐，但有时候她感觉和丈夫做爱的
快感还不如自慰来得强烈，便偶尔趁丈夫不在家的时候偷偷地自慰。在一个
晚上，丈夫发现了她的秘密。他先是惊愕，转而愤怒。

自此他们的性生活出现了问题，丈夫再和她做爱时，便少了往日的温
柔。而且性欲空前高涨，几乎隔一天就要做一次，一旦安妮稍有不从，他就

会露出满脸的讥讽："你不是饥渴吗？"每次做爱，他都要问："你达到高潮了吗？"如果安妮说没有，他就会抑制射精，延长做爱的时间；如果安妮说有，他就会认为她在撒谎。

安妮没有想到，性自慰，竟给夫妻生活留下这么大的阴影，她甚至隐隐感到自己的婚姻已摇摇欲坠。

很多人都认为，性自慰是一种极不正常的行为，而夫妻中的一方如发现对方有自慰的现象，则往往会认为自己不能满足对方的需求，或者是认为对方的欲望非常强烈，于是他们很可能产生一种极为内疚的心理，也有可能对进行性自慰的一方进行嘲笑和讥讽，严重者会给以后的性生活带来难以磨灭的阴影。但是心理专家认为，性自慰是一种正常的性行为，是获得性体验和性高潮的重要手段。在判断性功能时，除了要了解性欲的强弱、性交频率、性高潮出现的状况外，还必须了解是否有性自慰现象及性自慰的次数等。这已经是性治疗中必不可少的要了解的内容。

所以，面对妻子或者丈夫的自慰，不应该愤怒，更不应该付诸于暴力，要认识到，自慰是一种正常的心理现象。从医学的角度看，是精力旺盛者解决生理问题的方式之一，是正常的，也是本能的。婚后自慰，可能因对方不在身边造成性欲得不到满足，也可能因为夫妻生活中有某些不足或者激情渐逝，无论何种原因，都应该给性自慰者以充分的理解，不能出言讥讽，更不能勃然大怒。最好是保持一个平和的心态，能够与对方进行积极的沟通，不要无端怀疑自己的性能力，以致带来行为的偏差。

现在很多专家和学者都认为，性自慰是一种很正常的心理现象，但是在过去的观念中，往往认为性自慰与淫秽等同，致使有自慰现象的人对此讳莫如深，女性尤其为甚，其实大可不必。

有人说自慰就像是一个人的性游戏，那么在游戏之前我们就很有必要了解一些游戏规则，这样才能在一种很轻松而正常的情境中自娱自乐。

注意环境的选择

自慰的时候应该创造良好的氛围。应该选择安静、不易被人打扰或被人撞见的私密场所，这样可以更好地享受快感，另一方面，会让心存顾虑者感觉到安全、踏实。

保持清洁卫生

人的生理结构是很复杂的，因此自慰时一定要注意身体的清洁和卫生，只有保持清洁，才可能将感染疾病的风险减至最低。不管是什么方式，手与阴部的清洁都非常重要。习惯隔着内裤自慰的人，内衣的卫生也很重要，最好洗澡后，换上干净的内衣，同时室内环境和卧具的清洁也是十分必要的。

摘掉饰品

自慰之前，一定取下戒指等饰品，指甲最好剪短、修平，以免损伤生殖器官。尤其是女性，更应该注意，因为阴道是非常娇嫩的身体组织，黏膜既容易受伤，也容易引起细菌感染。在进行自慰动作时，就连手和指甲上的倒刺也有可能会划伤阴道壁，其疼痛有可能持续数天之久，严重者可能会带来病变。

当然，凡事过犹不及，虽说自慰是一种很正常的心理现象，我们也要注意凡事把握一个度，否则会带来一些不必要的伤害。

温馨小贴士

心理专家认为性冲动是一种"生命能量"，当这种"生命能量"聚集到一定的程度时，身体就有将它排泄出去的需求，当正常的性生活不能满足这种需求时，就有可能通过性自慰的方式来得到满足。

三、伪装性高潮

性高潮是性交的最高境界，也是性爱中的男女追求的最高目标。但是有很多女性总是会时不时地伪装性高潮。

很多人认为做爱过程中的女性兴奋的叫声是达到高潮的表现，事实很可能不是这个样子，因为大多数的女性尤其是年轻女性，都有伪装性高潮的倾向和表现。因为在很多女性的思想意识里，只有那些很容易达到性高潮的女性，才能对男性产生更大的吸引力，才是男性喜欢的性伴侣，因此，每个女性都希望自己能表现出很动情的样子，或者看起来好像如此。例如有一位名叫晓旭的女性，她就有伪装性高潮的经历，以致给丈夫带来了很难摆脱的苦恼。

晓旭和丈夫结婚三年了，但是三年来，丈夫感觉晓旭在性生活上总是会表现出一些假象，尤其是伪装性高潮。因为每次做爱之后，她根本就没有什么女性应该有的表情和神态，甚至有的时候脸上没有一点红晕。这让丈夫很是不解，但又不好意思揭穿。他怀疑是不是自己无能，不能让妻子得到满足，可是妻子不说，他也不知道怎么挑起话题，他有时甚至想，可能妻子根本就不爱自己，所谓性生活，她只是在履行做妻子的义务而已……丈夫越想越郁闷，他现在很苦恼，真不知道该怎么办才好。

其实大多数夫妻在性生活中，尤其是新婚阶段，男性往往比女性容易达到性高潮。原因是大多数女性在婚前接触到的健康性知识相对来说比较少，往往认为性生活是一件肮脏下流的事情，而为了迎合男性，满足丈夫，就出现了伪装性高潮的现象。

性高潮是男女性生活的最佳境界，也是人们追求的目标。但是，如果把性高潮当做性生活的唯一目的，就会对原本比较满意的性生活产生不满足感。有时夫妻为了使对方感到精神快乐，甚至伪装自己产生性高潮，这样做到底对不对，众说纷纭。

从性生活的过程分析可以发现，大多数女性在30岁以后才出现性高潮。当然这种情况目前有所改变，原因是现代女性接受健康的性知识较多，她们在性生活中也能与男性一样积极主动，并且容易得到快乐。已经有资料表明现代女性获得性高潮的时间明显提前，那种认为女性在30岁以后性欲要求才开始旺盛的理论多少有些过时了。但是我们依旧不能否认这么一个事实，女性在性生活开始的几年内获得性高潮的比例明显低于男性。

随着性知识的普及，人们都知道什么是性高潮以及其特有的表现。既然性高潮是性生活的最佳状态或者可以说是最高境界，那么自然是人们追求的目标。这样一来，那些不能达到性高潮的人们（大多数是女性），就认为自己的性生活存在问题，她们为此而痛苦，甚至埋怨自己的丈夫，如果丈夫有早泄现象就更会如此。

还有一些夫妇认为没有性高潮是性能力低下的表现，怕对方瞧不起自己，或者是怕对方伤心，所以，伪装自己达到性高潮。如果是丈夫伪装自己达到性高潮，他们的妻子在没有感到有射精时，就会识破这种伪装，并为此产生烦恼；如果是妻子伪装性高潮，她们可以自己主动收缩耻骨尾骨肌，甚至模仿性高潮时的呻吟和愉快表现，不易被识破。

据国外某杂志统计，28%的男性和60%的女性都曾经伪装过性高潮。关键是看伪装性高潮是出于什么目的。如果是怕对方伤心，这种伪装是可以理解的。但是，伪装性高潮也可能出现一些问题。如果是妻子伪装性高潮，丈夫就会当真，也就可能不会进一步改善自己的性交方式，反而影响以后的性生活。而作为妻子，应该对丈夫正确的或者是令人愉快的动作表示赞同，并且要求继续下去，此时伪装性高潮可以令丈夫信心倍增，有可能真的使自己达到性高潮。

有研究表明，经常伪装性高潮的女性自尊心较强，外貌美丽，也往往认为自己具有巨大的性吸引力。女性伪装性高潮的另一个重要意义是某些女性具有很强的自我暗示作用，在伪装性高潮的过程中，可以增强紧缩的阴道对阴茎的包裹感觉，所以，伪装的性高潮往往能够真正诱发出正常的性高潮，这一点为性心理学家所赞同。

因此，从某种程度上来说，伪装性高潮也有一定的必要和益处。

温馨小贴士

性高潮和性快感并非同一概念，在性生活中，没有性高潮的女性仍然可以明显地感觉到性快感，而伴随着性经验的丰富和性交过程的和谐，性快感会越来越强烈，最终会出现从未有过的、令人渴望、令人销魂的性高潮。

四、性幻想

当过于熟悉的身体局限了"性"福的疆界，当亲密越来越成了单调乏味的重复，何不让大胆的性幻想，帮你更好地体验性兴奋与性快乐呢？性幻想是心灵上的强力春药，性学专家的调查显示，84％的男性及67％的女性有过性幻想的经验。幻想普遍地存在于男人和女人之间，成为"调味催情剂"，从而提高性生活的情趣和品味。美好的性幻想往往是维持夫妻性和谐的重要因素之一。

性幻想是人类最常见的性现象。每一个心智健全的人都会有这样那样的性幻想。只不过在出现频率、长短、内容、性质以及对待它的态度等方面存在着较大的差异而已。在婚后性生活中，性幻想有一定的积极意义。美好的性幻想往往是维持夫妻性和谐的重要因素之一。张先生夫妇就从中体会到了幻想的乐趣。

张先生和张太太是一对年近五旬的夫妻。他们结婚20年了，当年英俊潇洒的张先生已变成一个体态肥胖的中年男人，而当年苗条美丽的张太太，也越发臃肿起来，岁月毫不留情地在他们身上留下印迹。

然而，每次性生活，张先生总是把张太太想象成当年那如花似玉的新娘，每每想起新婚之夜的点点滴滴，张先生都会兴奋不已；他情不自禁地呼唤着妻子的小名（而不是像白天那样称妻子为老伴），并全身心地投入到性活动中去。

丈夫的表现令妻子十分感动，她也就按照丈夫的启示，把他们想象成为当年年轻的情侣，对性活动的热情也就自然而然被调动起来。结果事后双方都感到尽兴和满足，并惊异自己还保持着年轻人那样的心境。

张先生夫妇共同生活了20年，而性生活质量却没有下降，原因之一就在于性幻想起了作用。

显然，在他们的性经历中，最完美的是新婚期间的那段性生活。虽然过去了20年，仍然记忆犹新，并在潜意识里把当前的性情景想象成新婚阶段的性情景。正是这种美好的性幻想，使张先生和张太太始终保持年轻的心态，并能维持和谐的性生活。

由此可见，夫妻对共同性经历的美好回忆而产生的性幻想，在性生活中起着良好作用。在现实生活中，由于体力、情绪、环境因素的制约，对于每一个人来说，每次性生活的主观满足程度并不"保值"，也不见得一次比一次强。从个人满足和社会的宏观控制意义上说，性幻想作为夫妻性关系的一种调味剂，是最方便的附加刺激，投资最少，风险最小。

夫妻之间互相吐露性幻想是一种高强度性刺激，能有效提高双方的兴奋水平，使双方获得更彻底的满足。有人强调尝试此法的夫妇要先充分沟通、协调性价值观，互相了解对方对分享性幻想的看法，以防过于唐突。当然只有在合适的场合、环境和特殊的时间，分享性幻想才能最大限度地发挥其创造功效。

尽管性幻想有助于提高夫妻的"性趣"，和谐夫妻的性生活，但如果性幻想发生偏离，就会产生种种不利于夫妻关系的副作用。如果滥用性幻想，更可导致异常性行为的发生。

有一位结婚三年，夫妻感情很好的妻子说，最近每次与丈夫做爱时，脑子里总闪出从前男友的身影。做爱中只要一想到他，就激情上涌，很快就可获得满足。她多次试图抹去这种幻想，但无济于事。若在脑中不见男友的身影，与丈夫的性生活就索然无味。她怀疑自己已陷入邪恶的误区。这位妇女所存在的就是一种常见的由性幻想引起的心理问题。

对此，性学家指出，性幻想的作用在于能够调动人的情感，激发人的性欲，使其进入性兴奋状态。婚后男女把这种性幻想穿插于房事之中，以此来调动性欲激情，是时有发生的。如果有的男女通过性幻想完成性生活后，并未产生什么不良后果和心理压抑，反而得到极大的满足，就没有必要去追究这一现象的是是非非，也不必为此忧虑不安。

但问题的另一面是，有人在完成带有性幻想内容的性生活后，尽管也获得了满足，但却产生了心理负担，陷入无以名状的烦恼和痛苦之中，甚至由此产生强烈的内疚、自责，感觉愧对自己的配偶等念头。如前面的那位妻子，她为自己出现的性幻想而感到惊恐，以致自己厌弃与丈夫做爱，并认为自己是个不安分守己的人，从而背上沉重的思想包袱，这就变成一个需要解决的问题。

在夫妻性生活中，由于男女的生理特点不同，女性的高潮较男性来得缓慢，因而更爱借助想象功能，用"浮想联翩"来铺就一条帮助自己增进快感的捷径。如此习以为常，脑中即留下了印象，再去掉就有一定难度了。解决的办法还是靠夫妻双方的磨合、沟通，但没必要将这类不易被配偶理解的幻想对象暴露出来。否则，必将影响感情，使夫妻性关系进一步失和。

温馨小贴士

从心理角度说，只要正确地调控性幻想，不让它影响了你们夫妻之间的感情和生活，那它就是有益的，不必有什么顾虑。大胆进行性幻想吧！要明白，"幻想"不是罪！

五、性压抑

性压抑是指尽管一个男人还具有勃起和过性生活的能力，但他却不一定想这方面的事，或当他这样做的时候并不能感到应有的兴奋。性压抑和阳痿不同。多数情况下，性器官的功能良好，但欲望却不合作，不为它加油。其实，这种情况并不鲜见，据不完全统计，大约有半数的男性都出现过这种情况，而女性亦然。

在生活中，年轻的男性抱怨女性"过于冷淡，缺乏激情"；年轻的女性则反过来抱怨男人"只顾自己，不懂温柔"。但在35岁以上的夫妻中，情况开始颠倒过来，女性抱怨男性"缺乏性欲，过于冷淡"，这就是人到中年常见的性互变现象。

有的夫妇在刚结婚时还是男欢女爱，但一年后，性生活便从刚结婚时的"越多越好"变成了"可有可无"，甚至还觉得"毫无性趣"可言。但为了满足妻子，也只得勉强"上阵"，结果往往是"败性而归"。由于生理周期使然，男人在一生的不同时期里性欲有所下降是一种自然现象。但是，如果你的性生活快车最近老是抛锚或干脆停在了"停车场"里，那就是性压抑了。这样的情况，一次两次还可以，但时间久了，妻子便会心生嫌隙，感觉和以前不一样了，夫妻关系也会渐渐紧张起来。

出现性压抑有多种原因，大体上可以归结为两大类：精神障碍和身体障碍。有很多客观因素抑制着男人们对性生活的渴望，比如工作上的压力，家庭生活中的压力，或者伴侣不再像从前那样有吸引力等。

林瑞的体质好，性欲望也比较强，几乎天天都想和丈夫同房。"十一"时，丈夫赵帅提出一起回老家看看母亲。在老家期间，林瑞一次无意中听到了婆婆和老公的对话，心里留下了一个问号。婆婆问赵帅："瞧你这么瘦，是不是她欺负你了？""她疼我都来不及，咋会那么做呢。""要不，就是你们在一起多了。要知道，'色是刮骨的钢刀'……"婆婆正要继续往下说，林瑞进来了。她听婆婆这么一说，一下蒙了：难道真如婆婆所言，先生的身体不够好是因为性生活的次数多了吗？要不民间怎么会有"色是刮骨的钢刀"之说呢？林瑞越想越认为婆婆说得在理。从此，为了先生的身体健康，她每每"性"致勃勃时就会刻意压抑自己的欲望。

一次，赵帅出差归来，林瑞压抑了好久的欲望膨胀起来，但考虑到先生旅途的辛苦，便控制住了。赵帅洗完澡后，搂住几日不见的妻子热烈亲吻，当准备进一步行动时，林瑞却担心地说："你路上太累了，明晚行吗？"赵帅听话地美美睡去了，已被唤起欲望的林瑞却久久不能平静。

对于绝大多数女性来说，对性的禁忌大都是后天教育的结果，这种严格的禁忌在女人的头脑里形成了一道巨大的道德屏障，就如林瑞听了婆婆与先生的悄悄话后，把先生身体差的原因归咎到自己性欲望旺盛上来，以致发展到有意压抑正常的性欲冲动。

事实上，年轻夫妻每星期做爱2~4次均属正常，即使一方的身体素质较差，一星期做爱的次数也可视第二天精神是否饱满而定，压抑性欲是不可取的。

我们知道，在夫妻生活中，如果性欲不能满足，双方都会产生心理和生理上的变化。甚至有些人在一段时间里会出现性格改变，产生"烦闷周期"。有的会无端生气，对工作失去信心，遇事不冷静，动辄发火。在生理方面，则会出现头痛失眠、厌食反胃、心悸、全身不适、到处疼痛、关节酸累、四肢乏力等症状，经医生检查，结果却诊断无病。其实，这种情况大部分是由于性淤积造成的。

从上述情况看，性压抑对身体健康和家庭幸福危害都很大。如果夫妻双方中的任何一方有了性功能障碍，除了夫妻间的理解和宽容之外，还要及时进行治疗。对于性功能障碍者来说，绝大多数的功能障碍都是非器质性的，只要敢于向医生吐露真情，勇于求医问药，治愈的希望是很大的。

要走出性压抑的困扰，最好和你的爱人讨论这件事。夫妻生活中，沟通是最重要的一课。你必须和爱人一起找出是什么破坏了你们之间的和谐。

有一些方法可以帮助你培养你的"性趣"，主要有以下几种。

多晒太阳

这是增强性欲的一种简单且有效的方法。调查显示，暴露在阳光之下可以使人感到性兴奋，而那些常晒太阳的人大都有着强烈的性冲动。因为阳光可以微妙地改变着你的内分泌。尽量做到每天晒太阳不少于半小时，特别是在漫长的冬季，坚持下去，会给你带来意想不到的效果。

注意饮食

如果你每天都吃很多热量高但缺少营养的食物，比如汉堡包、薯条等快餐，那么，你不但会逐渐变得像一个汉堡包一样臃肿，你的性欲也会一蹶不振。长期食用油腻的食物会抑制睾丸素和雌激素的产生，因此，如果你是一个爱吃"垃圾食品"的人，那么，少吃高脂肪的食物能够帮助你找回从前的美妙感觉。

劳逸结合

劳逸结合也是一个值得注意的方法。这是很自然的，如果你是一个工作狂，每周工作六天或更多，每天工作十小时以上，那么你就不会有多余的精力来和爱人亲热。当然，你也不可能为了美满的性生活而整天休息，但是你可以在工作间隙拿出几分钟来放松一下，活动一下。比如听听音乐，舒展一下腰背和朋友聊聊天等。"磨刀不误砍柴工"，如果你能经常为自己安排十分钟左右的放松时间，你会惊讶于自己储存的精力，会在和爱人亲热的时候派上大用场。

定期锻炼

从性方面讲，定期锻炼身体对于恢复性欲很有帮助。心理专家认为，充满活力的体育锻炼可以促使血液流向身体的各个部位，包括生殖器官。当然，体育锻炼的好处不仅这些，还可以让你精神焕发，心情愉快。锻炼身体本身就是一副有力的催欲剂。

事先计划

事先做好计划在性生活中似乎不太浪漫，但在现代的快节奏生活中，如果某事不在计划之内，就很可能会被遗忘。与其等到最后一分钟才发现已经没有精力享受鱼水之欢，不如制订一个"性生活日"，把它像一个重要约会一样记在日历上，这样你就可以在不特别疲倦、精力充沛时定期享受性生活。

温馨小贴士

性压抑一般有三种情况：①有些女性一旦不顺心，就会拒绝与丈夫过性生活；②有些男子错误地认为性交射精会伤元气；③有的夫妻由于一方长期患病而不宜于过性生活，从而导致性压抑。

小测试：测测你的性意识

性意识，指的是性差别、性身份、性别角色和性冲动在心理上的反映。性意识的形成与发展在个性心理发育中占有很重要的位置。你是否想知道自己的性意识究竟是什么样的呢？做下面的测试题，从不同的角度来测测你的性意识。主要包括对性的知觉、对性的控制、对性的坚持、对性魅力的直觉等四个方面的测试。

根据自己的实际情况回答问题，选A表示这种说法与你"完全不符合"；选B表示这种说法与你"稍微有点儿符合"；选C表示这种说法与你"有些符合"；选D表示这种说法与你"基本符合"；选E表示这种说法与你"完全符合"。

1．我不会很直白地说出自己的性欲。

2．我在表现自己的性欲时有些被动。

3．我很少会为自己的性感程度而担忧。

4．假如我想做爱，我有办法让对方先主动提出。

5．我从来不会为自己是否性感而担忧。

6．异性对我的评价不会过多地影响到我。

7．我很明白自己的性体验。

8．我想知道我在别人眼里是否性感。

9．在性方面我对自己很自信。

10．我很清楚自己的性动机。

11．我很在意自己的性感度。

12．我会不断试着了解自己的性体验。

13．当外人说我性感时，我能马上知道。

14．我对自己性方面的需要的变化很敏感。

15．我能很迅速地体察到其他人是否认为我性感。

16．在性生活中，我会直截了当地说出我的希望。

17．我很清楚自己的性倾向。

18．我常常担心自己不能给别人留下一个性感的形象。

19．我会坚持要满足自己的性欲。

20．与其他人相比，我对性动机的思考会多一些。

21．我很在乎别人如何看待我有多么性感。

22．我经常寻找我想要的性。

23．我对自己的性欲思考得太多。

24．我从来不知道何时会让别人激动。

25．如果我认为某个人让我很动心并对其产生性欲，我会坦白告诉对方。

26．当性欲被激起时，我很清楚自己的想法。

27．假如我想做爱，我会向对方说清楚我的喜好。

28．我知道什么情况下能唤起我的性欲。

29．我不在乎别人如何看待我的性欲。

30．我从来不用别人告诉我怎么处理自己的性生活。

31．我很少考虑自己的性生活。

32．我清楚别人会在什么情况下认为我性感。

33．在与别人做爱时，我会弄清楚对方有没有性病。

34．我觉得自己不是一个很性感的人。

35．在和其他人在一块的时候，我希望自己被看着很性感。

36．如果我想和别人安全性交，我一定会这么做。

记分方法

1～6题，选A、B、C、D、E分别得5、4、3、2、1分；其他的选A、B、C、D、E得1、2、3、4、5分。

结果分析

1．对性的知觉（做7、10、14、17、26、28题）

得分少于22分：你对自身的性冲动与性动机的感知不是很敏感，对自己的性爱嗜好也不是很清楚。

得分高于22分：你对自己的性冲动和性动机都很敏感，也很清楚自己的性嗜好，能够建立自己希望得到的两性关系。

2．对性的控制（做3、5、6、11、18、21、19、31题）

得分少于25分：你不太在意你自身的性魅力在别人眼里怎么看，而且你不会轻易受到外界的影响。

得分高于25分：你很容易受外界的影响，也很在意别人怎么看待你的性魅力。

3．对性的坚持（做1、4、9、16、19、22题）

得分少于16分：你缺少主动性，你不愿意主动表达自己的性需求，而且，一旦被拒绝就会退缩，没有坚持到底的勇气。

4．得分高于16分：你很主动，而且敢于追求性的需要，从不轻易放弃。

对性魅力的知觉（做13、15、32题）

得分少于8分：你缺乏善于发现自己性魅力的能力。你总是对自己的性魅力置若罔闻，视而不见。而且你还缺少表达自己性需求的勇气和决心。

得分高于8分：你很善于发现自己的性魅力。在两性关系上，你很自信，善于表达自己对性的需求，而且敢于把性爱进行到底。

第三章　常见性变态心理

　　"变态"是我们经常听到的一个词，它涉及很多方面，性变态也包含其中。所谓性变态（sexual deviation），指性冲动障碍和性对象的歪曲，即寻求性欲满足的对象与性行为的方式与常人不同，违反社会习俗而获得性欲满足的行为。

一、性变态的含义

　　性变态包含以下三个含义。

　　第一，性变态行为不符合社会认可的正常标准。我们知道，性行为受到不同的社会文化、习俗、背景的制约，凡是与特定的社会文化背景相悖的性行为，都不被社会认可，所以不同的社会和历史的不同时期这种标准并不相同。例如，同性恋在我国认为违反习俗，是一种性变态，但在欧美、阿拉伯国家的某些地区，同性恋却是合法的。

　　第二，其行为对他人可能造成伤害，如诱奸儿童和严重施虐狂（Sadism）。他们给年幼的心灵蒙上了一片阴影，而这片阴影将可能会带给这些受害者一生的自卑，严重者也可能导致性变态。

　　第三，具有性变态心理的人也能体验到痛苦，这种痛苦与其生活的社会态度有关，其性欲冲动与其道德标准之间发生了冲突或认识到对他人带来了痛苦。

　　很多时候，性变态被误认为是一种精神疾病。其实从某种程度上来说，它应该属于心理疾病的范围，它的直接后果是给夫妻性生活带来极大的不和谐和伤害，同时造成精神上的创伤和心理上的痛苦。

孩，却偏偏生个男孩，或者相反，或者是父母为了培养孩子的另外一方面的性格特征，便往往把孩子打扮成异性，并给予更多更大的关注和爱抚，从而使孩子出现性别角色的错位。

教育不当

有些父母总认为女孩子温顺听话、讲卫生，所以在日常生活中教育孩子时，总爱把男孩当女孩来对待；也有的父母认为男孩子比较坚强和自立，就往往把自己文静害羞的小女儿打扮成男孩子的形象。这样一来，使得孩子在童年和青少年期缺乏正常的社交活动，并且形成异性化的性格。

如何才能预防、治疗和消除这种异装癖呢？

（1）正确教育。作为父母，一定要让孩子认识到自己的性别角色，千万不要对孩子进行误导。这方面的努力对于预防孩子异装癖的出现，是很关键的。

（2）及早发现。在童年和青少年期出现异装癖苗头时，应及时采取相应措施，鼓励他们积极参加集体活动，培养自信心，纠正性别角色的错位。

（3）认知领悟。对成年患者，可引导他们回忆幼年的生活经历，寻找出自己患异装癖的早期成因，然后究其原因向患者进行分析解释，使患者对自己的病症及其危害有一个正确的认识，然后努力去控制纠正。

（4）婚姻疗法。当患者成年时，建立异性恋爱关系并结婚，在配偶的帮助下，其异常行为可望得到控制和纠正。同时，性治疗也有一定的疗效。如有些患者明显性功能障碍，性能力低下，需靠穿异性服装来达到性兴奋和性高潮。结婚后，配偶可以在性活动中通过爱抚、接吻、热情鼓励等多方面帮助患者减轻、消除焦虑情绪，逐步克服性功能障碍。

（5）厌恶疗法。当患者穿着异性服装时，予以疼痛性的刺激或心理打击，以矫正患者的异常行为。如当患者穿异性服装时便给予电击，使其感到疼痛（此种疗法须由医生进行），经过一段时间的治疗，患者的异常行为可消失。

温馨小贴士

看见患者穿异性服装时揭露其行为，开一个严肃的玩笑，用心理学语言加以羞辱，使患者感到难堪，如此反复几次便可改善甚至纠正其病态行为。也不失为一种治疗异装癖的有效方法。

小测试：你的性欲强烈吗

当提到性欲问题的时候，每个人都对自己的性欲自我感觉良好。有些人认为性欲越强烈越好。但是，性欲强弱本身没有好坏之分。你的性欲到底是强还是弱呢？从对性的自信、对性的失望、对性的专注等几个方面测试一下就知道了。

根据自己的情况回答下面的问题。A表示你对这种说法"不同意"，B表示你对这种说法"有点儿不同意"，C表示你对这种说法"不确定"，D表示你对这种说法"有点儿不同意"，E表示你对这种说法"同意"。

1. 我有一个很不错的伴侣，尤其是在性方面。
2. 在性方面我认为自己做得不够出色。
3. 我时时刻刻都在想着性。
4. 我对自己的性技巧相当满意。
5. 我很满意自己的性特征。
6. 相比其他事情来说，我对性的关注程度要高得多。
7. 在性方面我比很多人都要优秀。
8. 我对自己的性生活质量非常不满意。
9. 我没有过性幻想。
10. 我偶尔会怀疑自己的性能力。
11. 每次想到性，我就会觉得很兴奋。
12. 性常常出现在我的心头，使我的心久久不能平静。
13. 在性生活中我缺少自信心。
14. 性能让我感到愉快。
15. 我常常想着正在做爱。
16. 我觉得自己是一个很优秀的性伴侣。
17. 我会觉得自己的性生活很单调乏味。
18. 在一天中多数时间我都在想和性有关的问题。
19. 我觉得自己不是一个出色的性伴侣。
20. 我不满意现在的性关系。

21．我几乎经常想到性。

22．在性生活上，我对自己很有信心。

23．我对自己的性生活感到满意。

24．我从来不幻想做爱。

25．我对自己的性技巧很没有信心。

26．我会为自己的性经验感到悲哀。

27．和多数人相比，我想到性的时候很少。

28．我时常感觉自己的性能力有问题。

29．我对性不会失望。

30．我很少想到性。

记分方法

第5、9、10、13、19、21、23、24、25、27、28、29、30题选择A、B、C、D、E分别得1、2、3、4、5分；其他的题选择A、B、C、D、E分别得5、4、3、2、1分。

结果分析

（一）对性的自信 （做1、4、7、10、13、16、19、22、25、28题）

男性

得分少于26分：一般来讲，你对性不感兴趣。也许是你缺少成功的性经验，所以你对性不是很热情，有时候会表现出冷淡的现象。

得分在26～44分：你对自己的性欲感觉良好。你对自己的性经验感觉也良好，所以，你在与异性交往的时候比较从容，也通常做得比较优秀。

得分在44分以上：你对自己的性能力很自信。对性充满了兴趣，希望自己能得到美好的两性关系。

女性

得分少于27分：你对自己的性能力不太满意。你对性生活没有太大的兴趣，所以，在性生活上你比较压抑，有强烈的厌倦感和焦躁感。

得分在27～43分：你对自己的性欲和性经验都感觉良好。

得分在43分以上：你对自己的性能力很自信。认为性充满了情趣，所以，在处理两性问题上，你显得很主动，能够得到你期望得到的两性关系。

（二）对性的失望（做2、5、8、17、20、23、26、29题）

男性

得分少于8分：你对自己的性感到非常满意，并且善于建立自己期望得到的两性关系。

得分在8～26分：你对自己的性欲和性经验自我感觉良好。

得分高于26分：你对自己的性感到很失望。你对性感到很失败，觉得与别人有性接触很难，在两性问题上没有充足地投入。

女性

得分少于10分：你对自己的性很满意，而且在性生活中占据主导地位。

得分在10～24分：相对来说，你对自己的性欲和性经验感觉不错。

得分高于24分：你对自己的性欲感到很失望，甚至有的时候会逃避性。

（三）对性的关注（3、6、9、12、15、18、21、24、27、30题）

男性

得分少于24分：你对性缺乏兴趣，会有意躲避性欲这个问题。

得分在24～38分：你对性的关注比较适中。

得分高于38分：你的性欲很强烈，你会对性过分关注。

女性

得分少于17分：对性缺乏兴趣，有时会有意逃避性欲的问题。

得分在17～33分：你对性的关注比较适中。

得分高于33分：你的性欲强烈，对性会过于关注。

别让爱你的"心"不堪重负

现代社会生活节奏越来越快，工作负担越来越重，家庭、情感等问题也在困扰着越来越多的人。如今，世界上有70%的人处于亚健康状态，沉重的压力是最主要的诱因。但很多人面对压力都是欲罢不能，休息和解脱是一种奢望，为工作、为加薪、为升职、为家庭、为孩子、为面子……可是，面对压力，你还能承受多久？

第一章　常见男性压力

　　当你还是个小男孩的时候，家长就告诉你"要坚强"，"要顶得住压力"。长大后，面对接踵而至的压力，你才知道，男人的"心"就应该与女人的不同，不管多大的压力，该扛的时候你就得扛。可是，重压之下，你的"心"还能坚持多久？

一、家庭责任，不堪忍受如此之重

　　每个人都渴望有一个幸福稳定的家庭，而担此重任的是男性，传统观念认为这些都是理所应当的，但殊不知巨大的家庭责任压得很多男性喘不过气来，他们想要躲进世外桃源，但逃避终究不会让你有所建树；妻子的工资开始高于自己，甚至远远高于自己，而你却理所当然地成了"家庭保姆"；而且你的无为和无能往往让孩子幼小的心灵产生严重的自卑，因为别的小孩子都比他的生活"富裕"……

　　有时候，你渴望静静地休息一会，可偏偏父母管你叫儿子，妻子管你叫丈夫，孩子管你叫父亲，社会管你叫男人，无论在哪里都无法寻觅一个属于自己的空间。不管你软弱也好，刚强也好，数不清的压力总会压在你肩上，不愿扛也得扛，不想承受也得承受。

　　作为男人，你是一个中项，前一项是事业，后一项是家庭；事业渴望成功，家庭企盼圆满；哪一项也不容忽视，哪一项也不敢怠慢。也许你早已疲惫不堪，尽管你没有想过诗人笔下的老马，压力总如一道鞭影，时刻飘在你的眼前。

　　日本男人工作疯狂举世闻名，而他们最大的愿望却是希望自己来世变成小鸟或者女人，充分享受心灵的自由和肢体的舒适，但性别一日不变，压力则一日不减，谁叫你是男人——"做了过河卒子，只有拼命向前"。

志强（化名），北京市某商贸公司的业务副经理，现年36岁，他结婚已经6年了，并有一个3岁的女儿。

有孩子后的这几年，明显感觉自己的担子更重了，每个月不仅要交按揭房款，孩子也正处于成长的关键时期，花销特别大，父母年迈，身体不好，令人担心。工作上的压力也越来越大，生意不好做，为了挣钱就要维护多方面的关系，谁也得罪不起。今天挣点钱，很快就会花掉，明天能不能挣，能挣多少还都是未知数。自己作风险很大，说不定哪天赔一笔，就很难爬起来；工资收入只能算是维持，谈不上事业和发展，一想到这些，就感觉没有任何安全感。想歇歇又怕闲下来错过机会。记得以前有个什么广告说"其实男人更需要关怀"，现在想起来感触很深。

说到家庭，老夫老妻时间长了，生活越来越平淡。在外面忙了一天，回到家里根本就不想动，甚至不想多说话。和老婆的交流越来越少，我能感觉到她的不满，彼此好像都缺乏激情，明知这样不好，可就是提不起精神。现在也不知道为什么，经常会对一些琐事不耐烦，有时甚至会吵吵架，但大多数时候还是冷战，谁也不理谁。自己的精力显然不比当年了，夫妻生活有点像例行公事，有时候有点怕回家面对老婆。其实按道理讲，我们这个年龄应该是处在最旺盛的时期，但自我感觉好像这几年从生理到心理都急速走向衰老。思想上根本没有意识，好像突然间发现自己老了，我们男人对衰老不敏感也不愿承认，不像女人，比较注意保护自己，但现在确实感觉很多时候力不从心，精力体力明显下降，做事学习都很难集中精力，记忆力也不行，晚上也总睡不好，就像刘德华唱的"无形的压力压得我好累"，但这些话很难当着老婆的面讲，大家都不容易，说多了，要不老婆觉得你没出息，要不给她增加心理负担，没什么必要。

志强对自己压力的陈述很有概括性地反映了现代社会中男性的压力源。由于男性在社会中扮演着特殊的角色，所以往往会承载着社会公众过高的期望，父母望子成龙、妻子望夫成龙、孩子望父成龙，这种家庭责任带来的压力成为都市男性心理疾病的祸根。

人们的传统观念均认为，男性是家庭的顶梁柱，如果一个家缺少了男人，那么就无疑等于天塌了下来。于是家庭的压力就落在了男人的肩上，所以家里过得富不富裕，阔不阔绰，老婆出外有没有面子，孩子能否得到最好的教育，责任全都在你的身上。

可是，男人的肩膀也不是铁做的，也有被压弯被压垮的时候，所以适当的时候，就需要学会为自己减压。虽然在现代这个社会，男性还不能完全摆脱家庭责任的重担，但是学会给自己减压则是应该的也是必需的。那么，面对家庭责任带来的压力，男性应该如何学会释放呢？

学会哭泣

对于女人来说，如果肩头的压力过大可抱头痛哭一番，但在传统习惯的影响下，男人却不能有任何软弱的表现。如果一个男人缺乏阳刚之气，就会被人们瞧不起。其实男性也可以通过哭泣来缓解自己的压力，因为哭在很大程度上能够减轻压力。可能你会照顾到自己的自尊心，但可以选择一个安静无人的地方来尽情发泄，或者是借助一部感人的电影，来发泄自己内心的愤懑……哭过之后，你会感觉肩上的重担轻了许多。

学会微笑

伟大的作家高尔基说："只有爱笑的人，生活才能过得更美好。"在生活中，其实简单的一个微笑也是一种良好的健身运动，笑是一种最有效的消化剂，笑能增强人体的免疫力、提高机体的抗病能力，更能够帮你缓解压力，放松心情，缓解家庭责任带来的重担。

家人帮助

所谓家庭是由每一位家庭成员组成的。所以，从某种程度上来说，责任应该是大家共同来承担的。但是由于传统观念作祟，责任的重担只落在了男性的身上。不过作为家庭中的一员，尤其是妻子，一定要和丈夫一起来共同营造这个家，这样就能在很大程度上来缓解男性的家庭压力。

温馨小贴士

身为男性，不要抱怨社会对你的不公，不要抱怨家庭责任过重，这是几千年的思想观念所留下来的，关键是看你如何对待这些压力，如何缓解这些压力。

二、 "贞操"，男性也苦恼

我们知道"贞操"观向来是针对女性的，但我们不可否认的是男性的贞操观也是特别地严重，尤其是对女性的"初夜权"，他们有着一种解不开的浓重情结。一旦知道自己的妻子不是处女时，他们就会在心底涂上一层厚厚的阴影。

小陈结婚后发现自己的妻子不是处女，他就再也提不起兴趣和妻子过性生活了，并且他时不时地总会找妻子的差错，经常没有原因地就向妻子发脾气，与妻子争吵，很多时候，妻子是没有一点过错的。如今他们的婚姻已经走到了崩溃的边缘。其实他心里明白，妻子所受的都是一些无缘无故的冤枉气。但是一想到新婚之夜没有看到妻子的"落红"，他心里就特别不是滋味，心里就更加不平衡，总是忍不住想要朝妻子发火，还经常生闷气。这件事情亲戚朋友都不知道，包括他的父母，他自己更觉得自己是哑巴吃黄连，有苦说不出。如今想要和妻子离婚，可是实在没有理由，妻子温柔贤惠，上孝公婆，下怜孩子，对自己也是照顾得无微不至，真的挑不出她哪里做得不好；可是如果不离婚，他将永远生活在这种"贞操"观的压力之下，永难摆脱。

几千年来，"贞操"已经成为束缚女性的沉重枷锁，在封建礼教的教导下，女性只能"三从四德"，不管在任何时代都应该恪守"一夫一妻主义"，不少女子为了不忠的丈夫坚守贞节，至死不渝；而男性则可以三妻四妾，寻花问柳，即使社会发展到今天，男性仍可以"养小蜜"、"包二奶"，但是对于女性，他们却容不得她们有半点闪失，更容不得自己没有能拥她们的"第一次"。

男性真的是一种甚为奇怪的动物，一方面他们从来不会在乎自己的"贞操"，但是对于女性，却有着深深的处女情结。如果发现自己的新婚妻子不是处女，他们会一辈子感到不安，有时可能没有把这种不安挂在嘴边，但是心里却不是滋味，在这种情况下，对于夫妻双方来说，家庭生活还没有开始，就注定了一生的不幸。

所以，男性虽然对女性的贞操看得很重，但是对自己的行为却缺少一定的约束力。当然，这个社会的诱惑太多，例如我们生活的每一个城市总少不了那些灯红酒绿的色情交易场所，而且很多影视书籍都在为"第三者"唱赞歌……保住他们的贞操也不是一件容易的事情，但是，最终能真正解决问题还得靠我们自己，还要我们有一定的定性，洁身自好。

总之，男性的贞操观和其处女情结给他们的心理带来了一定程度的压力，使得他们往往不能正确地对待自己的婚姻和性生活。但是在现代这个文明进步的时代，男女是平等的，包括在性的权利上，所以男性同胞们不要对自己的妻子求全责备，她们的失足很可能是无意的，既然爱她，就要无条件地接受她的一切，包括她的过去，包括没能拥有她的"第一次"。只有拥有了一颗宽容的心，才能在婚姻的道路上和自己的妻子相敬如宾，共同穿越人生路上的风风雨雨，直至走到生命的尽头。

温馨小贴士

纪伯伦曾经说过："不会原谅女人过失的某些男人，永远不会欣赏她们的贤淑和伟大的德性。"所以，天下的男子们，请学会看到你妻子身上的优点，品味她曾经给你带来的点点滴滴的甜蜜。

三、心理性ED症，男性信心的缺失

据有关数据统计，在现代社会中，男性病的患者越来越多，并且依旧呈现出上升的趋势，其中ED症患者的数量明显增多。ED症就是男性勃起功能障碍，俗称阳痿。这种病对于男性来说，是一个非常严重的问题，因为在绝大多数人看来，如果遭遇性功能障碍，就表示他已不是一个真正的男人。因此，这使得男性背上了沉重的心理负担，并为此盲目乱投医，狂吃各种补药、壮阳药等，结果却使得问题越来越严重。

赵先生今年26岁，国庆节的时候与相恋多年的女友走进了结婚的殿堂。按照常理，此时的两个人本应该甜甜蜜蜜，如胶似漆，幸福之情溢于言表，然而从赵先生的脸上却看不到半点喜悦。

原来事情是这样的：结婚之前，赵先生和女友对性知识都不是很了解，在洞房花烛夜，赵先生很是兴奋和激动，而新娘子则对新婚之夜充满了恐惧，两个人经过多次试验，却仍旧没有性交成功。之后的几天里，两个人也总是以失败告终，多次的性交失败之后，赵先生对自己的性能力产生了怀疑和忧虑，心理压力也越来越大，继而导致性欲减退，勃起功能障碍等症状。有的时候，即使有了性欲，他也总是压抑着自己，害怕自己再一次遭到失败。

而妻子则在母亲的教导下经过心理调适，渐渐地消除了对性生活的恐惧，在妻子的主动要求下，他们偶尔进行性生活，却还是失败了。妻子对丈夫的"阳痿"和性欲低下状况倍感郁闷，夫妻之间也经常因为小事而争吵，甚至大动干戈。赵先生为此十分苦恼，有时候他宁愿在外面过夜也不愿意回家。

其实，赵先生是患上了心理性ED症，它是指阴茎无法达到充分的勃起或者勃起时间短暂而无法获得满意的性生活。心理性ED症，主要是由心理和精神上的紧张、焦虑、压抑等原因引起的勃起功能障碍。其症状主要表现如下。

（1）由于受封建思想的束缚以及人生经验的缺乏，或者是成长发育过程中受到不健康思想的影响，给人造成了很大的心理压力。特别是首次性交的失败会给男性带来严重的心理负担，以致产生心理障碍，进而在以后的性生活中容易产生各种不正常的反应，如阳痿、早泄等。

（2）患有心理性ED症者大都缺乏自信，严重自卑，心情抑郁，自尊心极易受到伤害。

（3）心理性ED症患者，通常对性伴侣充满畏惧，缺乏信任，不肯与之进行交流，在做爱的过程中不能够很好地配合，性欲不同步，节奏不协调，多以失败告终，从而对性失去兴趣，产生厌恶。

心理因素是导致此病产生的重要原因。如，缺乏对性知识的正确理解，受到过不良的性知识的误导，性问题遭受过某种打击，夫妻之间的关系不和谐，或者对方有其他性伴侣，要么得过性病，治愈后仍担心会留有某些后遗症等。种种心理因素造成心理障碍，导致其在性生活中的表现无能。

那么，我们应该如何对心理性ED症进行治疗，来减轻此病带来的无形压力呢？最主要是从心理入手，使患者逐步恢复自信，逐渐认可自己的能力。

（1）摒弃"自己不行，无法勃起"的心理暗示，正确看待自己的问题，在承认某些障碍的基础上，摆脱担忧和苦恼的情绪，相信自己一定可以恢复，并积极地进行康复治疗，从心理上产生正确的认识。

（2）想象正常时与伴侣过幸福生活的情景，使自己从中感受性交时的兴奋，放松心情，消除焦虑和恐慌。如果每天可以这样想象一分钟，就可以达到意想不到的效果。

（3）中药治疗。患有这种心理性疾病严重者可以通过中药进行治疗，但必须在医生的指导之下，万不可病急乱投医，服用各种偏方，那样反而会不利于身体健康，而且很可能发生多种严重的后果。

（4）合理安排时间，做到劳逸结合。要多参加体育锻炼，增强体质，放松身体，改善精神，增强自信心。

（5）向家人和朋友进行倾诉。我们知道，家庭成员、同事、朋友是个人的心理支撑系统，事实也证明家人的关心和朋友的支持，对病人保持健康良好的心理非常重要。所以，当自己心情郁闷，灰心丧气的时候，可以向家人和朋友进行倾诉，并寻求帮助。

在现代社会中，男性往往被社会赋予很高的期望值。在单位，他们要做中流砥柱，回到家里，又要争当好丈夫，做妻子儿女的靠山。但是，每一个人都有其脆弱的本质，男性也一样，强壮的身躯之后隐藏着一颗脆弱的心，像玻璃一样易碎，所以男子汉也是需要"关怀"的。

温馨小贴士

一般来讲，ED症的分类主要有以下几种：心理性ED症，器质性ED症，混合性ED症。

四、猜疑，让爱人离你越来越远

在人们的潜意识中，似乎猜疑是女性的专利，但我们得承认这一观点有些片面，因为猜疑在很大程度上也存在于男性身上。它就似一条无形的绳索，时时刻刻捆绑着男性的思想和行为，让他们在婚姻生活中陷入孤寂的困境。

猜疑是在没有肯定的情况下主观地认为他人做出的事情对自己不利。所以当人们希望了解事实真相的时候，往往会怀疑、猜测，甚至在怀疑猜测的基础上对他人产生厌恶的情绪。在与同事、朋友的交往中，甚至在与恋人、爱人的交往中，这种猜疑的心理是非常普遍的。而正是因为这种心理，使本来的好朋友成为敌人，使恋人、夫妻成为陌路，严重地影响了人生的幸福。所以，在人际交往的过程中，尤其是在夫妻的相处中，一定要给对方充足的空间，爱他就应该信任他。

最近李刚总是怀疑自己的妻子"红杏出墙"。因为有一天，他无意中翻看老婆的手机，发现有一个他不认识的男人的电话号码，就追问妻子那个男人是谁，妻子说是一个同事。后来，他还几次从妻子的手机中查到双方的联系记录。为此，李刚总感到心里不踏实，什么事情让他们同事之间只能通过电话联系，而不能当面说清呢？两口子为此闹矛盾，不开心，原本和睦的家庭开始笼罩上阴影。

类似于李刚这样，对爱人进行猜疑，不少朋友都有过。有些朋友甚至喜欢捕风捉影，见风就是雨，常常给自己树一个假想敌。对方一有单独外出，一有电话，就怀疑是与情人约会、与情人通话，搞得心里很紧张。这就是男性常常因猜疑而产生压力的过程。其实，很多没有事实根据的猜疑根本就毫无必要。况且作为男性，应该大度，应该相信妻子对自己的忠贞度。

不可否认，爱情需要真诚，婚姻也需要真诚，我们当然希望爱人对自己坚贞，希望爱人对自己忠诚，正是基于这样的原则，我们对爱人的言行很敏感，有些人甚至就像鲁迅说得那样："见一封信，疑心是情书；闻一声笑，以为是怀春了；只要男人来访，就是情夫；为什么上公园呢？总该是赴密约。"而现在呢？上网就是与情人聊天，打电话就是与情人联络感情；出外就是与网友约会，也常常成为一些朋友遐想的事情，仿佛爱人的一切行动只为了一个目标——寻找外遇。其实不必这么紧张，所有的事情自然有他的游戏规则，哪怕通讯、科技再发达，家庭的温馨也不会消失，爱情的纯真还是为大多数人所渴望。

俗话说得好："疑心不除，受损终生。"丈夫对妻子要有一个信任自然的心态，要明白妻子不是自己的私有财产，监视一时，不可能监视一世。维护爱情靠监视实在是一种愚蠢的行为，只有用相互真诚的行动来维护，才能赢得真正的爱。试想，如果妻子也是这样疑神疑鬼地怀疑你，对待你，你能够忍受吗？

爱情、婚姻都应该是非常甜蜜而幸福的，但要记住，甜蜜幸福的基础是信任。如果夫妻之间失去了信任，互相怀疑对方，冷落对方，甚至用各种办法惩罚对方，就会造成夫妻间裂痕的增大，使爱情被削弱，婚姻质量下降，严重的甚至会导致婚姻的破裂。切记：爱情和婚姻之间裂痕的出现，往往就是从多疑开始的。生活中，哪怕存在一点点的猜疑，也可能让你失去最珍贵的东西，包括你们经营了很多年的夫妻之情。

可见，猜疑是人性的弱点之一，是卑鄙灵魂的伙伴。正是因为猜疑，才使很多爱情和婚姻到了崩溃的地步。当一个人掉进猜疑的旋涡时，他一定开始神经过敏，事事捕风捉影，更不用提如何去相信自己的爱人，有时候他们甚至对自己也心生疑惑。

那么，如何才能化解男性来自猜疑的压力呢？心理专家有以下的建议。

首先，在任何时候都能用理智力量克制冲动情绪的发生。当发现自己开始怀疑妻子时，应当立即寻找产生怀疑的原因，在还没有形成思维之前，引进正反两个方面的信息。如"疑人偷斧"中的那个农夫，如果丢失斧头后冷静地想一想，斧头会不会是自己砍柴时忘了带回家，或者挑柴时掉在路上了？那样，这个险些影响他同邻人关系的猜疑，根本就不会产生。现实生活中的许多猜疑，戳穿了是很可笑的，但在戳穿之前，由于猜疑者的头脑被封闭性思路所主宰，却会觉得他的猜疑顺理成章。此时，冷静思考显然是十分必要的。

其次，要及时与妻子进行沟通，解除疑惑，消除不必要的误会。世界上几乎没有不被误会的人，关键是我们如何消除误会，否则，误会就会发展成为猜疑；猜疑不能及时解除，就可能导致不幸。如果冷静思索之后疑惑依然存在，那就该通过适当方式同被疑者进行推心置腹的交心。若是误会，可以及时消除；若是看法不同，通过谈心，了解对方的想法，也很有好处；若真的证实了猜疑并非无端，那么，心平气和地讨论，也有可能使事情解决在冲突之前。

最后，要信任别人，更要相信自己。"信任是一种有生命的感觉，信任也是一种高尚的情感，信任更是一种连接人与人之间的纽带。"的确如此，在我们的生活中，不管是与朋友、同事的交往，还是与恋人、爱人的相处，信任是沟通的桥梁，是连接心与心之间的纽带，正因为失去了信任，猜疑才"崭露头角"。

温馨小贴士

猜疑是夫妻相处的最大敌人，不管之前你们之间是如何的相恋相知，但如果产生了猜疑之心，那么再美好的感情也都会烟消云散，留下的只是你永远的遗憾和悔恨。

小测试：测测你的性格和压力

我们知道，一个人的性格和其能够承受压力的能力有着很大的关系，那么，你是属于哪种性格呢？你能够承受得住巨大的压力吗？

以下各题，你只需回答"是"或"否"。请以你的第一反应作答。

1. 你是否在赴约时从不迟到？

2. 你比其他人更容易和同事沟通？

3. 相对周日早上来说，你是否觉得周六晚上更轻松？

4. 无所事事时，是否感觉比忙着工作时自在？

5. 在安排课外活动时，你是否一直都很谨慎？

6. 当你等待某种结果的出现或者等待一个人时，是否常常感觉很难受？

7. 一般情况下，你是否都和同事一起休闲娱乐？

8. 你的配偶或朋友是否认为你随和、易相处？

9. 你是否觉得有某些同事对工作一直很努力？

10. 在参加某些活动时，你是否想要改进技巧，取得胜利？

11. 处于压力之下，你是否仍会仔细弄清每件事的真相，才能做出决定？

12. 旅行之前，你是不是会做好行程表的每一个步骤，而当计划必须改变时，会感觉不自在？

13. 你是否喜欢在一场舞会上与不认识的人闲谈？

14. 你是否害怕处理各种复杂的人际关系，而选择用工作来代替？

15. 你的朋友是不是多半和你工作在同一个行业中？

16. 当你生病时，你是否也不会放弃工作，甚至把工作带到病床上？

17. 平时的阅读物是否多半和工作相关？

18. 在单位里，你花费在工作上的时间是不是最多？

19. 不管是哪种社交场合，你是否总是不由自主地谈起自己的工作行业？

20. 在周末或者节假日的时候，你是否觉得和平常一样焦躁不安？

记分方法

4、8、13题答"否"得1分，其他题答"是"得1分。请统计总分。

结果分析

12~20分：A型性格；0~9分：B型性格；10~11分：介于两者之间。

A型特征：

喜欢激烈的竞争，追求工作上的高职位和成就感；在一般言谈中总是喜欢强调集个重要的词语，并且越说越多尤其喜欢强调最后几个词语。喜欢追求各种看似很模糊的目标，做任何事情都要求自己能够按时完成，憎恨延期，但是缺乏耐心，如果得到片刻的轻松就会在心底产生一种内疚感。

B型特征：

这类人往往比较放松自己，但是思绪缜密，工作之外拥有很多兴趣，喜欢在闲暇的时候散步，能够花一部分时间来做某个决定。

A型性格与B型性格相比，对压力往往更为敏感，也比较容易过激，对压力的心理承受能力也差一些。因此，A型性格的人要避免陷入焦躁状态，不要被突发事件打乱阵脚，更不要时刻让自己处于紧张状态。

第二章　常见女性压力

现代社会生活节奏越来越快，工作负担越来越重，而家庭、情感等问题也在困扰着越来越多的女性。因为很多女性面对压力都是欲罢不能，休息和解脱是一种奢望，为工作、为加薪、为升职、为家庭、为孩子、为面子……可是，面对压力，你还能承受多久？

一、家庭事业，两难兼顾

如今的女性，承担着社会的双重角色。在单位，她们是叱咤职场的"白骨精"，但是在家里传统观念又要求她们个个都是贤妻良母，可是"鱼和熊掌不可兼得"。而女性也往往不能够演绎好这两重角色，家庭和事业很难兼顾。

可是，在今天的社会，对于女性来说，家庭和事业缺一不可。因为家庭和事业就如同是她们的左膀右臂，都一样重要。于是，随之而来的是许多的矛盾和无奈，以及由此产生的心理压力，压得很多女性随时都有崩溃的可能。

30岁的白女士，是一家公司销售部的经理。

她说："我觉得自己很幸运，来到公司没多久就升为经理，常常有一种成就感。当了经理后，我每天过着数字化的生活：上午九点要准时向上面汇报昨天的销售数字，随后跟代理商谈合同数字。下午要在电脑前总结各个部门今天的销售数字。晚上要根据销售数字制订出销售报表。

每天除了数字还是数字，我觉得自己都变成了一个数字符号。每次到家只感到累，我顾不上照顾孩子和丈夫。丈夫对我很不满，好几次说要和我离婚，我以为他在说气话，就没理他，直到有一天，他把离婚协议书放在我面前，我才知道他是认真的。

我感到自己很委屈，现在能找到一份好工作多不容易啊，我最爱的人怎么不理解我、不体谅我呢？我现在不敢回家，因为我不知道该怎么去面对丈夫的休书，我不想离婚。

沈玲娟，一位32岁的职业女性，在一家外国医药公司担任药品销售经理。这些年来，由于市场的开放，引来大批国内外竞争厂家。因此她为了达到公司规定的年度销售指标经常超时工作，参加产品培训、出差、办展览、应酬客户，身上担负着巨大的压力。

而她又想做一个称职的妻子和母亲，来好好照顾丈夫和儿子的吃穿，来好好地照顾这个家，可是她根本没有时间。面对孩子的学习成绩日益下滑，她急在心上却又无能为力；最让她感到寒心的是，不久前，在一家金融机关上班的丈夫有了外遇。为了照顾孩子，挽救婚姻，她不得不减少工作的时间和精力，可是这样一来，她的工作业绩就受到了一定的影响。

正当她感到力不从心的时候，公司又新招了一个年轻人做她的副手。年轻人精力充沛，有很强的专业知识，并且单身，这让32岁的沈玲娟又一次感到了巨大的压力。可是一边是家庭，一边是事业，她却不能够很好地兼顾，她很多时候都会感觉自己已经走到了崩溃的边缘。

的确如此，作为女性大都承担着更多的责任和义务，因此也受到了更多的压力和困扰。据意大利国家统计局近日公布的数据显示，意大利约有三分之一的女性无法很好地协调家庭和事业的关系。数据显示，近30年里，意大利平均每个家庭生育孩子不超过两个，而且越来越多地人拒绝生育第二个，而其他任何国家都没出现过这样的情况，这也说明意大利的出生率正在逐步降低，这对一个国家来说是非常危险的一件事情。

而造成女性们不愿生育的原因主要有以下几点：调查发现，44.4%的女性不能忍受过大的工作压力，26.8%的女性则认为国家现行的工作轮班制非常不合理，还有5.8%的女性没有经济基础作保证。另外生育孩子意味着女性必须在两三年内不能参加工作，而当孩子逐渐长大，他们出外寻找工作将更加困难。尽管这样，还是有71%的女性愿意在生育之后重返工作岗位。

可见，如何更好地安排家庭和事业，对于女性来说是一件非常重要的问题。

在我们国家，男主外，女主内，似乎是一个千古不变的法则。多少年来，在这条法则的约束下，许多有抱负、有知识的女性放弃了事业，在家里充当着贤妻良母的角色。随着社会的发展，愈来愈多的知识女性不愿意放弃自己的事业，她们不堪忍受家庭和事业的双重压力，要求与丈夫分摊家务和抚养子女的义务。为此，很多女性，包括很大一部分男性都提出了这么一个问题：家庭和事业，到底该更看重哪一个？

为此，心理专家提供了以下建议。

安排好主次

在生活中，任何事情都有主次，所以你要确定什么时候什么事情才是你生命中最重要的，搞不清楚的话可以先把它们的优劣写到纸上，花上一定的时间来弄明白。杨澜就是一个这样的女性，她知道什么时候该去留学，什么时候该生孩子，又应该在什么时候把重心转移到事业上去。

舍得放弃

一位30多岁的女性新买了一双价值不菲的皮鞋，回到家里她先在皮鞋上涂上了一层保护膜，然后放到了窗子上，为的是让它散发一会儿气味，可是不知道什么时候被风吹掉了一只。家人都感觉非常惋惜，可是这位女性却拿起另一只鞋子毫不犹豫地扔了下去，她的这个举动让家人大吃一惊。这位女性解释说："这一只鞋无论多么昂贵，但对我来说已经没有任何意义，如果有谁能够捡到一双鞋子，说不定她还可以穿呢！"

这个故事旨在告诉我们，成功者要敢于放弃，善于从损失中看到价值。

有失才有得

一棵橄榄树嘲笑一棵无花果树说："你的叶子到冬天的时候就落光了，光秃秃的树枝真难看，哪像我终年翠绿，美丽无比。"可是没有过多久，一场大雪就降临了，橄榄树身上都是翠绿的叶子，雪堆在上面，最后由于重量太大而把树枝压断了。而无花果树则由于叶子已经落尽了，雪穿过树枝飘落在地上，结果无花果树安然无恙。

其实人生也是如此，有失才有得，所以不必要为一些失去的东西烦恼，关键是把握住眼前的一些东西，不要等失去以后才知道珍惜。

面对家庭和事业，每个女性的重心不尽相同，但关键是不要害怕失去，也不要为自己的选择后悔，这样你才会让自己的人生轻松起来。

二、生活小事，欲罢不能

人生苦短，但是却有无数的烦心事困扰着我们的心灵和生活。其实人最重要的是要过好自己的生活，不要羡慕别人，而盲目攀比只能让自己陷入无尽的痛苦之中。

开宝马的虽然威风潇洒，可两人牵手散步却别有一番幸福滋味。什么是幸福的家庭？不是豪华别墅，漂亮花园，而是两个人共同创造、共同珍惜、共同守护的家园。这样的家园，只有手牵手、心贴心的人才能找到，就算别人都不以为然，身在其中的人会觉得自己是世上最幸福的人，自己的家园是世界上最幸福的家园。幸福是因为相互依靠，而不是财富和名誉。

家园的大小并不在于它的实际面积，而在于两个人心中共同的感觉。感情的地基打得越坚固，以后你就会觉得家园越"宏伟"。

生活中并没有什么惊天动地的大事，都是一些鸡毛蒜皮的小事，可是这些小事却层出不穷，积聚起来，也让人不胜烦恼。李敏每天都觉得生活好累，她觉得自己时时刻刻都处在烦恼之中，没有一刻清闲过。

昨天晚上和几个好久不见的同学聚会，回家已经是深夜。早晨醒来已经七点半了，孩子是饿着肚子上学走得。她是八点上班，她抱怨丈夫不早点叫她，丈夫为她昨晚聚会的事还在生气。于是，便没好气地回她一句："你既有精力参加聚会，怎么没精力起来，你爱起不起，谁管你。"李敏起晚了本来就已经很懊恼了，再听丈夫这么说，她更生气了，又不好发作。于是，赶快梳洗了一下，连饭都没顾上吃，就骑上电动车走了，真不凑巧，又碰上了堵车，眼看着，上班时间已经到了，李敏急得跟热锅上的蚂蚁一样，可是又毫无办法，她真想从这些车上闯过去，毫无疑问，她迟到了，免不了被领导训了一顿，她觉得自己真是倒霉极了。

中午丈夫打电话来，让她晚上回家买点凉菜，她中午不回家，在公司的食堂吃饭，晚上回家却忘了丈夫让她买凉菜的事，又被丈夫唠叨了好一阵子，说她没有尽到一个做妻子的责任，李敏感到不胜其烦。吃过饭，她刚想坐在电视前看一会儿她喜欢的电视剧，丈夫又让她去拖地，她说她在公司忙了一天，已经很累了，丈夫说，他还不是一样，况且洗衣做饭收拾家务本来就是一个作为妻子的本分工作，于是两个人又免不了口角之争。当李敏晚上躺在床上的时候，不禁发出感慨："生活怎么这么累，这么烦啊！"

像李敏碰到的这些日常生活中的烦恼和挫折都是在所难免的，因为生活本来就是一本说不清的糊涂账，各种意想不到的小麻烦都可能随时碰到。比如，夫妻之间为了鸡毛蒜皮的事争吵，新买的漂亮衣服不小心沾上了油污，在路上不小心和别人撞了车，孩子在学校犯了错，老师让自己到学校开会等等。

这些麻烦单个看起来并没有什么，可是日积月累，就会对自己的身心健康产生非常大的破坏作用。有人做过这样一项实验，他让五十个人记下他们在一年之中遇到的日常麻烦，并按时检查身体。实验结果显示，日常麻烦频率越高的人，他们的身体和心理的健康状况就越差。

我们都明白，人生的道路不可能一帆风顺，什么事情都有可能碰到，很多时候我们都在负重而行。同事之间的摩擦、工作上的麻烦、生活中的种种不如意等，都是让我们感到压力和难过的源泉，这个时候，我们需要提高自己的心理承受能力。如果我们不够坚强，不够豁达，不会自我调节，就会把自己逼进死胡同。

我们谁都无法预测未来会怎样，可是，我们不必老是费力地想生活应该怎样，我们真正应该思考的是我们应该怎样生活。面对生活的最佳心态是保持一颗平常心，平淡的生活一样可以很精彩，在平淡中品尝到快乐才是真正的幸福。人活在世上，我们常常会有很多欲望，这时我们要认真分析自己的欲望是否合理。这个世界是有道德准则和行为规范的，任意破坏它是要承担后果的。如果你的欲望不是合情合理的，会给自己造成痛苦或给别人带来伤害，那就应该果断放弃，把这些灰色的欲望压力消灭。

生活中的压力是不可避免的，虽然压力可以刺激我们采取行动来挑战自身能力，帮助我们达到自认为不可能达到的目标。但压力、焦虑、紧张对人们的生活、健康有很大的不良影响。因此，要有相应措施面对生活带来的各种压力，才不至于因为压力过大而被压垮。

常见的缓解压力的做法有以下几项措施：

制订切实可行的目标

只要我们心中的目标非常明确，我们就不会在行动上动摇，人常常需要精神支柱，这个精神支柱是我们自己树立的。如果我们心理上有了这个强大的动力，那么任何压力带来的痛苦和疲惫都是可以克服的。

量力而行

在生活中，要认清自己，清楚自己的能力，清楚自己想要什么，能做到什么。无望的追求都是毫无意义的，只有脚踏实地、一步一步地追求自己的理想才有可能成功。就像吃惯了素菜的人非要去享受山珍海味，那油汪汪的东西虽然诱人，可是，要是真吃到肚里，可能你的胃还消化不了。

呼吸一下新鲜空气

一天中要多进行几次短暂的休息，呼吸一下新鲜空气，使自己的大脑得到放松，这样可以有效地防止压力情绪的形成。千万不能让压力把你打倒。

转移并释放压力

要想转移并释放压力，可以选择每天进行一定时间的体育运动，因为体育运动能使你很好地发泄，运动完之后你会感到很轻松，不知不觉间就可以把压力释放出去。

随它去

判断一下你能改变和不能改变的事情，然后把事情分别归类。开始一天的工作之前，给自己一个约定，自己不能改变的事情就随它而去，不要给自己平添无所谓的烦恼。

换一下环境

厌倦情绪是形成生活压力的罪魁祸首之一。因为每天你都做一些烦琐的小事，面对同样的房子，同样的面孔，所以你很容易厌倦。此时不妨换一下生活环境，例如做一次长途旅行，和大自然做一次亲密接触，这样对缓解你的生活压力大有裨益。

······· **温馨小贴士** ·······

缓解压力的方式有很多种，例如做瑜伽、食物疗法、大哭等，但关键是选择一个对你自己最有帮助的，这样，你才会发现生活中点点滴滴的快乐，也会发现繁琐小事的后面隐藏的无限乐趣。

三、产后抑郁，伴随新生命而来的困扰

你是不是遇到过这样的女性，她们刚刚生完小宝宝，本该是非常高兴，可是她突然间变得让人不可思议。大多的时候，她们感觉心理非常得委屈、难受，严重者甚至有妄想、自杀的倾向。据报道，北京曾有一女性在生产后自杀，当然这种情况非常少，发病率还不到0.1%。

据统计，已经有越来越多的女性开始患有产后抑郁症，大概占产妇的10%左右，而且，产后抑郁越来越青睐于八十年代女性。因为这一代女性多是独生女，当她们生产完孩子之后，家里的爸爸妈妈、公公婆婆甚至包括丈夫在内都开始把关注的目光转向孩子，她们受不了这种冷落。于是越来越多的女性患上了产后抑郁症，而且很多女性都不堪忍受这种抑郁带来的压力。

琦琦今年26岁，她长得非常漂亮，而且人生道路也一帆风顺，大学毕业不久就走进了婚姻的殿堂，之后又给了盼望孙子的公婆一个惊喜。怀孕期间，爸爸妈妈、公公婆婆、老公以及身边所有的人都对她充满了关爱和照顾，她意识到怀孕是一件非常幸福的事情。但是自从一个月前儿子出生后，一切都不再是她想象中的样子。

"我真恨不得把孩子塞回肚子里去，我身边所有的人就知道时刻围着孩子转……"生下儿子才一个月时间，琦琦就对儿子充满了排斥，认为他夺走了本该属于她的爱。

"爸爸妈妈、公公婆婆还有老公都让我多吃点再多吃点，如果我不吃，他们轮流逼我，目的是让我多产点奶水好给孩子喝。在他们的心目中不再有我的存在，眼睛能看到的也全是孩子。"原本集"万千宠爱于一身"的琦琦一下子觉得特别难受，时常无缘无故地冲老公发脾气，还动不动就想哭，没有一点做母亲的喜悦。

心理医生说，这是典型的产后抑郁症。产后抑郁症一般多发生在生完小孩后两周到1个月期间，特别是产后两周是多发高发的时间段。产后抑郁症抑郁症是女性生产之后，由于性激素、社会角色及心理变化所带来的身体、情绪、心理等一系列变化的综合结果。一般来讲，有50%的新妈妈生产后都会有一定抑郁期，只有10%才会发展为严重的持续时间长的产后抑郁症，0.1%会患上产后精神错乱。

产后抑郁症的种类一般有以下几种。

1. 产后忧郁

50%～75%的女性生产后都会出现这种情况，症状为毫无原因地想哭，伤心，焦虑。通常在生产后一周内开始，无需治疗，两周后这种情况会自动消失。

2. 产后抑郁症

这种情况比产后忧郁要严重得多，10%新妈妈们会受其影响。如果曾有过产后抑郁史，那患病危险性会增加50%～80%，你的心情会在两极间变化，经常哭泣，容易发怒，有罪恶感。症状有轻有重，延续时间从几天到一年都有可能。

3. 产后精神错乱

这是产后抑郁症最严重的一种，必须进行临床治疗。只有0．1%的女性生产后会患这种病。患者产后立即出现症状而且非常严重，常包括严重的兴奋、混乱、失望感、羞耻感、失眠、妄想、错觉幻觉、说话急促、狂躁等。如果产妇出现这种情况，必须立即进行治疗，否则就会有自杀或者伤害孩子的危险。

于是，很多人开始害怕，开始胆怯，甚至因为这种抑郁而痛苦不堪，其实产后抑郁带来的压力并不可怕，只要能够正确地进行治疗和疏导，你就一定能够享受到你本该享受的天伦之乐。

那么，如何防治产后抑郁症呢？

（1）即将做妈妈的女人，一定要进行足够的体育锻炼，最好做一些有氧运动。

（2）在生产之前，一定要认识到各种困难的存在，比如喂奶、给婴儿洗澡等。另外在经济方面，一定要保证不会过度紧张。

（3）做好家人的思想工作，使他们认识到生男生女都一样。

（4）作为丈夫，一定要给妻子足够的安慰，尤其是一定要充分了解产后抑郁症，并在协调各种家庭关系的同时，保证对妻子有足够的关心和呵护。

温馨小贴士

防治产后抑郁症有很多方法，最主要的是产妇一定要调适好自己的情绪，避免情绪波动。同时，家人也应该给产妇营造一个宽松、温馨的家庭环境，在关注孩子的同时，不要忽略了孩子的母亲。

四、婆媳关系，相处有方

步入了婚姻的殿堂，随之而来的是新的生活和新的亲属关系，而在这个新的家庭关系中，不可否认婆媳之间是最难相处的，如果能处理好婆媳关系，那么整个家庭就会和谐融洽，因为它虽然仅仅只是发生在两个人身上，但是它所带来的影响会关系到家庭中的每一位成员。

结婚之前，惠卿对丈夫的母亲有所耳闻，听说她是一个很厉害、很能干的女人，但是相处的机会却很少。结婚之后是在一起住的，低头不见抬头见，问题也随之而来了。

有一次，惠卿吃过晚饭后，偶尔听到婆婆在楼道里嘀咕：媳妇气量狭小，对自己不孝顺，对左邻右舍不尊重，而且人也懒。惠卿听了之后非常生气，回到家一声不响地收拾东西就回了娘家，不管丈夫怎么劝说她都不肯改变自己的想法，无奈之下，丈夫只有把她送回了娘家。之后惠卿发誓，决不和婆婆说话。

妻子和母亲的不合，使丈夫感觉非常难堪，他在其中做了很多的努力，企图使她们和平相处，改变妻子对母亲的看法。但是母亲这边却一直认为儿媳误解了她，事情根本不是那个样子的，惠卿却认为婆婆是在抵赖。于是本来很好的夫妻关系也蒙上了一层阴影，夫妻之间再也不像以前那样亲密无间了。

这样的日子维持了很长一段时间，但是惠卿却发现这段时间最苦的不是自己，而是自己的丈夫。有很多的时候他都发现丈夫都是一个人闷声不响地暗自伤心，连饭也吃不下去。其实仔细想一下，自己和婆婆之间并没有什么实质性冲突，自己做小辈的，理应谦让和宽容，即使婆婆有什么不正确的地方，为了丈夫也应该包容一下啊！经过了很长时间地思考，惠卿主动向婆婆承认了错误，之后，她和婆婆又经过了几次的坦诚沟通，关系变得日益融洽，而他们夫妻俩也恢复了往日的亲密无间。

自古以来，婆媳似乎是天敌，婆媳关系的好坏直接影响到一个家庭的和睦和夫妻关系，很多婚姻最后走向离婚都是因为婆媳不和。要想夫妻和睦，婆媳关系融洽必不可少。

很多时候，婆媳之间发生矛盾是很自然的事情。首先，婆媳之间存在着很大的年龄差距，因此在价值观、思维方式和生活方式上存有很大的不同。其次，现在的婆婆大都有着严重的封建思想，想要儿媳对自己唯命是从；但是现在的年轻人接受的是人人平等的新观念，所以矛盾的发生是很正常的事情。

与人相处是需要技巧和智慧的，包括和婆婆的相处，尤其是想"化敌为友"的时候，相处就变得尤为重要。

那么，如何与婆婆相处才能使双方的关系更为融洽，从而减少婆媳相处带来的压力呢？

顺风推船

在婆媳关系遭遇困境的时候，跟老公划清界限，婆婆老公一起"哄"。老公会因为你的善良和善解人意更加爱你保护你，在收复老公心的同时就等于在婆婆身边按插了自己一个眼线，可以帮你轻而易举地收婆婆的心。

学会赞美

要在有意无意间在老公的耳边赞美婆婆的优点，利用老公当"传话筒"的机会，让婆婆知道自己对她一直非常钦佩。

避重就轻

如果想要真正融入婆家的生活圈子，就一定把自己当作其中的一员，把老公和婆婆都当作自己的亲人。而要讨好婆婆，最有效的方法是赞美她的孩子，时时刻刻表现出对老公的照顾和赞美，并保护老公不受伤害，使婆婆对你保持绝对的放心。

换个角度

很多女人都会问男人这么一个问题，自己和婆婆对她来说，谁最重要？其实二者不能用统一的标准来评判，而且对男人来说，缺一不可。所以，千万不要和婆婆争宠。可以换一个角度来想一下，当你成为一个母亲时，你当会如何？所以，理解了婆婆的处境，就会理解婆婆的苦心。很多时候，换个角度想问题会使问题得到圆满的解决。

温馨小贴士

结婚，不是嫁给一个人，而是嫁给一种生活，不仅仅是做人的妻子或者丈夫，而且也是和一大串的亲戚和大把责任结婚。只要将心比心，换位思考，妥善处理，灵活协调好各种家庭关系，就一定能够得到安宁温馨的家庭。

小测试：产后抑郁症自测

现代社会的很多女性，因为种种原因，往往在生产后患有产后抑郁症。那么你是否也一样，请测试一下，如果没有，那最好，同时要注意避免。但如果不幸，你遭遇产后抑郁症，那么请想办法克服，避免它给你的生活带来种种不必要的麻烦。

1．当我知道怀孕后并没有其他人想象得那样高兴。

2．我以前曾经流过产，想起那种感觉现在依然害怕。

3．我曾经患过抑郁症，与怀孕无关。

4．我丈夫知道我怀孕后并没有表现出高兴。

5．以前曾经患过产后抑郁症或焦虑症，现在已经治愈。

6．我曾在儿童时受到过性虐待。

7．我曾经失去过孩子。

8．我的身体在怀孕之后受到过性侵害。

9．我曾经患有严重的抑郁症。

10．我们家曾有人患有抑郁症。

11．自杀或自残的行为常常在我的脑海中出现。

12．当我遭遇困难时，我想不起任何能够帮助我的人。

13．我过去曾有一些不良行为，例如吸烟、喝酒。

14．分居或离婚经常会被我和丈夫提起。

15．当得知怀孕时，我的情绪低落到了极点。

16．我们夫妻关系并不和谐。

17．很多人认为我是一个绝对的完美主义者。

18．当我需要帮助时，因为自尊心极强，我并不想接受帮助。

19．过去的几年里，我曾经遭遇过很多打击，例如失业、失去最亲的人等。

20．我对以前充满兴趣的事情不再有任何激情。

21．我现在经常感觉紧张，怀疑自己已经患了严重的焦虑症。

22．我经常杞人忧天，明明知道这是一种不必要的担心，但还是不能控制自己。

23．我曾经想过要伤害自己。

24．想到孩子可能将要比我得到更多的宠爱，我甚至有伤害他的想法。

25．怀孕后，我情绪激动，心情烦躁。

26．我常常会无缘无故地感到害怕，如果将这种感受告诉其他人，我一定会遭到他人的嘲笑。

记分方法

每题1分，然后累计相加。

结果分析

如果你的分数在20分以上，你可能患严重的产后抑郁症，最好找医生进行治疗。

如果你的分数在15～20分，你可能患中度产后抑郁症，千万不要任其发展下去。

如果你的分数在10～15分，你可能患轻度产后抑郁症，一定要注意调节。

如果你的分数在5～10分，你很有可能将要患产后抑郁症，不过不用担心，通过调节就能够避免。